U0164027

# 《上海博物館藏戰國楚竹書（二）》讀本

季旭昇　主編

陳美蘭　蘇建洲　陳嘉凌　合撰

萬卷樓圖書股份有限公司

# 自　序

　　簡冊之興，至遲不晚於商代，甲骨文中有「冊」字，就是象編簡的樣子；《尚書·多士》篇也說：「惟殷先人有冊有典。」這說明了在簡冊上書寫記錄的歷史極為悠久。1907 年，匈牙利人斯坦因在敦煌以北的疏勒河流域漢塞烽燧遺址中掘得七百餘枚漢文木簡。其中有紀年者一六六枚，最早的為西漢武帝天漢三年（西元前 98 年），最晚的是東漢順帝永和二年（137 年）。從此展開了近代學術對古代簡牘的研究。其後，漢代簡牘陸續出土，數量、內容都極為可觀。

　　更令學術界振奮的則是戰國時代楚系簡牘文字材料的出土，大約是三十年代出土的長沙子彈庫戰國楚帛書揭開了近代戰國文字研究的第一頁。其後，一批批戰國楚簡的出土，引起學術界持續而日益加強的重視。1993 年湖北荊州郭店 1 號楚墓出土有字竹簡 730 枚，共有 12,626 字，內容包括〈老子〉三種，〈太一生水〉、〈緇衣〉、〈魯穆公問子思〉、〈窮達以時〉、〈五行〉、〈唐虞之道〉、〈忠信之道〉、〈成之聞之〉、〈尊德義〉、〈性自命出〉、〈六德〉、〈語叢〉等，琳瑯滿目，溍歟盛哉。〈老子〉、〈緇衣〉等可以和今本互校，可以看出很多學術史上的問題，其餘各篇也都和儒家哲學密切相關，其重要不言可喻。

　　1994 年春，香港古玩市場陸陸續續的出現了一些竹簡，5 月後，便陸續運到上海博物館。經科學測定與文字識讀，斷代定域為戰國時代的楚國竹簡，因而定名為「楚竹書」。「楚竹書」簡數共約 1,200 餘支，簡上文字總數高達 35,000 餘字，內容涵括哲學、文學、歷史、宗教、軍事、教育、政論、音樂、文字學等。其中以儒家類為主，兼及道家、兵家、陰陽家。其中書篇近百種，對照現今傳世者不到十種。這對先秦文化、思想、書法藝術的研究都有著極為重大的意義。

　　2001 年 11 月，《上海博物館藏戰國楚竹書》第一冊出版，優先發表的是該批文獻中字數與竹簡保存質量皆高的《孔子詩論》、《性情論》及《緇衣》三篇。《孔子詩論》內容有不少是今本《詩經》舊說所未見的；而《性情論》及《緇衣》兩篇，與郭店楚簡的《性自命出》、《緇衣》記載相仿，但某些文字又有不同，造成學界不小的轟動。

2002 年 12 月出版《上海博物館藏戰國楚竹書》第二冊，內容一樣引起轟動。尚未發表的還有《易經》、賦、字書……等，學界熱烈期待，可以想見。

綜上所述，戰國楚系竹簡材料出土的材料越來越多、公佈的速度越來越快，研究的成果也越來越精彩，不但文字學界高度關切，歷史、哲學、文學……等許多領域的學者也越來越注意這些寶貴的地下文獻，希望從中汲取新的養分、開創新的方向。但受限於文字障，很希望能有一個讀本能把字詞解釋說清楚、講明白。

臺灣師大國文系向來以文字學著稱，昔年魯師實先、高師鴻縉在文字學、古文字學方面都有非常精湛的造詣，其門徒繼起，發揚光大，周師一田、吳師仲寶、李師國英、張師建葆、許師錟輝、劉師正浩，均長期投入教學與研究，對學術界、教育界都有莫大的貢獻。旭昇大學時代即忻服魯師實先之博大精深，而有志投入文字學。在系所師長的啟迪愛護之下，由甲骨、金文，以迄《說文》、戰國文字，一路探索，興味盎然。而在研究所指導的研究生們，也都對戰國楚文字有著濃厚的興趣，課堂討論，課後鑽研，都能勤奮篤實，信敏有功。

2002 年旭昇受邀參加陳鼓應教授、郭梨華教授主持的「簡帛道家資料暨上博新出簡研讀會」，聆聽了許多學者先進的高見，受益不少。會餘之暇，陳鼓應先生勉以可為上博、郭店等簡牘作一釋讀，以供非古字學者參酌之用。旭昇本已有此意，又蒙陳教授賜命，於是鳩集門人，先各就《上博二》平日用力較深之篇章，分頭撰寫，逐字討論，剖析文字源流，疏通文義內容，先處理文字問題，為大家掃除文字障！時賢勝義，儘量收入，詳細注明出處，以收集思廣益之效，並利於學者援引。全書較有新義者，如〈民之父母譯釋〉篇指出簡文「五至」文字精當，今本《禮記·孔子閒居》、《孔子家語·論禮》有誤；〈魯邦大旱譯釋〉指出孔子重視傳統的禮，不廢祭禱；〈從政譯釋〉指出「其亂，王予人邦家土地」指燕王噲讓位子之，由此可以為上博簡斷代提出明確的依據；〈昔者君老譯釋〉清理爬梳古代國君去世前太子隨侍之禮、〈容成氏譯釋〉把龐大的全文做了很好的補充疏解。書末所附照片，文字模糊者都附上摹形，應可有利於認識戰國文字。當然，戰國文字還在持續發展中，新材料、新說法不斷出來，本書的疏漏錯誤，在所難免，敬祈方家不吝指正。

癸未夏至季旭昇序於台灣師大國文系

# 凡　　例

一. 本書以《上海博物館藏戰國楚竹書（二）》爲釋讀範圍，內容包括〈民之父母〉、〈子羔〉、〈魯邦大旱〉、〈從政（甲、乙篇）〉、〈昔者君老〉、〈容成氏〉等六篇。〈民之父母〉、〈子羔〉由季旭昇撰寫；〈魯邦大旱〉、〈昔者君老〉、由陳嘉陵撰寫；〈從政（甲、乙篇）〉由陳美蘭撰寫；〈容成氏〉由蘇建洲撰寫。

二. 撰寫方式包括題解、原文、語譯、注釋四部分。題解簡要敘述本篇內容及學術價值等相關事項。原文與《上博》隸定不盡相同，隸定、編連、分段爲本文作者斟酌考訂的結果。原文採窄式隸定，難字後括號注明今字、通假字等，不能隸定者則直接用原書圖形植入。語譯力求明白通暢，如有殘缺太甚、或語義不明、無法語譯的，則逕用原文，不勉強語譯。注釋力求簡明扼要，凡是括號中已注出今字、通假字的，或者聲符相同，一看就可以瞭解的，儘量不注。

三. 簡與簡的排列，依文義爲主。文義相連的，簡簡相連，視需要分段。文義不能相連的，則另段書寫。〈容成氏〉內容較長，則先分節，後分段。

四. 爲尊重智慧財產權，本書不附《上博（二）》原簡照片，但書末附原簡摹本，由季旭昇摹寫原形，以利讀者對照觀覽。字形不清楚的，由摹者根據相關條件摹出，不能肯定的則加注？號。

五. 有關竹簡出土、形制、編連、字數等外圍說明，除有更正者外，一律依照《上博（二）》原書，不另加注。其餘參考各家之說，則必詳細注明出處。

六. 本書採用新式標點，其餘符號大體依照古文字界習慣。□表示缺一字，▨表示缺若干字。若□中有字，則表示是根據其它條件補的。……表示本簡前後

文義未完，應該還有字。（）標示今字、通假字，（？）表示括號前一字的隸定有疑問，〔〕標示依文義應該有的字。

七. 簡號用【】來注明，標在每簡的最末。

八. 參考書目常用者則用簡稱，見書末所附參考書目。

九. 本書人稱，除受業師稱師稱先生外，其餘一律稱先生。

十. 本書由多人合著，各篇文責由撰寫人自負。

# 目　　錄

# 〈民之父母〉譯釋

季旭昇 撰寫

## 【題解】

本篇是《上博（二）》的第一篇，共十四簡，三百九十七字，其中重文三、合文六。內容見於今本《禮記·孔子閒居》及《孔子家語·論禮》，但是今本《禮記·孔子閒居》以「孔子閒居，子夏侍」起篇，而簡本無此句；《孔子家語·論禮》則包含今本《禮記》中的〈仲尼燕居〉和〈孔子閒居〉的內容，以「孔子閒居，子張、子貢、言遊侍，論及於禮」起篇，並名為〈論禮〉；簡本則只有〈孔子閒居〉部分，所以整理者濮茅左先生把此篇命名為〈民之父母〉。

全文大意是子夏向孔子請教「如何而可以成為『民之父母』」，孔子答以「必達於禮樂之原，以致五至，以行三無」。據簡文內容，可以糾正今本《禮記·孔子閒居》及《孔子家語·論禮》的錯簡及「五至」原文的訛誤。

我們把本篇分成四段，第一段記載孔子的回答子夏問如何可以成為「民之父母」，第二段記載孔子的回答子夏問什麼叫「五至」，第三段記載孔子回答子夏問什麼叫「三無」，第四段記載孔子闡述什麼叫「五起」。全篇環環相扣，強調身為「民之父母」的人要能瞭解天地間的萬事萬物，瞭解人民的需求，為人民制禮以供遵循，為人民制樂以供宣泄，並瞭解人民心中的哀痛。是一段儒家務實而周密的施政哲學，與道家思想無關。

# 【原文】

　　子㠯（夏）①聞（問）於②孔子：「詩（？）曰：『幾（凱）俤（悌）君子，民之父母。』③敢聞（問）可（何）女（如）而可胃（謂）民之父母？」孔＝（孔子）畣（答）④曰：「民【一】之父母虎（乎）⑤，必達於豊（禮）樂之籩（源）⑥，㠯（以）至⑦『五至』、㠯（以）行『三亡（無）』，㠯皇⑧於天下。四方又（有）敗，必先智（知）之，亓（其）【二】可⑨胃（謂）民之父母矣。」

　　子㠯（夏）曰：「敢聞（問）可（何）胃（謂）『五至』？」孔＝（孔子）曰：「『五至』虎（乎），勿（物）⑩之所至者，志⑪亦至安（焉）；志之【三】所至者，豊（禮）亦至安（焉）；豊（禮）之所至者⑫，樂亦至安（焉）；樂之所至者，慇（哀）亦至安（焉）。慇（哀）樂相生，君子【四】㠯（以）正⑬，此之胃（謂）『五至』⑭。」

　　子㠯（夏）曰：「『五至』既聞之矣，敢聞（問）可（何）胃（謂）『三亡（無）』？」孔＝（孔子）曰：「『三亡（無）』虎（乎），亡（無）聖（聲）之樂、亡（無）膘（體）【五】之豊（禮）⑮、亡（無）備（服）之喪⑯。君子㠯（以）此皇于天下，奚（傾）耳⑰而聖（聽）之，不可戛（得）而聞也；明目而視⑱之，不可【六】戛（得）而視也，而戛（得）既塞於四海（海）⑲矣，此之胃（謂）『三亡（無）』』。子㠯（夏）曰：「亡（無）聖（聲）之樂、亡（無）膘（體）之豊（禮）、亡（無）備（服）之喪，可（何）志【七】是迡（邇）⑳？」孔＝（孔子）曰：「善才（哉）！商也，洒（將）可孚（教）時（詩）㉑矣，『城（成）王不敢康，迵（夙）夜晉（基）命又（宥）窘（密）㉒』，亡（無）聖（聲）之樂；『禔（威）我（儀）㠯＝（遲遲），【八】不可選也㉓』，無體之禮；『凡民有喪，匍匐救之』㉔，無服之喪也。」

　　子㠯（夏）曰：「亓（其）才（在）誝（許？，語）㉕也，敗（美）㉖矣！厷（宏）㉗矣！大矣！聿（盡）㉘【九】於此而已乎？孔＝（孔子）曰：「猶有五起焉。」子㠯（夏）曰：「所謂五起㉙，可戛（得）而聞舁（歟）？」孔＝（孔子）《（曰）㉚：「亡（無）聖（聲）之樂，燹（氣）志不慧（違）㉛；【十】亡（無）膘（體）之豊（禮），禔（威）我（儀）㠯＝（遲遲）；亡（無）備（服）之喪，內虐（恕？）𤔲（巽？）悲㉜。亡（無）聖（聲）之樂，塞于四方；亡（無）膘（體）之豊（禮），日述月相㉝；亡（無）膘（服）之【十一】喪，屯

2

（純）戛（得，德）同明㉞。亡（無）聖（聲）之樂，它（施）及（及）孫=（孫子）；亡（無）豊（體）之豊（禮），塞于四海（海）；亡（無）備（服）之喪，爲民父母。亡（無）聖（聲）之樂，𣪘（氣）【十二】志既戛（得）；亡（無）豊（體）之豊（禮），禔（威）我（儀）異=（翼翼）㉟；亡（無）備（服）之喪，它（施）及（及）四國㊱。亡（無）聖（聲）之樂，𣪘（氣）志既從；亡（無）豊（體）之豊（禮），上下禾（和）同㊲；亡（無）備（服）【十三】之喪，吕（以）畜萬邦。」㊳乚㊴

## 【語譯】

　　子夏請問孔子說：「《詩經》上說：『凱悌君子，民之父母。（和樂平易的君子，是人民的父母）』請問怎樣才可以叫做『民之父母』？」孔子回答道：「民之父母嘛，一定要通於禮樂之源，做到『五至』，施行『三無』，廣施於天下。四方有災難覆敗，他一定會先知道，這就可以叫做民之父母了。」

　　子夏說：「請問什麼叫做『五至』？」孔子回答道：「『五至』嘛！首先要徹底瞭解天地萬物之理，然後執政者的內心就能徹底瞭解人民的需求；能徹底瞭解人民的需求，然後才能制定禮，以供人遵循；能制定禮，以供人遵循，然後才能制定樂，供人抒發情感；能制定樂，供人抒發情感，然後才能瞭解人民的哀痛。哀樂是互影響發生的。君子以此正己正民，得禮樂施政之正道。這就叫做『五至』。」

　　子夏說：「『五至』我已經聽聞了，請問什麼叫做『三無』？」孔子說：「『三無』嘛！就是『無聲之樂（沒有旋律歌唱的音樂）』、『無體之禮（沒有肢體揖讓的禮儀）』、『無服之喪（沒有親等服制的喪禮）』，君子以這『三無』光大於天下，人民傾耳而聽也聽不到，張大眼睛來看也看不到，但是君子的恩意確實已經充塞於四海之內了，這就是『三無』。」子夏說：「無聲之樂」、「無體之禮」、「無服之喪」，什麼典籍的記載最接近？」孔子說：「問得好！商啊！我可以開始教你《詩經》了。『成王不敢康，夙夜基命宥密（成王不敢安逸，夙夜經營天命，

寬和又慎密）』，這就是無聲之樂；『威儀棣棣，不可選也（我的威儀盛富而嫻雅，多得無法計算）』，這就是無體之禮；『凡民有喪，匍匐救之（所有鄰人有災難，我都會儘全力去救助）』，這就是無服之喪。」

　　子夏說：「這些話講得真是美啊！宏啊！大啊！全部內容都在這兒了嗎？」孔子說：「還有『五起』呢！」子夏說：「所謂『五起』，我能夠聽聞嗎？」孔子說：「無聲之樂，不違背人民的嗜欲想望；無體之禮，威儀盛富嫻雅；無服之喪，內心寬恕而同情人。無聲之樂，能夠充塞於四方；無體之禮，每天都有進步、每個月都有助益；無服之喪，純美的德性和百姓同樣昌明。無聲之樂，施及子孫；無聲之樂，充塞於四海；無服之喪，能夠成為人民的父母。無聲之樂，能夠完全合於人民的嗜欲想望；無體之禮，威儀盛大；無服之喪，施及四方。無聲之樂，能夠完全配合人民的嗜欲想望；無體之禮，能夠讓上下和諧一致；無服之喪，使萬邦都和樂安好。」

## 【注釋】

①. 子㾕：即子夏。「子」字殘。「夏」字甲骨文作「𦥑」、金文或作「𦥑」，戰國文字一般作「𦥑」，或以「蟲」旁易「止」旁作「𦥑」，或省「日」形作「𦥑」（參何琳儀先生《戰典》467頁、季旭昇《說文新證·夏》）467頁。而本簡又把「蟲」旁寫成「它」旁（偏旁互用），因此這個字釋為「夏」，沒有問題。

②. 聞於：問於。本簡這種寫法的「聞」字，或隸定作睯、䎽，其實就是「聞」的初文，戰國文字或假借為「問」，聞、問二字同從門聲。於，作介詞用，先秦多用「於」，〈民之父母〉多用「於」，也用「於」，如簡2「㠯皇於天下」。

③. 詩曰幾俤君子民之父母：見《詩·大雅·泂酌》：「泂酌彼行潦，挹彼注茲，可以餴饎，豈弟君子，民之父母。」原簡「詩」字作「𧨏」，與戰國楚簡常見的「詩」字有點距離，戰國楚簡中「詩」字有很多種不同的寫法：「詩」（《郭店·語叢一》簡38）、「寺」（《郭店·緇衣》簡3）、「時」（《郭店·性自命出》簡12）、「時」（《郭店·六德》簡24）等。〈民之父母〉簡8也有「詩」

字作「」，與「」頗有距離，因此「」是否「詩」字，還有待探討。因為《禮記‧孔子閒居》、《孔子家語‧論禮》此處都是「詩」字，所以姑且隸定為「詩」。「幾佛」，今本《毛詩》作「豈弟」，毛《傳》云：「樂以強教之，易以說安之。」是以「豈弟」為和樂平易。幾，居依切，上古屬見紐微部；豈，苦亥切，上古音屬溪紐微部，二字韻同聲近，可以通假。

④ 會：即「合」，為「答」之初文。戰國文字往往加「口」形為飾，「口」形又繁化為「甘」形，遂作「會」。何琳儀先生《戰典》以為「从口（或从甘）、合聲」（1387頁）

⑤ 虍：濮茅左先生原考釋疑為「虖」的省形，隸定作「虖」，讀為「乎」。又說：「或釋作虍，讀為乎。」旭昇案：後說是，此字分明就是「虍」字。楚簡「乎」字在《上博（一）‧孔子詩論》中幾乎全部作「唬」，從口、虎聲；只有第23簡作「虖」，不過字形還有一點問題。

⑥ 簾：從竹、原聲，通「原」、「源」。此字濮茅左先生原考釋兩讀，先謂「疑茝字」，可讀為洍，洍與汜音義同，汜謂「凡水決之岐流，復還本水者曰汜」，「水有大，必有細，而出同源，以喻一視同仁，施愛天下」；又謂「或釋簾、簡，讀作原。今本作原、源。」李銳先生〈初札〉贊成釋「原」。何琳儀先生〈滬二〉主張從竹从厂从泉、厂與泉借用一筆。林素清先生〈疑釋〉以為：「其第二說分析字形為竹下原或竹下淵（省水），正確可從。此字見《郭店‧性自命出》簡47：『有其為人之淵如也』，從艸下淵（省水）。按：古文字竹、艸可通，淵、泉無別。《成之聞之》『窮源反本』一詞兩見，簡11作艸下淵、簡14作淵，都讀為『源』。另外《包山楚簡》簡三有地名『淵邑』，與此字所從相同。簡文是把淵（省水）字橫斷成上下兩半，比較少見。這裡讀作『必達乎禮樂之源』，與《禮記》、《孔子家語》完全相同。」我的學生蘇建洲〈民1再議〉贊成字從「臣」。旭昇案：以上諸說中，以從「原」之說為是，「簾」讀為「原、源」，根源也。各家之說中，林說謂古文字「淵泉無別」，釋此字及《郭店》、《包山》從此形之字為從「開」，似有可商。「開（同淵）」、「泉」是兩個不同來源的兩個字，古文字區別明顯，甲骨文「開」字作「」（《後》1.15.2），商承祚先生《殷虛文字類編》11卷頁3據《說文》古文釋字為「淵」；金文作「」（沈子它簋）、（牆盤）、（中山王𰻞鼎），戰國楚文字作

🔸（楚帛書），字形一脈相承，至於《楚系簡帛文字編》807 頁「淵」字條下所收《包山》諸形，應釋「泉」。「泉」字甲骨文作「🔸」（《甲》903）、殷金文作🔸（丙申角「🔸」字所從）、🔸（牆盤「繁」字所從）、🔸（克鼎「原」字所從）。戰國文字中的「泉」字，吳振武先生在〈燕國銘刻中的泉字〉一文中有詳細的表列，燕系作🔸，三晉作🔸，楚系作🔸（《包山》2.143）、🔸（《包山》包 2.86）、🔸（《包山》2.85「諫」字偏旁），秦系作🔸。旭昇案：《上博（二）》本簡此字與吳振武先生所舉出戰國「泉」形都很接近，只是本簡此字所從「厂」的下部筆畫似有殘損（何琳儀先生以爲與「泉」共筆）。所以此字可以直接隸定作「𡊄」，讀爲「原」或「源」，與《禮記·孔子閒居》作「原」、王肅《孔子家語·論禮》作「源」同。其次，林文舉出「郭店《性自命出》簡47：『有其爲人之淵如也』，從艸下𡊄。……《成之聞之》『窮源反本』一詞兩見，簡11作艸下淵、簡14作淵，都讀爲『源』」。其實以上三字都可以直接看成從「泉」，古書從泉之字與從原之字有通讀的可能，高亨、董治安先生《古字通假會典》160 頁指出《左傳·昭公三年經》「滕子原卒」，《公羊傳》「原」作「泉」；吳振武先生〈燕國銘刻中的泉字〉注24 也指出：《汗簡》卷下之一「泉」字引《石經》、《說文》作「原」，銀雀山漢簡《孫子兵法·黃帝伐赤帝》言黃帝與赤帝「戰於反山之原」，整理小組以爲即《史記·五帝本紀》之「阪泉」（見 51 頁）。本簡此字如果和前舉《包山》2.85「諫」字偏旁一形相較，也有可能從竹從「泉」，而不是從「原」，而從「泉」與從「原」通。

舊解多以爲𡊄原同字，從聲韻來看，「𡊄（同淵）」（烏懸切，影紐真部）、「原」（愚袁切，疑紐元部），聲韻俱近，似乎可以通假，但是文獻中通假之例不多。吳振武先生〈燕國銘刻中的泉字〉49 頁指出金文從「𡊄」的「肅」字，《包山》改從「泉」；又舉了古書中習見的「黃泉」一詞，子彈庫《楚帛書》作「黃𡊄」，這些都可以說明戰國楚文字「𡊄」、「泉」或有互用，但不能擴大解釋爲𡊄原同字。

⑦ 至：到也，做到。今本《禮記·孔子閒居》、《孔子家語·論禮》做「致」，濮茅左先生原考釋因此讀「至」爲「致」。旭昇案：「致」應該是「至」的轉注字，在典籍中多用爲送詣、送至、求得。這些義項用在本簡都不太合適，本簡可以直接照「至」字解，白話語譯爲「做到」。

⑧ 皇：光大。濮茅左先生原考釋參考《禮記》讀爲「橫」，引鄭注：「橫，充也。」並謂：「『橫于天下』是道廣被於天下，橫于天下所以養其善，與『塞乎天地』意同。」旭昇案：皇，胡光切；橫，戶盲切，二字上古同音，同屬匣紐陽部，可以通假。但是，「皇」的本義是征伐（參季旭昇〈說皇〉），《說文》：「皇，大君也。」其實是假借用法，《爾雅．釋詁》：「皇，大也。」據此，「皇」在先秦本來就有「大」的意項，不必假借「橫」。本簡「皇」做動詞用，光大也。

⑨ 可：濮茅左先生原考釋云：「首字殘無，據今本可補『之』字。」案：今本《禮記．孔子閒居》、《孔子家語．論禮》此處都作「此之謂民之父母。」看起來濮茅左先生原考釋補「之」字似乎可從。但是，《上博二．民之父母》此處是「其□謂民之父母矣」，「其」是領格字，與「此」字不同，先秦似乎找不到「其之謂」這樣的句法，補成「其可謂民之父母矣」，似乎好一點。《論語．泰伯篇》：「泰伯，其可謂至德也已矣！」

⑩ 勿：濮茅左先生原考釋謂：「『勿』疑『志』之誤寫，但『勿』讀作『物』，似亦通。『志』，恩意。」案：這樣解釋，事實上是有問題的。原簡的「五至」是「物──志──禮──樂──哀」，而《禮記．孔子閒居》、《孔子家語．論禮》的「五至」是「志──詩──禮──樂──哀」，三者並不相同。我認爲《民之父母》的原文是對的，而《禮記．孔子閒居》、《孔子家語．論禮》的文字則是錯的。因爲「志」和「詩」同音，在《郭店楚簡》中「詩」也寫作「寺」、「時」、「詩」等，都從「之」得聲，所以《禮記．孔子閒居》、《孔子家語．論禮》很容易把原簡的第二至「志」錯成「詩」；「詩言志」，所以進一步把原簡的第一至「物」改成「志」。表面上看起來，「詩」、「禮」、「樂」是六經中的三經，讀者很容易由這裡引出「志」領導「詩」、「禮」、「樂」、「哀」四者（如杭世駿《續禮記集說》4867-8 頁引明代學者姚舜牧說）。而不思〈民之父母〉這「五至」是有次序的，原文明明白白地說：「物之所至者，志亦至焉；志之所至者，禮亦至焉；禮之所至者，樂亦至焉；樂之所至者，哀亦至焉。」因此，我認爲〈民之父母〉的「勿」就是「物」。物，應該是「萬物」，《郭店．性自命出》簡 12：「凡見者之謂物。」（季旭昇〈小議二〉03/03/19；陳麗桂先生也有相同的主張，見〈句法〉03/04/13。）

下文 7-8 簡說「無聲之樂、無體之禮、無服之喪，何志是邇？」簡中的「志」字有可能讀成「詩」，不過比較可能還是讀「志」，釋爲「書籍記載」，因爲簡八此句下孔子緊接著說：「善哉！商也，將可孝《詩》矣。」接著就引《詩》爲證，而簡文「詩」字作「時」，顯見得其上句的「志」字不應讀爲「詩」。至於此字在《禮記·孔子閒居》、《孔子家語·論禮》篇中都作「詩」，應該是受了前面「詩之所至，禮亦至焉」等句，以及下文引《詩》爲證等敘述的影響而訛的。

⑪ 志：心之所之爲志。說得更明白，可以直接說成執政者的恩意。今本《禮記·孔子閒居》、《孔子家語·論禮》都把此字誤爲「詩」，整理者濮茅左先生因此逕把簡文「志」讀成「詩」（下句同）。旭昇案：今本《禮記·孔子閒居》、《孔子家語·論禮》作「詩」是錯的，照這種版本，「志之所至，詩亦至焉」很難說得通。〈孔子閒居〉鄭玄注說：「志謂恩意也。言君恩意至於民，則其詩亦至也。詩謂好惡之情也。」孔疏進一步解釋道：「『志』謂君之恩意之至，『所至』謂恩意至極於民。詩者，歌詠歡樂也。君之恩意既至於民，故詩之歡樂亦至極於民。……云『志謂恩意也』者，但志兼善惡，此志下極於民，故知是恩意也。云『詩謂好惡之情也』者，詩者詠歌，所好者則美之，所惡者則刺之，是詩有好惡之情也，君之爲民，上下共同，故經云『詩亦至焉』。」這樣的解釋，其實是很空泛的。依鄭注、孔疏，詩至是「詩之歡樂亦至極於民」，這和「樂至」有什麼不同呢？「樂至」的目的也是帶給人民歡樂啊！其次，「詩之所至」何以能銜接「禮亦至焉」呢？如果不能銜接，那麼「五至」相承銜接的邏輯就都落空了，鄭注對這一點只能說：「自此（詩至）以下，皆謂民之父母者善推其所有以與民共之。」孔疏承之說：「謂推其己之所有，亦欲民之俱有。若己欲恩愛，民亦欲恩愛；己有好惡，民亦有好惡；己欲禮樂，民亦欲禮樂；己欲哀恤，民亦欲哀恤，是推己所有，與民共之也。」照這種解釋，「五至」其實只有「志至」，其下的四至都是「志至」的分說而已，這不就變成「以一領四」了嗎？但是，原文明明是說「甲之所至，乙亦至焉」，一環接一環，清清楚楚的呀。鄭注、孔疏之不合原文，極爲明顯。今得《上博·民之父母》原簡，我們才知道是版本錯誤的緣故。後世學者從這種錯誤版本所做的解釋，大率都不能跳出鄭注、孔疏的困窘。

⑫ 者：簡文「者」字的竹簡中間斷裂，上博在拼合的時候把這個字的右半攏得

低了一點，所以整個字的筆畫左半和右半剛好差了一筆的位置。參我們的摹本應該可以看出。

⑬ 君子曰（以）正：君子以此正己正民，得禮樂施政之正道。今本《禮記·孔子閒居》「哀樂相生」句以下作「是故正明目而視之，不可得而見也；傾耳而聽之，不可得而聞也。志氣塞乎天地，此之謂五至」，《孔子家語·論禮》則作「是以正明目而視之，不可得而見，傾耳而聽之，不可得而聞，志氣塞于天地，行之克於四海，此之謂五至矣」，陳劍先生〈四海〉已經指出這是因爲錯簡而造成的不通。

⑭ 五至：「物至」指徹底瞭解天地萬物之理、當然包括人民之所欲，「志」（心之所之爲志，這裡指執政者的心之所之）也要跟著知道；完全了解天地萬物之理及人民的好惡之情就是「志至」，《孟子·離婁下》：「舜明於庶物，察於人倫。」與本簡所說相近。能完全了解天地萬物之理及人民的好惡之情，就能制定各種政策、規定來導正人民，使之趨吉避凶、各遂所生，這就是「禮至」。禮是外在的規範，要以樂來調和，才能恭敬和樂，《禮記·文王世子》說：「樂所以脩內也，禮所以脩外也。禮樂交錯於中，發形於外，是故其成也懌，恭敬而溫文。」這就是「樂至」（「樂」音岳）。音樂能夠傳達人民最直接的情感，人民苦多樂少，要由此了解他們心中的哀痛，「三亡」中說「無服之喪」，《孔子家語·六本》：「喪紀有禮矣，而哀爲本。……無服之喪，哀也。」這就是「哀至」。五至，都是「極致」於民，這就是鄭注說的「凡言至者至於民也」。能「至」於民，當然就能成爲「民之父母」了。能真正瞭解人民的哀痛，爲人民解決，人民才能得到快樂；如果不能瞭解人民所樂何樂，施政不能真正照顧到人民的需求，那麼人民就會陷入哀痛之中了，這就是「哀樂相生」。（參季旭昇〈小議二〉）。

⑮ 亡體之豊：即「無體之禮」，沒有揖讓進退等肢體形式的「禮」。體，體的異體字，指兩手兩腳，擴大也指整個身體。行禮時要用身體揖讓進退，古代行禮講究揖讓進退，肢體動作很多，《禮記·樂記》：「壹獻之禮，賓主百拜。」無體之禮，指把握並擴大禮的精神，而超越禮的形式。

⑯ 亡備之喪：即「無服之喪」，沒有五服親等這些形式的「喪」。古代親人去世，依照親屬關係的不同，喪服和喪期分成五等：爲父親斬衰三年，爲母親齊衰

三年，爲祖父母、伯叔父母、姑兄弟，齊衰一年，爲同堂兄弟大功九月，爲再從伯叔父母姑兄姊小功五月，爲三從伯叔父母姑兄姊總麻三月。穿的喪服和服的喪期都不同，這就是五服。

本簡的「備」讀爲「服」，二字上古音聲韻畢同，古籍通用，見高亨、董治安先生《古字通假會典》440 頁。從古文字來看，「備」所從的聲符「葡」即「箙」字初文，可證二字同音。

喪，本義爲喪失、喪亡，因爲這個意義不好造字，所以甲骨文借用同音的「桑」字，加「口」形爲分化符號作「」，本簡「喪」字作「」，仍然保留四個「口」形，而桑枝柔條則訛爲「九」形。濮茅左先生原考釋引賈公彥疏「桑之爲言喪者也，爲喪所用，故用桑以聲名之」來說明「喪」字從「桑」的原因，不可從。

「三無」，是儒家政治哲學的超越，與道家老子無關，前人或誤以爲「三無五起」之說襲自道家，而痛加抨擊，如姚際恆說：「此篇三無五起，皆本老子貴無賤有之旨。……嗟乎！無父無君，比於禽獸，何？莫非此『無』之一字之害乎！垂之《禮記》，世習爲經，可感也夫！」（引自杭世駿《續禮記集說》第九冊 4861-4862 頁）其實應該是誤解。

⑰ 奚耳：即「傾耳」。濮茅左先生原考釋讀爲「繫耳」，劉樂賢先生〈民劄〉已經先指出「該字仍當以按傳世本讀『傾』爲佳。『奚』字古音是支部匣紐，『傾』字古音是耕部溪紐，二者讀音接近，存在通假的可能」。我們可以加一些文獻的證據：《禮記·祭義》「君子頃步而弗敢忘」，鄭注：「頃當爲跬，聲之誤也。」「跬」字所從的「圭」聲與本簡的「奚」聲上古同屬牙音支部字，而「頃」聲則屬牙音耕部字，三字爲陰陽對轉的關係。

⑱ 明目而視：張大眼睛看。《禮記·孔子閒居》及《孔子家語·論禮》都作「正明目而視之」，前代學者或以爲「明」字衍，如衛湜《禮記集說》引藍田呂氏云：「聽欲傾耳，視欲正目，『明』字衍。」（漢京版《通志堂經解》32 冊 18277 頁），《上博（二）》出來，我們才知道是多了一個「正」字。

「視」，濮茅左先生原考釋隸定作「見」。旭昇案：「視」、「見」不同字，

從甲骨文起就有區別。其區別是：上面一個「目」形，其下作「跪人」者爲「見」；作「立人」者爲「視」（參裘錫圭先生〈甲骨文中的見與視〉）。本句《禮記・孔子閒居》、《孔子家語・論禮》都作「是故正明目而視之」，用的也是「視」字。

⑲ 尋既塞於四海：能夠已經充塞於四海。尋，得的本字。本應從又持貝，此處貝省爲目。相應的位置《禮記・孔子閒居》作「志氣塞乎天地」、《孔子家語・論禮》做「志氣塞于天地，行之克於四海」，所以各家對於本簡的「得既」都有一些推之太過的說法。如：

濮茅左先生原考釋參酌今本《禮記・孔子閒居》、《孔子家語・論禮》謂即「志氣」。

劉信芳先生〈試讀〉謂「得既」即「德氣」：「《民之父母》簡 7『而得氣塞於四海矣』，《孔子閒居》作『志氣塞乎天地』，《孔子家語・論禮》作『志氣塞於天地，行之充於四海』。鄭玄注『志氣』云：『志謂恩義（旭昇案：當作「恩意」，下文同）也。』按『恩義』猶『德』也。《左傳》襄公七年：『恤民爲德』，《論語・憲問》：『何以報德』，何晏《集解》：『德，恩惠之德。』《孟子・告子上》：『所識窮乏者，得我與。』『得我』謂感恩於我也（參焦循《正義》）。『德』與『得』例可通假，《易・剝》『君子得輿』，京本作『德』，《民之父母》簡 12『屯得同明』，《孔子閒居》作『純德孔明』。鄭注既釋『志』爲『恩義』，則簡文『得氣』即『德氣』，是順理成章的事情。『得氣』與『志氣』之異，乃傳本不同。先秦儒家既重視『德』的內修，此所謂『內得於己』，同時又重視『德』施行於外而得於人，此所謂『成德』。成德的最高境界有如郭店簡《五行》簡 29 所云：『五行之所和也，和則樂，樂則有德，有德則邦家與。文王之見也如此，「文王在上，於昭於天」，此之謂也。』此乃『有天德者』（帛書《五行》第 344 行），其德昭於天而遍于人寰，猶氣之充於天地之間。《潛夫論・本訓》：『道德之用，莫大與氣。』可知『得氣』乃『德』之行於外也。《家語》『行之充於四海』句，義猶顯赫，蓋『志氣』非鄭注不能明晰，故以『行之』句足其義也。」

何琳儀先生〈滬二〉以爲「得」可通「志」：「『而得既（氣）塞於四海矣』（《民之父母》7），《禮記・孔子閒居》、《孔子家語・論禮》均作『志氣

塞乎天地』。按，『得』與『志』聲韻均合。典籍往往可以通假。」

陳劍先生〈四海〉則謂本句「既」字與「嘅（氣）」字不同，不得釋為「氣」，當讀為「德既塞於四海矣」，句承「三亡」之後極為合理。今本《禮記·孔子閒居》、《孔子家語·論禮》錯簡在「五至」之後，不可通，遂改為「志氣塞乎（於）天地」。

旭昇案：學者受到今本《禮記》、《孔子家語》的影響，所以把「得既塞於天下矣」說成「德氣」、「志氣」、「德既」，意思反而玄虛難解。此處說君子所行的「三無」，因為是超越形式的，所以人民「傾耳而聽」、「明目而視」，都不可得而聞、不可得而視，但是「三無」對人民的恩意卻已經充塞於四海之內了。下節「五起」有「無體之禮，塞于四海」，意同此。可見得本簡的「得既」照字面解釋即可，「得既」即「能夠已經」。

四海，即四海。洖，從水、母聲，《中文大辭典》：「洖，義未詳。《搜真玉鏡》：『洖，音母。』」本簡當即「海」的異體字，母、每二字上古音同在明紐之部，可以通用，「洖」字《郭店》多見，均釋為「海」。

⑳ 何志是迡：即「何志是邇」，什麼典籍的記載最接近。濮茅左先生原考釋隸定為「何詩是迣」，並指出此字右上所從為《說文》「匚」字，讀與侯同，與「尼」、「迣」音可通假。旭昇案：「志」當釋為「典籍記載」，濮茅左先生原考釋受到今本《禮記》、《孔子家語》的影響而改讀為「詩」，其實是不必的。迡，從「耳」聲，即邇。《上博（二）》226頁〈從政〉（甲篇）有「遲」字，讀為「迡」字，字右旁從「聑」，張光裕考釋已經把「聑」字的字形分析得很清楚。據此，本簡此字右旁所從與「聑」字所從同為「耳」形，並非《說文》的「匚」。不過，張光裕以為「尼」字本應從尸、耳聲，並說秦陶文「尼」字從尸在人上，「人」形無非「耳」形之訛。說恐可商。甲骨文有「秜」字，右旁的「尼」字從尸從人，並不從尸、耳聲（參于省吾《甲骨文字釋林·釋尼》），楚文字只是把「尼」的下部聲化為「耳」聲而已。「迡」，今本《禮記·孔子閒居》、《孔子家語·論禮》作「近」，應該是形義俱近而訛誤，秦泰山刻石「近」字作「訢」，與「迡」形近。

㉑ 栖可孯時矣：將可以教你《詩經》了。栖，即醬字早期寫法，假借為將。孯，

釋爲教、學二字都可以，古代教、學二字應同源。濮茅左先生原考釋指出：
「《說文》：『孝，放也。』……字也見於《上海博物館藏戰國楚竹書（一）·
性情論》：『其用心各異，孝使然也』、『然後復以孝（教）』、『孝（教）所以
生德於中者也』。《說文·教部》：『教，上所施、下所效也。从攴、孝。』『孝』
與『教』義近。」旭昇案：「教」、「學」同源，《說文》釋「教」爲「上所施、
下所效」，「上所施」即「教」、「下所效」即「學」，「教」、「學」二字同從「爻」
聲，《說文》釋「孝」爲「放」，即「倣效」，義近於「學」。時，即詩，指《詩
經》，楚簡「詩」字或作「詩」、「寺」等，由此可見本篇前面的「志」字不
宜讀爲「詩」。

　　類似的話語又見於《論語·學而》：「子曰：『賜也，始可與言詩已矣！
告諸往而知來者。』」《韓詩外傳》卷二：「夫子造然變容曰：『嘻！吾子始可
以言《詩》已矣。然子見以其表，未見其裡。』」

㉒ 城王不敢康迺夜晉命又睿：即「成王不敢康，夙夜基命宥密」，原詩見《毛
詩·周頌·昊天有成命》，意思是：成王不敢安逸，夙夜經營天命，寬和又
慎密。人民因此得到和樂，沒有用音樂的形式，而達到更高更大的音樂的效
果，這就是「無聲之樂」。《毛詩·序》：「昊天有成命，郊祀天地也。」「夙夜
基命宥密」句，歷代說法不一，重要的各家如下：

　　《國語·晉語》：「叔向告之曰：……且其語說《昊天有成命》，《頌》之
盛德也。其詩曰：『昊天有成命，二后受之，成王不敢康。夙夜基命宥密，
於，緝熙！亶厥心肆其靖之。』是道成王之德也。成王能明文昭，能定武烈
者也。夫道成命者，而稱昊天，翼其上也。二后受之，讓于德也。成王不敢
康，敬百姓也。夙夜，恭也；基，始也。命，信也。宥，寬也。密，寧也。
緝，明也。熙，廣也。亶，厚也。肆，固也。靖，龢也。其始也，翼上德讓，
而敬百姓。其中也，恭儉信寬，帥歸于寧。其終也，廣厚其心，以固龢之。
始于德讓，中于信寬，終于固和，故曰成。單子儉敬讓咨，以應成德。單若
不興，子孫必蕃，後世不忘。」這是把「夙夜基命宥密」解爲成王的五種德
性：恭、始、信、寬、寧。

　　毛傳：「基，始；命，信；宥，寬；密，寧也。」除了夙夜外，其餘全
用《國語·周語》叔向的話。

13

鄭箋：「文王、武王受其業，施行道德，成此王功，不敢自安逸，早夜始順天命，不敢解倦，行寬仁安靜之政，以安定天下。」解爲文王、武王夙夜之德——夙夜始順從天命，施行寬政，以安天下。與〈晉語〉、毛《傳》不一樣。又《禮記·孔子閒居》引此詩作「夙夜其命宥密」，鄭注云：「《詩》讀『其』爲『基』，聲之誤也。基，謀也。密，靜也。言君夙夜謀爲政教以安民，則民樂之。」孔疏：「言早夜謀爲政教於國，民得寬和寧靜，民喜樂之，於是無鐘鼓之聲而民樂，故爲『無聲之樂』也。」

朱子《詩集傳》：「成王，名誦，武子之子也。基，積累于下以承藉乎上者也。宥，宏深也。密，靜密也。」其意謂「成王……夙夜積德，以承藉天命者，又宏深而靜密。」

逸齋《詩補傳》：「文武……夙夜憂勤於寬宥靜密之地，以爲受命之基也。昊天之有成命，由文武之能成王業耳。而文武憂勤於寬宥靜密之地，人未必知之，惟天地神祇實知之也。」

林義光《詩經通解》：「命，……讀爲良，……猶信也，……今謂之真。良宥密者，真寬真安也，甚寬甚安也。……詩言文王、武王受昊天之成命，而成王夜勤事不敢康寧，由是始甚寬甚安，蓋謂周之受命由文武，而其寬寧則始於成王也。」

于省吾先生《澤螺居詩經新證》77-78 頁謂「基」當讀作「其」，「命」指「昊天有成命」之「命」，「宥」當讀爲「有」，「密」則讀爲「勉」，全句謂：「昊天既有成命，文武受之，成王不敢安逸，早夜有勉于其命」。

屈萬里先生《詩經詮釋》：「古人往往以夙夜二字作敬勤之義。基，始也。宥、有通，又也。密，讀爲毖，慎也。言夙夜敬勤其始受之命，而又謹慎也。」

陳子展先生《詩經直解》：「《禮·孔子閒居》『夙夜其命宥密』，鄭注：其，讀爲基。基，謀也。密，靜也。言君夙夜謀爲政教以安民，則民樂之。此句舊解唯此鄭注較爲明確。」

何琳儀先生〈滬二〉謂「諆命又密」當讀爲「其命有密」，即「其命密如」：「『諆』，《詩·周頌·昊天有成命》、《孔子家語·論禮》並作『基』，《禮

記‧孔子閒居》作『其』,按,當以作『其』爲優。『又』,《詩‧周頌‧昊天有成命》,《禮記‧孔子閒居》、《孔子家語‧論禮》並作『宥』。按,當以作『又』爲是。『其 N 有（又）A』句式或作『有 A 其 N』句式,《詩》中習見。N 爲名詞,A 爲形容詞。故『其命又密』意謂『其命密如』。《漢書‧揚雄傳》『七年之間,而天下密如也。』」簡本『有』作『又』,可證筆者舊文的推測是正確的（旭昇案：原注舊文指「石曉〈有 A 其 N 句式淺析〉,載《松遼學刊》1988 年 2 期」,當爲何琳儀先生的舊作,石曉爲筆名）。

旭昇案：以上諸說,孰是孰非,很難判斷。但是綜合全詩來看,本詩一開始說「昊天有成命,二后（文王、武王）受之」,接著說成王繼承二后,不敢逸樂,夙夜經營天命,寬和慎密。各家解此詩所以不夠爽朗,主要是句中缺少動詞,只有鄭玄把本句的「其（基）」解爲動詞,全句才說得很清楚。據朱駿聲《說文通訓定聲》：「基」的本義是築牆之始,假借（其實都是引伸）爲「謀」,《爾雅‧釋詁》：「基,謀也。」《釋文》：「本作諆。」《書‧康誥》：「周公初基。」鄭注：「謀也。」《禮記‧孔子閒居》：「夙夜基（旭昇案：《禮記》實作「其」）命宥密。」鄭注：「謀也。」又爲「紀」,《爾雅‧釋言》：「基,經也。」注：「基業所以自經營。」失之。（宏業書局《說文通訓定聲》148 頁）「基命」,就是經營文武傳下的天命。宥,寬也。密,以屈萬里先生釋「毖」最好,慎也。宥密,即寬和謹慎。

《上博（一）‧孔子詩論》簡 6：「『昊＝（昊天）又城（成）命,二后受之』,貴賦（且）㬎（顯）矣。」說的是文武二王得到天命,尊貴且顯赫。

城王即成王,楚簡城讀爲成,多見。

迺,已往沒有出現過的字形,應該是從辵、佰（宿）省聲,讀爲「夙」。《說文》以「佰（宿）」爲「夙」字古文,誤,應該據此簡說成「迺爲夙字古文」。「迺」當從辵、佰省聲。

𧦅,從言、丌聲,丌爲其之簡體字,故可隸定爲諅,今本《毛詩》作「基」,《禮記‧孔子閒居》、《孔子家語‧論禮》作「其」。作「基」爲是。

𥤐,即密,戰國文字「必」形與「戈」形相近,此處又作複體重＝「戈」,

下加「甘」形，為可有可無的飾符。

㉓ 穊我㠯 =不可選也：即「威儀棣棣，不可選也」，見《詩·邶風·柏舟》。意思是：我的威儀盛富而嫻雅，多得無法計算。本簡引此，謂不藉著禮的形式而能表現出禮的實質，所以是「無禮之體」。

在《詩·邶風·柏舟》中，這兩句是誇耀自己的德行威儀，目的在諷刺衛臣都是一群小人。〈民之父母〉引此句，並沒有諷刺的意味，顯然是斷章取義，不管全詩的詩旨。原詩云：

汎彼柏舟，亦汎其流，耿耿不寐，如有隱憂，微我無酒，以敖以遊。

我心匪鑒，不可以茹，亦有兄弟，不可以據，薄言往愬，逢彼之怒。

我心匪石，不可轉也；我心匪席，不可卷也，威儀棣棣，不可選也。

憂心悄悄，慍於群小，覯閔既多，受侮不少，靜言思之，寤辟有摽。

日居月諸，胡迭而微，心之憂矣，如匪澣衣，靜言思之，不能奮飛。

《毛詩·序》：「言仁而不遇也。衛頃公之時，仁人不遇，小人在側。」毛傳：「君子望之儼然可畏，禮容俯仰各有威儀耳。棣棣，富而閑習也。物有其容，不可數也。」意思是：君子威儀眾盛而嫻雅，不可遍數。

先秦典籍中對「威儀」闡釋得最詳盡的是《左傳》，《左傳·襄公三十年》：

有威而可畏，謂之威；有儀而可象，謂之儀。君有君之威儀，其臣畏而愛之，則而象之，故能有其國家，令聞長世；臣有臣之威儀，其下畏而愛之，故能守其官職，保族宜家。順是以下，皆如是，是以上下能相固也。〈衛詩〉曰：「威儀棣棣，不可選也。」言君臣上下、父子兄弟、內外大小，皆有威儀也。〈周詩〉曰：「朋友攸攝，攝以威儀。」言朋友之道必相教訓以威儀也。〈周書〉數文王之德曰：「大國畏其力，小國懷其德。」言畏而愛之也。《詩》云：「不識不知，順帝之則。」言則而象之也。紂囚文王七年，諸侯皆從之囚，紂於是乎懼而歸之，可謂愛之；文王伐崇，再駕而降為臣，蠻夷帥服，可謂

畏之；文王之功，天下誦而歌舞之，可謂則之；文王之行，至今為法，可謂象之，有威儀也。故君子在位可畏，施舍可愛，進退可度，周旋可則，容止可觀，作事可法，德行可象，聲氣可樂，動作有文，言語有章，以臨其下，謂之有威儀也。

這一段話把「威儀」的內涵說得詳細深入，極為貼切。放在〈民之父母〉的架構來看，「在位可畏，施舍可愛，進退可度，周旋可則，容止可觀」應該屬於有體之禮，「德行可象，聲氣可樂，動作有文，言語有章，以臨其下」則接近無體之禮。

《三家詩》或以〈柏舟〉是說婦女守節，《列女傳・卷四・貞順傳・衛寡夫人》：

夫人者，齊侯之女也。嫁於衛，至城門而衛君死。保母曰：「可以還矣。」女不聽，遂入，持三年之喪，畢，弟立，請曰：「衛小國也，不容二庖，願請同庖。」夫人曰：「唯夫婦同庖。」終不聽。衛君使人愬於齊兄弟，齊兄弟皆欲與後君，使人告女，女終不聽，乃作《詩》曰：「我心匪石，不可轉也。我心匪席，不可卷也。」厄窮而不閔，勞辱而不苟，然後能自致也，言不失也。然後可以濟難矣。《詩》曰：「威儀棣棣，不可選也。」言其左右無賢臣，皆順其君之意也。君子美其貞壹，故舉而列之於詩也。

《列女傳》引《詩》，學者以為是《魯詩》。據此，「威儀棣棣，不可選也」不是贊美的話語，意思是指責「言其（衛君）左右無賢臣，皆順其君之意也」。《上博（二）・民之父母》引《詩》「視我㠯=不可選也」，應該是贊美的話語，與《魯詩》不同，當近於《毛詩》。

「不可選也」以下、「之喪也」以前，《上博（二）》原簡（第九簡）上半有殘缺。濮茅左先生原考釋據《禮記》、《孔子家語》補「不可選也，無體之禮也。凡民有喪，匍匐救之，無服」等十九字。旭昇案：據〈民之父母〉其它各簡字數都在三十一至三十五字之間，濮茅左先生補十九字，使得第九簡共有三十六字，似乎是多了一點。比照上簡「亡聖之樂」沒有「也」字，那麼本簡所補字「無體之禮也」的「也」字應該可以刪掉，這麼一來，

本簡也是三十五字，比較合理。

　　巳：同尸，戰國有「迡」字，多作「遲」用，參何琳儀先生《戰國古文字典》1228頁，同頁釋「巳」為：「从尸、 =為裝飾部件（或分化符號）。……《玉篇》:『巳，古文夷。』巳、夷雙聲疊韻。」旭昇案：金文「尸」字多見，多讀為「夷」，夷（以脂切，喻紐脂部）、尸（式脂切，審紐脂部），韻部相同，聲紐上古都屬舌頭，所以可以通。本簡讀為遲，《詩經·邶風·柏舟》作「棣棣」；《禮記·孔子閒居》、《孔子家語·論禮》作「逮逮」，遲（直尼切，澄紐脂部）、逮（徒耐切，定紐脂部）、棣（特計切，定紐脂部），與「尸」、「夷」都聲近韻同，可以通用。

㉔ 凡民有喪匍匐救之：所有鄰人有災難，我都會儘全力去救助。喪，喪亡、喪失，本來不專指死亡類的喪事，東周後才較多用在死亡類的喪事。句見《詩·邶風·谷風》第四章：「就其深矣，方之舟之；就其淺矣，泳之游之。何有何亡，黽勉求之，凡民有喪，匍匐救之。」本詩是寫一個婦人，嫁到夫家之後，盡心盡力，奉獻家庭，不但全心照顧家人，連鄰居有難，也毫不猶豫地伸出援手。沒有想到，她的夫君在把她利用完之後，狠心地把她拋棄。全詩哀惻悽婉，非常感人。「何有何亡，黽勉求之」，這是對自己家庭的全力奉獻；「凡民有喪，匍匐救之」，這是對鄰居的熱情照顧。本簡引「凡民有喪，匍匐救之」，意思是：執政者要有「凡民有喪，匍匐救之」的胸懷，急人之急、痛人之痛，百姓自然歸附，奉之為父母。這種救難動作，沒有喪禮的形式，但是有救喪的實質，所以是「無服之喪」。

　　《禮記·檀弓下》有一段類似的記載，可作「無服之喪」的參考：「陽門之介夫死，司城子罕入而哭之哀。晉人之覘宋者，反報於晉侯曰：「陽門之介夫死，而子罕哭之哀，而民說，殆不可伐也。」孔子聞之曰：「善哉覘國乎，《詩》云『凡民有喪，扶服救之。』雖微晉而已，天下其孰能當之。」意思是：宋國陽門的一個衛士去世，司城子罕進入靈堂，哭得非常悲傷。晉國有人到宋國去刺探消息，回報晉侯說：「一個陽城的衛士去世，而子罕能夠哭得很悲傷，讓人民心中很喜歡，這樣的宋國不可以去攻打他。」孔子聽了說：「這個人打探消息真有一套啊！《詩經》說：『凡民有喪，匍匐救之。』子罕能這麼做，不但晉國不敢攻打宋國，天下有那一個國家能和宋國為敵！」

㉕ 詨：濮茅左先生原考釋疑爲「許」之繁文，釋爲「聽」，又謂或爲「設」。劉
信芳先生〈試讀〉以爲可讀爲「語」：「按此句《孔子閒居》作『言則大矣！
美矣！盛矣！』《孔子家語·論禮》作『言則美矣！大矣！』簡文『其在許
也』句對應於『言則』，看來不能簡單地說傳本無『其在許也』句，只是傳
本表達得更簡潔一些罷了。尤其值得重視的是，簡文『許』對應於傳本『言』，
應無疑問。這對於『許』字的釋讀是有幫助的。疑『許』讀爲『語』，有如
『論語』之『語』例。郭店簡《五行》簡34『強語』即『強禦』，又『鋤』
或作『鋙』（旭昇案：見《說文》），是『許』、『語』音通之證。」

㉖ 敗：讀爲「美」。原考釋讀爲「快」，何琳儀先生〈滬二〉云：「『敗』，《考釋》
讀『快』，然無法與今本對應。按，『敗』可讀『美』，二字雙聲可通。簡文
與《禮記·孔子閒居》『言則大矣，美矣，盛矣』似可相互對應。具體而言，
『敗』與『美』屬音近通假，『宏』與『盛』屬義近互換。」

㉗ 厷：肱的初文，讀爲宏。字形與「右」很像，但是「右」字下方作「口」形，
「厷」字下方作「○」形。參陳劍先生〈釋西周金文的厷字〉、季旭昇《說
文新證》186頁。

㉘ 聿：「盡」的簡體字，仍然當「盡」用。戰國文字「盡」或作「𦘕」，省「皿」
即成「聿」。參季旭昇《說文新證》413頁。

㉙ 五起：典籍上五種可以發揮「三無」的記載。鄭玄〈孔子閒居〉注說：「君
子習讀此詩，起此詩之義，其說有五也。」

　　　濮茅左先生原考釋依簡的長短算字數，在這裡補了「於此而已乎孔子曰
何爲其然猶有五起焉子夏曰□」這二十個字及一個空白，使得本簡共有三十
七字。旭昇案：這樣補，字數似乎太多了一點。〈民之父母〉每簡所寫的字
數都是在三十一至三十五字之間，《禮記·孔子閒居》此處作「『言盡於此而
已乎？』孔子曰：『何爲其然也！君子之服之也，猶有五起焉。』子夏曰：『何
如？』」《孔子家語·論禮》則作「『言盡於此而已？』孔子曰：『何謂其然？
吾語汝，其義猶有五起焉。』子貢曰：『何如？』」比照其它簡最高的字數
──三十五字，此處只能補十九個字，試補如下：「『於此而已乎？』孔＝（孔
子）曰：『猶有五起焉。』子夏曰：『所謂五起』」，似乎比較通順。

19

㉚ 〔圖〕：濮茅左先生原考釋隸爲「曰」，黃錫全先生〈劄記一〉以爲當是「於」字。待考。

㉛ 燹志不違：氣志不違。氣指人的生命之氣，屬感官嗜欲，《郭店·性自命出》有「喜怒哀樂之氣」、「鬱陶之氣」；志指人的心志，屬精神想望。全句指國君的政治施爲應不違人民的嗜欲想望。〈孔子閒居〉孔疏釋爲「民但不違君之志氣」，恐不合原文的意思。但是孔疏解「氣志既得」爲「君之志氣得於下」，又解得不錯。

㉜ 內虗〔圖〕悲：釋字待考。濮茅左先生原考釋讀「內恕巽悲」，謂「內恕具悲」。楊澤生先生〈補釋〉讀「巽」爲「洵」。黃錫全先生〈劄記一〉疑爲「皆」字，釋爲「遍也」。本句《禮記·孔子閒居》作「內恕孔悲」、《孔子家語·論禮》作「內恕孔哀」。案：「虗」字楚簡多見，讀爲「吾」，無論從字形、或從字音來看，「虗」字要讀爲「恕」字，是有點困難。待考。〔圖〕，上從二卩，但是卩形非常接近妃、肥字右旁的「巳」，隸爲「巽」，可從。楊澤生先生讀爲「洵」，頗有可采。今本《禮記·孔子閒居》、《孔子家語·論禮》都作「孔」，可能是形近而訛（「巳」旁與「子」形頗近）。

㉝ 日逑月相：每天都有進步、每個月都有助益。句見《毛詩·周頌·敬之》而用字不同：「敬之敬之，天維顯思，命不易哉，無曰高高在上。陟降厥士，日監在茲。維予小子，不聰敬止。日就月將，學有緝熙于光明。佛時仔肩，示我顯德行。」《毛詩·序》：「敬之，群臣進戒嗣王也。」這是群臣進戒剛即位的天子，最後四句是說：「每天都有進步、每個月都有所奉行，爲學應該繼續不已以進至於光明。群臣輔弼我擔當這個重責大任，並且示我光明的德行。」西周晚期銅器史惠鼎上也說：「惠其日遘（就）月正（將）。」李學勤先生以爲即「日就月將」（〈史惠鼎與史學淵源〉）。馬瑞辰《毛詩傳箋通釋》釋《詩經》「日就月將」爲「日久月長」，放在本簡來看，太過空泛，顯然不是很好的解釋。

　　本簡「日逑月相」看起來跟《詩經》「日就月將」很像，但個別字詞的解釋還是不太一樣。逑，《說文》：「斂聚也。從辵、求聲。〈虞書〉曰：『旁逑孱功。』」引伸也可以有「進益」的意思，與《毛詩》作「就」意近。《說文》：「就，就高也。」在某個建物上增加建物爲「就」，因此「就」有「增

益」的意思。「就」（疾僦切）上古音屬從紐幽部，「逑」（巨鳩切）上古音屬群紐幽部，韻部相同，聲母雖有從、群之異，但是上古音應該很有關係，如從「今」聲有「黔」（巨淹切，群紐侵部），又有「鈐」（徂慘切，從紐侵部）。是「逑」、「就」應該是意義俱近的異文。

相，本義是「省視」，但是經典多釋爲「助」，如《詩經·大雅·生民》：「有相之道。」毛傳：「相，助也。」「月相」就是每個月都有助益。「相」（息良切，心紐陽部）、「將」（即良切，精紐陽部），二字韻部相同，聲爲旁紐，聲義俱近。據此，「日逑月相」，字面也很有意義，與「日就月將」同義，但是未必要用通假讀爲「日就月將」。

㉞. 屯夏同明：即「純德同明」，純美的德性和百姓同樣昌明。濮茅左先生原考釋據今本《禮記·孔子閒居》讀「同」爲「孔」。劉信芳先生〈試讀〉以爲「同明」意義比「孔明」好，依原字讀即可：「按『同』古音在東部定紐，『孔』古音在東部溪紐，聲紐不近。『同』、『孔』之異，乃傳本不同，此處似不宜看作通假。『同明』帶有理想色彩，而『孔明』則是讚美用語。所謂『亡服之喪』，是指『凡民有喪，匍匐救之』（《孔子閒居》），其政治意義是『爲民父母』，既爲『父母』矣，在道義上自與子女同德同尊卑，此所謂『同明』。可見『同明』與『孔明』是有差別的。簡 13：『亡體之禮，上下和同。』凡『無聲之樂』、『無體之禮』、『無服之喪』，皆具有超越具體禮儀的意義。孔疏『三無』雲：『此三者皆謂行之在心，外無形狀，故稱無也。』具體禮儀是有差別的，而『三無』則已昇華爲『同』。大凡哲學皆由具體達至抽象，文學皆由生活提煉爲形象，史學則由史實而提升爲對社會發展規律的認識，『無聲之樂』、『無體之禮』、『無服之喪』與之類。是簡文『同明』，其義大乎哉。」其說可從。本句之前的「亡備之喪」，「備」字誤寫爲「體」。

㉟. 禵我異異：即「威儀翼翼」，威儀盛大的樣子。《廣雅》：「翼翼，盛也。」

㊱. 四國：義同「四方」。先秦「國」字同「域」，方域也。先秦典籍常見的「四國」，絕大部分都要釋爲「四方」，而不能釋爲「四個國家」。

㊲. 上下禾同：即「上下和同」，上下階層都和諧同心。「和同」已見先秦文獻，《左傳·成公十六年》：「民生敦厖，和同以聽。」《禮記·月令》：「（孟春之

月）是月也，天氣下降，地氣上騰，天地和同，草木萌動。」《管子·立政》：「卿相不得眾，國之危也；大臣不和同，國之危也；兵主不足畏，國之危也；民不懷其產，國之危也。」《管子·五輔》：「上必寬裕，而有解舍，下必聽從，而不疾怨。上下和同，而有禮義，故處安而動威，戰勝而守固。」傳說出自洛陽金村、現歸英國 Joseph Hotung 爵士的戰國玉璜上有銘文：「上弁（變）下動，相合和同。」（參裘錫圭先生〈戰國文字釋讀二則〉、李學勤先生〈釋戰國玉銘箴銘〉）。

㊳ 㠯畜萬邦：讓萬邦都和樂安好。畜，好也，《孟子·梁惠王下》：「畜君者，好君也。」據此，畜可以釋爲好。鄭玄〈孔子閒居〉注：「畜，孝也。使萬邦之民競爲孝也。」推得太細太窄。畜可以釋爲好，也可以釋爲孝，但是「好」可以包含「孝」，「孝」不能包含「好」。

以上五起，不過是以押韻的文字反覆說明國君施行五至三無所達到的成果，其中雖然也有層次之別，但不是很整齊。〈孔子閒居〉孔疏以爲五起的層次是從輕以漸至於重、從微至著、從近及遠。也許撰寫者是有這樣的意圖，但是由於押韻的關係，層次並不是很分明。〈孔子閒居〉的五起和〈民之父母〉次序稍有不同，但是經過《禮記》的調整後，也看不出有什麼改善。以下是五起的表列，《孔子家語·論禮》的五起雖然殘缺不全，我們也一併附列：

| 無聲之樂 | 一起 | 二起 | 三起 | 四起 | 五起 |
|---|---|---|---|---|---|
| 民之父母 | 氣志不違 | 塞于四方 | 施及孫子 | 氣志既得 | 氣志既從 |
| 孔子閒居 | 氣志不違 | 氣志既得 | 氣志既從 | 日聞四方 | 氣志既起 |
| 孔子家語 | 氣志不違 | | 所願必從 | | |
| **無體之禮** | **一起** | **二起** | **三起** | **四起** | **五起** |
| 民之父母 | 威儀遲遲 | 日述月相 | 塞于四海 | 威儀翼翼 | 上下和同 |
| 孔子閒居 | 威儀遲遲 | 威儀翼翼 | 上下和同 | 日就月將 | 施及四海 |
| 孔子家語 | 威儀遲遲 | | 上下和同 | | |
| **無服之喪** | **一起** | **二起** | **三起** | **四起** | **五起** |
| 民之父母 | 內虐㣿悲 | 純得同明 | 爲民父母 | 施及四國 | 以畜萬邦 |
| 孔子閒居 | 內恕孔悲 | 施及四國 | 以畜萬邦 | 純德孔明 | 施于孫子 |

| 孔子家語 | 內恕孔悲 | | 施及萬邦 | | |
|---|---|---|---|---|---|

㊴ ㄥ：表示篇章結束的標點符號。

# 〈子羔〉譯釋

季旭昇 撰寫

## 【題解】

本篇是《上海博物館藏戰國楚竹書（二）的第二篇。全部共有十四支簡，沒有一支完簡，共三百九十五字，其中合文六、重文一。第五簡的背文題有《子羔》，內容又是記述孔子答他的學生子羔所問之事（《上博（二）》183 頁），因此名為〈子羔〉篇。

本篇內容可分為兩節，第一簡至第八簡為第一節，記述孔子回答子羔所問，舜以一介平民如何而可以成為帝王。內容殘缺較嚴重，但大意可以通讀。

第九簡至第十四簡為第二節，記述孔子回答子羔所問有關三王的興起——即禹、卨、后稷的誕生傳說，經過與《香港中文大學文物館藏簡牘》拼合之後，大體可以通讀。其中有的內容可以和傳世文獻印證，有的內容可以補充傳世文獻的不足。

## 【原文】

（舜）……□①又（有）吳（虞）是（氏）②之樂正㠯宰（質夒）③之子也。子羔④曰：「可（何）古（故）㠯（以）⑤尋（得）⑥為帝？」孔＝（孔子）曰：「昔者而弗殜（世）⑦也，善與善相受也，古（故）能紿（治）⑧天下，坪

（平）萬邦⑨，吏（使）⑩亡（無）又（有）⑪少（小）大、忌（肥）龘（瘠）⑫，吏（使）虘（皆）⑬【一】尋（得）丌（其）社稷（稷）百眚（姓）而奉守之。堯⑭見坴（舜）⑮之悳（德）臤（賢）⑯，古（故）讓之。」子羔曰：「堯之尋（得）坴（舜）也，坴（舜）之悳（德）則城（誠）善【六】⑰壂？伊堯⑱之悳（德）則甚盟（明）⑲壂（歟）？」孔＝（孔子）曰：「鈞⑳也。坴（舜）嗇於童土之田㉑，則」【二】

……之童土之莉（黎）民㉒也。」孔＝（孔子）曰：「……【三】

虘（吾）昏（聞）夫坴（舜）丌（其）幼也㉓，每昌（以）□寺　丌（其）言㉔……【四】

……或昌（以）夏（文）而遠㉕。堯之取坴（舜）也，從者（諸）卉茅之中㉖，與之言豊（禮），敓（悅）㉗□……【五】〔正〕　子羔㉘〔背〕

亦絽㉙。先王之遊㉚，道不奉𡗾㉛，王則亦不大湏㉜。孔＝（孔子）曰：「坴（舜）丌（其）可胃（謂）受命之民㉝矣。坴（舜），人子也。……【七】

……𦐧㉞而和，古（故）夫坴（舜）之悳（德）丌（其）城（誠）臤（賢）矣，采（抽、導）者（諸）畎（畎）𡱝（畝）之中㉟，而吏（使）君天下而叟（俛）㊱。」子羔曰：「女（如）坴（舜）才（在）含（今）之殜（世）㊲，則可（何）若？」孔＝（孔子）曰：【八】

子羔昏（問）於孔＝（孔子）曰：「厽（參）㊳王者之乍（作）也，虘（皆）人子也，而丌（其）父戔（賤）而不足叟（俛）㊴也與（歟）？㊵臤亦城（成）天子也與（歟）？」孔＝（孔子）曰：「善，而（爾）昏（問）之也，舊（久）矣㊶丌（其）莫……【九】

[禹之母，又（有）莘是（氏）之女]㊷也，觀於伊而尋（得）之㊸，𡖊（鬼、懷）㊹厽（參）【十一上】急（年）㊺而畫（劃）㊻於怀（倍、背）㊼而生＝（生，生）而能言，是塦（禹）也。卨（契）㊽之母，又（有）洒（乃、娀）是（氏）之女【十】也。遊於央（瑤）臺㊾之上，又（有）𩾏（燕）監（銜）卵而陼（錯）者（諸）丌（其）前，取而軟（吞）㊿之，𡖊（懷）【十一下】三急（年）而畫於𦜕（膺）51，生乃呼曰：「【中文大學藏簡‧戰國3】……欽。」是卨（契）

也。句（后）稷（稷）之母，又（有）會（邰）是（氏）⑤之女也，遊於玄咎（丘）⑤之內，多見芣⑤，攻而薦之⑤，乃見人武⑤，履曰（以）悠（祈）禱曰：「帝之武，尚史⑰【十二】……是后稷〔之母〕⑱也。厽（三）王者之乍（作）也如是。」子羔曰：「然則厽（三）王者孰爲【十三】

……□厽（參）天子事之▬。【十四】

## 【語譯】

　　舜……是有虞氏的樂正質變的兒子。子羔問道：「什麼原因舜可以成爲帝？」孔子說：「從前帝位的傳授不是世襲的，而是有賢德的人傳給有賢德的人，所以能夠治理天下，平定萬邦，使萬邦無論小大、肥瘠都能得到社稷百姓而奉守。堯看到舜的才德賢明，因此把天下讓給他。」

　　子羔問：「堯得到舜，是因爲舜的才德確實很好呢？還是堯的德行非常昌明？」孔子答：「一樣好。舜在荒涼的土田上耕種，則……

　　……的荒蕪的田地的人民。」孔子說：「……我聽說舜在幼年的時候，總是以……

　　……或以文（敏？）而遠。堯從田野之中拔取舜，和他談禮，悅……

　　亦紀。先王之遊，道不奉𢆶，王則亦不大漠。孔子說：「舜可以說是受命之民啊。舜，是普通人的兒子……

　　□而和，因此堯看到舜的才德確實賢明，於是從畎畝之中把舜拔舉出來，讓他君臨天下而決定國事。」子羔問：「如果舜在當今之世，那又會怎麼樣？」孔子說：「……

　　子羔問孔子說：「三王興起，他們本來都是平凡人的子弟，他們的父親地位都卑賤不足稱道嗎？他們本來就應該是天子嗎？」孔子說：「你問的很好！很久了，大家都不知道……

……〔禹的母親是氏有莘氏的女兒〕，觀於伊而懷了禹，懷胎三年，劃背而生禹，禹生下來就能說話，這就是禹。契的母親是有娀氏的女兒，到央臺之上遊玩，有燕子銜了鳥蛋放到她前面，她拿起來吞了下去，就懷了契，懷胎三年，劃胸而生契，契生下來就大聲叫：『……欽！』這就是契。后稷的母親是有邰氏的女兒，到玄丘之內遊玩，那時候是冬天，卻見到芙草長出來，后稷的母親採下芙草來墊坐著，後來見到天帝的腳印，於是踩上去，祈禱道：『天帝的腳印，希望能讓〔我懷孕……〕。』……這就是后稷的母親。三王的興起就是這樣。」子羔說：「那麼，三王誰是……

……三天子事之。

## 【注釋】

① 原考釋指出第一簡上端殘。可見的第一字殘存一半，原考釋隸作「㠯（以）」，陳劍先生〈編連二〉以為不可信，寧闕釋。以上博簡最長完整簡來估計，本簡第一殘字上面還可以有兩個字。以下簡序有調整、改變，都是用陳劍先生〈編連二〉之說。

② 又吳是：即有虞氏。舜受堯禪讓為又子，以其先國於虞，故稱有虞氏。又通有，古文字常見。吳通虞，見《毛詩·周頌·絲衣》「不吳不敖」釋文。是通氏，見《儀禮·覲禮》「大史是右」鄭玄注。漢文字中是、氏通用仍很常見。

③ 㝏畀：即質夔，當指舜的父親瞽叟。原考釋以㝏畀為二人，謂「畀」為「㝏」之父。陳劍先生〈編連二〉把㝏畀二字連讀，以為指一人，曹建國先生〈子羔劄記 b〉承之，並謂據《呂氏春秋·古樂》，堯的樂官名質，舜的樂官名廷（旭昇案：當作延），夔則是上古樂正的通名。「質夔」就是舜的父親「瞽叟」，本來是個非常合格的樂正，後來被後妻迷惑，沈湎于淫康，陷害舜，欲置之於死地，因而遭人非議，於是，人們遂稱其謂「瞽叟」。案：《呂氏春秋·古樂》云：

帝堯立，乃命質為樂。質乃效山林谿谷之音以歌。乃以麋置缶而鼓之，及拊石擊石，以象上帝玉磬之，音以致舞百獸。瞽叟乃拌五弦之瑟，作為十五弦之瑟，命之曰大章，以祭上帝。

舜立，命延，乃拌瞽叟之所為瑟，益之以八弦，以為二十三弦之瑟，帝舜乃命質，修九招、六列、六英，以明帝德。

周鳳五〈零釋〉以為「吉宑」即瞽叟、「吉」從宀從兔省聲，「瞽、兔二字古音皆見紐魚部，可以通假」；「宑」字也從宀，「但是下面所不是卉，而是火的變形。……叟，小篆從宀，從火，從又，作㝒，若下端『又』形省略，『火』字訛變作『㞫』，即成為簡文的『宑』。」旭昇案：此說若能成立，則是目前最理想的說法。不過「兔」形省作「占」，目前證據還不夠；而「兔」字上古音屬透紐魚部，並不屬見紐，與「瞽」的通假也還有些困難。「火」形訛為「卉」、「㝒」形省為「灾」，都有待更多的證據才能讓人信服。

④ 子羔：孔子弟子，春秋時人，《史記·仲尼弟子列傳》：「高柴，字子羔。少孔子三十歲。受業孔子，孔子以為愚。」《集解》：「鄭玄曰：衛人。」《孔子家語》以為齊人。一作子皋，《禮記·檀弓》：「高子皋之執親之喪也，泣血三年，未嘗見齒，君子以為難。」鄭注：「子皋，孔子弟子，名柴。」

⑤ 以：一般用為動詞「用」、名詞「緣故」，在這裡都講不通。此處的「以」字似應釋為「而」。《書·金縢》「天大雷電以風」、《大戴禮記·曾子制言》「富以苟，不如分以譽；生以辱，不如死以榮」，諸「以」字都讀為「而」。參《王力古漢語字典》16頁。

⑥ 㝵：「得」的本字。本應從又持貝，此處貝省為目。

⑦ 弗殜：即弗世，不世襲。殜字從歹、枼聲，在戰國楚文字中多讀為「世」。原報告讀成「歿世」，不妥，劉信芳〈試讀〉指出：「『弗世』謂不行父子相繼之禮。《禮記·禮運》：『大人世及以為禮。』孔疏：『世及，諸侯傳位自與家也。父子曰世，兄弟曰及。謂父傳與子；無子，則兄傳與弟也。』《漢書·賈誼傳》：『賈嘉最好學，世其家。』師古注：『言繼其家業。』」旭昇案：其說可從。

⑧ 絧：假借爲治。字又見《郭店·老甲》26 簡。絧字從糸、台聲，《史記·項羽本紀》「田父絧曰」，義爲「欺騙」，但從糸實與欺騙無關，應該也是假借。

⑨ 坏萬邦：使萬邦太平，即下文所說的「使無有小大、肥瘠，使皆得其社稷百姓而奉守之」。「坏」假借爲「平」，字又見《上博一·孔子詩論》，已往學者或釋爲「旁」，從〈子羔〉篇來看，此字讀爲「平」，已無可疑。萬邦，文獻或作萬國，《呂氏春秋·離俗覽》：「當禹之時，天下萬國，至於湯而三千餘國，今無存者矣！皆不能用其民也。民之不用，賞罰不充也。湯、武因夏、商之民也，得所以用之也；管、商亦因齊、秦之民也，得所以用之也。民之用也有故，得其故，民無所不用。用民有紀有綱，壹引其紀，萬目皆起；壹引其綱，萬目皆張。爲民紀綱者何也？欲也，惡也。何欲？何惡？欲榮利，惡辱害·辱害所以爲罰充也，榮利所以爲賞實也·賞罰皆有充實，則民無不用矣。」堯舜禹時有萬邦，後來漸漸被併吞，這是上古社會演進的常態，不見得完全是能不能用民。

⑩ 吏：讀爲使。戰國楚文字吏、弁二字同形，但會做些區分，參李家浩〈釋弁〉（《古文字研究》第一輯，391-395 頁），如本簡倒數第二字一般會讀成「弁」，但在本簡中似乎二者都應該讀成「吏（使）」。這也說明了「吏」、「弁」恐怕沒有很明確的區別。

⑪ 亡有：即無有、無論。原考釋標點作：「使無有、少大、肥礄」，「使」下當成六種情況，釋爲「使萬邦通其有無，毋分邦之小大、物產之肥礄云」，恐怕比較不理想。陳劍先生〈編連二〉標點作「使無有少（？）大、肥礄（？）」，似較合理。「無有」意爲「無論」，參《左傳·僖公二十八年》：「有渝此盟，明神殛之，俾隊其師，無克祚國，及其玄孫，無有老幼。」

⑫ 忌礄：原考釋讀爲「肥脆」，即《孟子·告子上》的「肥礄」。何琳儀先生〈滬二〉指出「脆」、「礄」聲韻不近，不能通假，當讀爲「瘠」。旭昇案：何說是。

⑬ 膚：皆的本字。甲骨文「皆」字從虤從口作「𧮫」，或省從虎從口作「𧮫」，或省虎形作「𤉣」。西周早期金文從「从」從「甘」（古文字口形中多或加飾筆成甘形），戰國金文或從虍從甘，戰國楚系文字《楚帛書》作「𧮫」，與本

簡同，蓋「龖」形訛變成「虤」形，兩「虍」形又省爲一個。秦漢以後省略「虍」形作「皆」（參《說文新證》卷四上「皆」字條）。《上博二》考釋謂「虜从皆聲」，不可從。第一簡下接第六簡，然後接第二簡，用陳劍先生〈編連二〉之說，文義恰好可以銜接。

⑭ 堯：甲骨文作「垚」（《後》2.32.16。《甲骨文編》1598 號按語云：「从垚从兀，與堯字古文略同。」）戰國文字或省作 $\dagger$（參《楚系簡帛文字編》973 頁）、或又重疊複體如本簡。

⑮ 坴：即舜字。「舜」本來只做「允」，下加「夂」形則作「夋」（見《楚帛書》）、《山海經》做「帝俊」，「夋」再進一步訛變就做「坴」，西漢、《說文》做「舜」，楷書做「舜」（參拙作〈讀郭店、上博簡五題：舜、河匽、紳而易、牆有茨、宛丘〉、《說文新證》473 頁）。因此這一個字其實可以直接隸定作「舜」。

⑯ 臤：假爲賢。原考釋隸定做「殹」，其實字右所從即「攴」。「殹」可以逕隸定爲「臤」。

⑰ 簡6接簡2，用陳劍先生〈編連二〉說。簡6長32.7、簡2長22.9釐米，二者相加共55.6釐米，與《上博》完整簡最長尺寸是57.2釐米相合，也符合漢人所說的制度，《論衡・謝短篇》說：「二尺四寸，聖人文語。」二尺四寸，以漢尺（23.3釐米）換算，約當今55.92釐米，汲郡出土戰國竹簡，據荀勗《穆天子・序》所稱：「勗前所考定古尺度其簡，長二尺四寸。」南齊建元元年襄陽楚冢出《考工記》「簡廣數分，長二尺」（見《南齊書・文惠太子傳》及《南史・王僧虔傳》），南齊二尺合漢尺二尺四寸；武威出土西漢《儀禮》完整的簡長都在55.5-56釐米之間。

但是，我把簡6的尾部（即「善」字部分）和簡2的頭部（即「與」字部分）掃描下來，用繪圖軟體略加亮度對比處理後拼接在一起，結果如右圖。兩簡的斷裂處看起來相當接近，但是斷紋右邊的凹凸榫點如果要接合，左邊的字跡就無法密合；同時左邊的字跡部分，簡6殘存的點似乎太粗了，與簡2「與」字的左上筆不太能完全接合，而且簡6尾部左下的殘簡如果要看成簡2「塦」字的左上筆，筆畫也嫌粗了些。看來這樣的拼合似乎還存在著一

些疑點。今以陳劍先生的拼合在文義上頗爲順暢，姑且仍依此順讀。

⑱ 伊堯：抑堯，意爲「或是堯」。原考釋以「伊堯」爲人名，即「堯」，劉樂賢
〈容小劄〉：「整理者將『伊堯』當作堯的名號是正確的，但說『「伊堯」之
稱爲初見』則不確。《潛夫論·五德志》：『後嗣慶都，與龍合婚，生伊堯。』」
陳劍先生〈編連二〉則以爲「伊」當讀爲「抑」，「或」也，「伊，古音爲影
母脂部開口三等，抑爲影母質部開口三等，兩字音近可通」。案：後說更順
暢，「伊」讀爲「抑」，做連詞用，表選擇，文獻多見。

⑲ 盟：盟的古文，讀爲明。原考釋隸定作「盈」，讀爲「溫」，很多學者指出釋
「盈」不可從，應釋「盟」，讀爲明。盈字甲骨文作「𝕮」（《戩》46.14），
從人圅省、圅亦聲；楚簡作「🅓」，與本簡此字上部明顯不同。「盟」字本從
皿囧聲，戰國楚文字或省作「𝌆」（《曾》214），其上省作「田」形，再省則
作「日」形，與本簡此字相近。

⑳ 鈞：字從金、匀聲，即鈞，讀爲均。原考釋隸定爲鈴，並以爲是「子羔之名」，
很多學者指出不可從。依形隸定當爲鈞，徐在國〈瑣記〉以爲：「作者認爲
是子羔之名，這是正確的。『鈞』似應讀爲『柴』。典籍中『徇』、『迅』二字
相通，如：《史記·五帝本紀》：『幼而徇齊。』《集解》：『徇，疾也。』《索
隱》：『裴氏注未見所出，或當讀徇爲迅。』」但是，如果採用陳劍先生的拼
合，那麼「鈞」當讀爲「均」，文義直捷了當。

㉑ 嗇於童土之田：在荒蕪的土地上耕種。嗇讀爲穡，稼穡、耕種。原考釋隸
定爲「畓」，從字根分析來說並沒有錯，但謂「或依聲符讀爲徠」，「行來」
之義。很多學者指出不可從。「畓」字就是戰國楚文字的「嗇」，見《郭店·
老乙》簡1。「嗇」字本從來向，會收禾麥於廩之義、戰國楚文字的「嗇」
字下部「向」類化爲「田」。本簡的「於」字做介詞用，這種地位的介詞，
先秦一般用「于」不用「於」，已往學者或以此來檢驗先秦文獻的真僞早晚，
現在看來，春秋中晚期的鎬鎛已經出現把「於」當做介詞用的例子了，辭
云：「枼（世）萬至於辝（台，余）孫子。」有趣的是：鎬鎛當介詞用的「于」、
「於」互出，和戰國楚簡的情形一樣。因此用「于」、「於」來判斷文獻真
僞早晚的方式，其效度有必要重加檢討。

　　童土，原考釋指出見《莊子・徐无鬼》：「堯聞舜之賢，舉之童土之地。」成玄英疏：「地無草木曰童土。」

㉒　莉民：即黎民。莉，假爲黎。「黎」字，《說文》以爲從黍、利省聲，和「莉」同從「利」聲，所以可以通假。

㉓　舜其幼也：舜在幼年的時候。其，猶之，王引之《經傳釋詞・五》：「其，猶之也。《書・康誥》曰：『朕其弟小子封。』《詩・魚麗》曰：『物其多矣，維其嘉矣。』上其，猶之也；下其，則指物之詞。」

㉔　每以□寺其言：劉樂賢〈容小劄〉：「『寺』前一字字迹較爲模糊，疑是『孝』字。最後一字字形不全，疑是『辛』之殘，讀爲『親』。『吾聞舜其幼也』的『其』，訓『之』。『每以孝寺其親』，可讀爲『每以孝侍其親』或『每以孝事其親』。」黃德寬先生則以爲「每以□」可讀爲「敏以學」，《從政》11有『學』，則此句可讀爲「敏以學詩，其言□□，或以文而遠」。孔子曰：「小子何莫學乎詩，不學詩，無以言。」又曰：「言而無聞，其行不遠。」春秋時學詩流行，可能當時的人附會舜時也學詩。何琳儀先生同意黃德寬先生的觀點，但斷句不同，何讀「敏以學，持其言」。（程燕〈研讀〉。旭昇案：以上諸說待考。

㉕　夒而遠：文（敏）而遠。夒讀爲文或敏。關於此字的考釋，首先是由陳偉指出《郭店・語叢一》31+179「禮因人之情而爲之即夒者也」，語相當於《禮記・坊記》的「禮因人之情而爲之節文」（〈《語叢》一、三有關禮的幾條簡文〉），其後李天虹〈釋楚簡文字夒〉進一步指出字當釋慶，讀爲「文」；李家浩以爲即《汗簡》、《古文四聲韻》所引《石經》的「閔」（張富海先生《北大中國古文獻研究中心》「郭店楚簡研究」項目新動態引李家浩說）；李零《郭店楚簡校讀記・說文道（語叢四）》53-54頁則以爲此字「大體相當於敏」。何琳儀先生〈滬二〉主張當隸定「瞀」，與《古文四聲韻》「閔」作 形體吻合。「瞀」、「閔」一聲之轉。《字彙》「瞀，閔也，」簡文「瞀」當讀「文」。各家釋字形雖然不同，但是讀爲「文」或「敏」則無異議。

㉖　從者卉茅之中：從草茅之中。者，讀爲諸，當句中語氣詞用。可參《郭店・唐虞之道》簡16：「舜佢（居、蹲距）於艸茅之中而不憂，躬爲天子而驕。」

（躬爲天子，用袁國華說，見〈《郭店楚簡·唐虞之道》「弓爲天子而不驕」句「弓」字考釋〉。）

㉗ 與之言豐敓□；跟舜談禮，很高興於舜所說的……。敓，從攴、兌聲，《說文》釋爲「彊取也」，意即今「奪取」之「奪」。《郭店》此字用爲奪、悅、說等（參《郭店楚簡研究·第一卷·文字編》70頁），在本簡讀成「悅」的機會似乎大些。敓下一字，黃德寬先生（補正）謂應釋作「專」，與《容成氏》中話正可相類似，原考釋也引了〈容成氏〉簡8相參，〈容成氏〉簡8云：「於是乎始語堯天地人民之道。與之（舜）言政，敓（悅）簡以行；與之言樂，敓（悅）和以長；與之言豐（禮），敓（悅）攺（薄）以不逆。堯乃敓（悅）。」二者內容相近，黃德寬先生說當可從。

㉘ 子羔：篇題，寫在第五簡背，比較特殊。李零〈上博校讀一〉以爲：「古書的篇題，從出土發現看，多在卷首第二簡或第三簡，或卷尾第二簡或第三簡。前者是從後往前卷，把卷首露在外面，卷尾收在裏面；後者是從前往後卷，把卷首收在裏面，卷尾露在外面。」又，李零以爲〈子羔〉篇應該包含〈三王之作〉（即本書所稱之〈子羔〉）、〈孔子詩論〉、〈魯邦大旱〉，「簡文雖包含三類不同內容，但實際上是一章挨著一章抄，其實是不可分割的整體。」旭昇案：李零所說有理，但《上博》資料還沒有全部公佈，我們姑且還是依照《上博》原整理的命名，把本篇叫〈子羔〉，與〈孔子詩論〉、〈魯邦大旱〉暫時區分。

㉙ 絼；《楚帛書》有此字，讀紀。在本簡應作何解釋，待考。

㉚ 先王之遊：原考釋以爲先王巡狩之事。待考。

㉛ 𦥑：字不識。何琳儀先生認爲從四從皿，劉信芳同意何說，讀作「駟」。《穆天子傳》有關於此段的文獻記載。黃德寬先生認爲此字可能從四從益。徐在國疑讀此字爲「監」。（以上俱參程燕〈研讀〉記錄）旭昇案：上部可能從「四」或「目」，下部可能從「益」，當釋何字，待考。

㉜ 溲：從水從叟。叟在楚簡中可能讀爲「吏（使）」、「變」、「辨」、「煩」等義項。

34

㉝ 受命之民：原考釋指出「謂舜爲受天命的凡人。把堯舜降生視同爲常人，而不包括神異的因素」，說應可從。

㉞ 𧮫：字不識。上從「齒」之古文，下從炅（熱的古文）、從口。待考。

㉟ 釆者䚅𤲞之中：從畎畝之中提拔出來。原考釋以爲「釆即番字所從的聲符釆，通假作『播』或『布』」，並釋「釆者畎畝之中」爲「舜德傳布於民間」。徐在國〈瑣記〉謂「（釆）即穗之古文，通『由』，『釆諸畎畝之中』，意爲從田畝之中。與《孟子·告子下》『舜發於田畝之中』義近」。旭昇案：以字形考釋而言，徐說是。但以文義通讀而言，讀爲「從田畝之中」，全句少一個動詞，而且把主語說成「舜」，似乎也有點問題。本句「釆者（諸）䚅（畎）𤲞（畝）之中」的主語應該是堯，「諸」是「之於」的合音，其中的代名詞「之」做受詞用，指舜。因此，「釆」字似乎可以讀成「抽」，謂「抽取」、「提拔」；或讀爲「導」，由（余招切，喻四、幽開三）、導（徒皓切，定幽開一）二字聲近韻同，可以通假。換一個角度來想，「釆」字做爲「穗」的表意字，從爪從禾，應該也可以有動詞的作用，名詞「穗」直接做動詞用，就是「取穗」，也就是「釆（穗）」字引伸即可以有「取」的意思。

㊱ 吏君天下而㪔：讓舜君臨天下而主宰大政。㪔，同稱，銓衡稱量。

㊲ 含之𥻦：含讀爲今，實際上應該就是「今」的繁寫，戰國文字常加無意義的飾符「口」。

㊳ 厸：參之省體分化字，戰國文字做爲數量詞時與「三」混用無別。

㊴ 㪔：同稱，稱道、稱揚。與前簡 8 之稱釋爲「權衡」者不同意。

㊵ 敀：同樣字形又見《包山》簡 105，一般以爲與「殹」同字，從攴與從殳偏旁通用。《說文》：「殹，擊中聲也。」多作語氣詞用，杜虎符：「雖無會符，行殹」。石鼓文「汧殹沔沔」、「汧殹泊泊」作句中語氣詞。王子午鼎「殹民之所亟」，一般也釋爲語氣詞。陳劍先生〈編連二〉括弧作「抑」，則義同「或」。劉樂賢〈札記〉「殹」字屬上讀，謂：「『不足再也與殹』似可讀爲『不足稱也舉殹』。殹字秦漢文字中習見，都用作『也』字。稱、舉二字意思相近。三王之父出身微賤，與『三王者皆人之子』一樣爲客觀事實，其後宜用『也』

字，不宜用表示疑問語氣的『與（歟）』字。」曹建國先生〈子羔剳記 b〉指出以『抑』爲虛詞用法無論釋爲「抑或」表選擇、釋爲「然而」表轉折、釋爲「如果」作發語詞，均與子羔之問不符，因而主張「殹」應爲「其」的假借，理由如下：「其，古音屬見母之部。而『殹』字的歸部卻有很大的分歧。段玉裁、嚴可均、朱駿聲、江有誥、黃侃、周祖謨等把從『醫』得聲的字歸脂部；董同龢歸支部；王力歸質部。但同樣從『醫』得聲的『翳』古音又歸在之部。誠可謂眾說紛紜。其中董同龢認爲『醫』與『殹』有關，古音都有一個－g尾。上古陰聲韻收不收 b、d、g，目前仍有很大的分歧，同時也不在本文討論範圍，我們只想說『殹』的古音歸部有很大分歧，但其與之部的『其』字關係密切，應該是可以肯定的。所以我們認爲《子羔》篇的『殹』字通『其』。同時把『殹』字隸定作『其』也與上下文合，子羔於此有兩問：『其父賤而不足稱也與？殹（其）亦誠天子也與？』」旭昇案：曹說可從。子羔兩問，並非相對立的二選一。

㊶ 舊：原考釋「舊矣」屬上讀，陳劍先生〈編連二〉屬下讀，並直接讀「舊」爲「久」，可從。《包山》簡135：「舊不爲剸（斷），君命速爲之剸（斷）。」舊、速相對，當讀爲久，無可置疑。

㊷ 禹之母有莘氏之女：根據簡長及文獻，此處可以補上這八個字。簡11長32.6公分、插入簡10長22公分，合計54.6公分，上端應該還殘了3公分左右，可以補三個字（含簡11上端殘字），所以「禹之母有莘」五個字應該是在上一簡。陳劍先生〈編連二〉認爲簡11、簡10拼合之後可以成爲一支完整的簡，恐有可商。據《史記·夏本紀》索隱：「《系本》：『鯀取有辛氏女，謂之女志，是生高密。』宋衷云：『高密，禹所封國。』正義：『《帝王紀》云：『父鯀妻脩己，見流星貫昴，夢接意感，又吞神珠薏苡，胸坼而生禹，名文命、字密，身九尺二寸長，本西夷人也。』《大戴禮》云：『高陽之孫、鯀之子曰文命。』」是目前的簡11之前至少可以補「禹之母，有莘氏之女」八字。

㊸ 觀於伊而得之：這是關於禹誕生的傳說，伊，不詳。《史記·夏本紀》正義：「揚雄《蜀王本紀》云：『禹本汶山郡廣柔縣人也，生於石紐。』《括地志》云：『茂州汶川縣石紐山，在縣七十三里。』《華陽國志》云：『今夷人共營其地方百里，不敢居牧，至今猶不敢放六畜。』」

㊹ 　：懷孕。此字直接隸定作「宼」，上從宀，中爲鬼聲，「鬼」形下部的「人」形繁化爲「壬」形。自甲骨文到戰國文字，「人」形繁化爲「壬」形是很常見的繁化現象。蘇建洲〈上郭三則〉對戰國文字的「壬」有整理，可以參看。「鬼」讀爲「懷」（從鬼與從裏可通，參《古字通假會典》499 頁），「懷」謂「懷子」，「懷子」見《睡虎地秦簡・封診式》簡 84：「甲懷子六月矣，自晝與同里大女子丙鬪。」

　　陳劍先生〈編連二〉隸此字爲「墾」，讀爲「娠」：「『　』即《說文》『煙』字的古文。此字原作　，所從的『墾』上半作尖頭、與『由』相似之形，同樣的例子見於春秋金文鄭太子之孫與兵壺銘的『　（禋）』字所從（作者原注：見《古文字研究》第二十四輯 235 頁）；下半之形，與戰國中山王方壺銘的『　（醒）』字所從相同。『墾』字下半本從『土』，『土』繁化爲『壬』，跟『呈』等字類似；又由於戰國文字裏豎筆中間常贅加小點，小點又演變爲短橫，『墾』受此類『豎筆中間小點與短橫互作』現象的影響，將『壬』旁中間的短橫寫作小點，遂成簡文及中山王方壺之形。『墾』及從『墾』聲的『煙』字等古音多在影母文部，但同樣從『墾』聲的『甄』字，上古音卻跟『娠』一樣都是章母文部開口三等，故『窋』與『娠』可相通。娠，孕也。」旭昇案：陳說把「　」字讀通了，貢獻很大，在字形的解說上，也都還合理。但是，本簡此字做「　」、鄭太子之孫與兵壺「禋」字做「　」、中山王方壺「醒」字做「　」，以「墾」形而言，鄭太子之孫與兵壺與本簡頭部相同，中山王方壺與本簡下部相同，三個字形並不完全相同。因此我們認爲此字釋爲從「鬼」似乎更直捷。（黃德寬先生也讀爲「懷」，認爲簡文訛寫，但沒有詳細說明理由，見程燕〈研讀〉。）

㊺ 　：年。此字一般在楚簡讀「仁」，陳劍先生〈編連二〉讀「年」：「古文字裏『年』本從『人』得聲。參考《太平禦覽》卷三七一引《世本》云『陸終娶于鬼方氏之妹，謂之女嬇，生子六人。孕而不育，三年，啟其左脅，三人出焉；啟（《水經注・洧水》引《世本》作『破』）其右脅，三人出焉』，簡文『娠三年而畫（？）於背而生』云云其義自明。」其說可從。

㊻ 畫：讀爲劃，以刀劃開之意。學者或懷疑不是畫字。西周金文「畫」字作「　」、「　」，會以手持規畫田界之意。楚系文字見曾侯乙墓簡作「　」（參《楚系

37

簡帛文字編》253-254 頁），另外《楚系簡帛文字編》743 頁有「彖」字作「彖」，何琳儀先生改釋爲「劃」，見《文物研究》八輯），當可從，字從「畫」省、從刀；本簡此字與何釋「劃」字上二部件（即手持規的部分）全同，下部「田」形訛作「目」形。

㊼ 伓：讀爲背。字從人、不聲。先秦沒有「丕」字，「丕」字都假借「不」字爲之。原考釋直接隸定作「伾」，並謂伾讀作倍，即古背字，《郭店・忠信之道》「信人不伓（背）。」其說可從。「倍」字小篆作「倍」，其右上所從其實就是「不」形。

㊽ 离：商的始祖，後世作契。《說文解字》：「离，蟲也。从厹、象形。讀與偰同。离：古文离。」簡文頭部與《說文》古文相近，還保留了動物形狀的頭形；但是身體則訛變成從「大」加兩「止」形，兩「止」形又繁化爲四「止」形。

㊾ 央臺：原考釋讀爲「瑤臺」，何琳儀先生〈滬二〉讀「陽臺」。

㊿ 欰：原考釋以爲從欠、申聲，讀「吞」。

� 膺：胸。《港牘》原釋「雇」，陳劍先生〈編連二〉改釋「膺」，可從。以字形而言，直接隸定當作「雁」，字於甲文作「雁」，從隹，以一半圓筆指示鳥膺部位所在，爲「膺」字初文。

� 又（有）詒（邰）是（氏）：即有邰氏，《毛詩・大雅・生民》：「即有邰家室。」《史記・周本紀》：「后稷……其母有邰氏女，曰姜原。」從言、呂聲，字書無此字，勉強隸定則近於詒，《說文》釋爲「相欺詒」；邰從台聲、台從呂聲，所以詒可以通邰。

�173 玄咎：讀爲玄丘，地名。原考釋作「串咎」，讀爲「串澤」。張富海先生〈后稷之母〉指出當釋「玄咎」，「咎」又可以讀爲「宮」（金文宮字多從「九」聲作「宊」，「九」聲與「咎」聲基本相同），「玄」又與「閟」義近，是「玄咎」可釋爲「玄宮」，「可能是祭郊禖之宮，所以姜原得履帝之足迹而娠后稷」，與「閟宮」很有關係。白於藍先生〈釋玄咎〉則讀「咎」（群母幽部）爲「丘」（溪母之部），以爲「玄咎」即「玄丘」：「地名『玄丘』見於典籍。而且往

往是與殷祖契母簡狄之受孕有關，如：《史記．三代世表》褚先生引《詩傳》曰：『湯之先爲契，無父而生。契母與姐妹浴于玄丘水，有燕銜卵墜之，契母得，故含之，誤吞之，即生契。』……《太平御覽》卷一七一引《帝王世紀》：『簡翟浴玄丘之水，燕遺卵，吞之，剖背生契。』」其實，契母簡狄應是吞燕卵受孕，稷母姜嫄才是在玄丘受孕，漢人誤把姜嫄的事蹟搬到簡狄頭上而已。旭昇案：玄字當從張富海先生說，咎字則以白於藍先生說較佳。

(54) 芺：張富海先生〈后稷之母〉以爲即苦芺：「《說文•艸部》：『芺，艸也。味苦，江南食以下氣。』《爾雅•釋草》：『鉤，芺。』郭注：『大如拇指，中空，莖頭有臺，似薊，初生可食。』可見芺是一種草，能長出可以食用的薹，可能跟現在的大蒜差不多。《說文•艸部》又有『葽』字，云：『艸也。從艸要聲。《詩》曰：「四月秀葽。」劉向說，此味苦，苦葽也。』《說文解字繫傳》『芺』字下云：『今苦芺也。』可見『芺』和『葽』所指是同一種草，『芺』與『葽』實爲異體字的關係，《說文》誤分爲二字。總之，芺這種草可以食用，但大概是在夏曆四月的時候才長成。簡文言『冬見芺』，是言其神異。」並主「冬見芺」爲句，「攷」字屬下讀。其說可從。

(55) 攷而薦之：原考釋「芺攷」連讀，全句釋爲「見到芺攷而欲采薦之帝」。張富海先生〈后稷之母〉讀「攷」爲「搴」，全句釋爲「於冬日見可食之芺，於是拔取之，而進獻於上帝」。白於藍先生〈釋玄咎〉則讀「薦」爲「墊藉」，全句釋爲「姜原於冬日看到“芺”，感覺特別稀奇，拔取之後將它藉墊起來，表示愛惜。」。

(56) 人武：人的足迹。《毛詩．大雅．生民》：「厥初生民，時維姜嫄。生民如何？克禋克祀，以弗無子。履帝武敏歆，攸介攸止；載震載夙，載生載育，時維后稷。」與《上博二》所稱相近，而詳略各有不同。

(57) 尚吏：希望能使……。下殘，文義不能完全確定。

(58) 后稷之母也：「之母」二字，張富海先生〈后稷之母〉以爲衍文。

# 〈魯邦大旱〉譯釋

陳嘉凌 撰寫

## 【題解】

本篇爲《上海博物館藏·戰國楚竹書（二）》第三篇，以首句定名。二支完簡，四支殘簡，共六簡，殘存二百零八字，其中合文共四。由於竹簡長度及文字書法和《上博·孔子詩論》及《上博·子羔》完全一致，因此馬承源先生認爲可能屬於同一編的不同內容，且書手在各篇書寫完結後，在相續的左鄰白簡重新繼續書寫（《上博（二）》203 頁）。然三篇內容除均有孔子外，並無其他的關連性，僅由竹簡及書法判定，仍有待商榷。

全文爲敘述魯哀公十五年時發生大旱，哀公因此請教孔子如何抵禦大旱，孔子提出需要督正刑與德，也不要吝惜用圭璧幣帛等祭品儀式向山精水靈求雨。之後孔子遇見子貢，兩人對抵禦大旱時是否要舉行祭祀的態度進行討論，孔子對天命重視且敬畏，故贊成祭祀，子貢認爲解決大旱是不需要祭祀，對祭祀採取理性的態度。

透過孔子與子貢的對談，使我們知道孔子對天命、刑德的態度，以及子貢理性改革的態度。由本篇也可以看出，在子貢的觀念中，「天」的概念已逐漸由有意志的人格天，趨向爲一理性的自然天，而影響了儒家後期荀子天論思想的產生。

# 【原文】

魯邦大旱，哀公胃（謂）①孔=（孔子）：「子不爲我②圖（圖）③之」？孔=（孔子）畣（答）曰：「邦大旱，毋乃遊（失）④者（諸）型（刑）與惪（德）虗（乎）？乚唯……【1】⑤

〔哀公曰：「……〕之可（何）才（哉）？」孔=（孔子）曰：「尿（庶）⑥民智（知）敓（說）⑦之事鬼⑧也，不智（知）型（刑）與惪（德），女（汝）⑨毋悉（愛）⑩珪璧帀（幣）⑪帛於山川，政（正）坓（刑）與〔德〕……。」【2】

出遇子贛（貢）曰：「賜，而（爾）昏（聞）𡧛（巷）⑫迲（路）之言，毋乃胃（謂）丘之畣（答）非與（歟）？」子贛（貢）曰：「否，戔（緊）虗（吾）子⑬女（乃）⑭連（重）⑮命⑯，丌（其）與（歟）！女（若）夫政（正）坓（刑）與惪（德），己（以）事上天，此是才（哉）▆！女（若）天（夫）⑰毋悉（愛）珪璧【3】帀（幣）帛於山川，毋乃不可。乚夫山，石己（以）爲膚，木己（以）爲民，女（如）天不雨，石牉（將）籮（焦），乚木牉（將）死，丌（其）欲雨或甚⑱於我，或必寺（待）虗（吾）名（禜）虗（乎）⑲？夫川，水己（以）爲膚，魚己（以）【4】爲民，女（如）天不雨，水牉（將）沽（涸），魚牉（將）死，丌（其）欲雨，或甚於我，或必寺（待）虗（吾）名（禜）虗（乎）？」孔=（孔子）曰：「於虖（乎）……」【5】

公剴（豈）⑳不飤（飽）杦（粱）飤（食）肉㉑才（哉）！戔（緊），亡（無）女（如）尿（庶）民可（何）。▆【6】

# 【語譯】

魯國發生大旱，魯哀公對孔子說：「您不爲我魯國提出治理旱災的謀劃嗎？」孔子回答說：「魯國發生大旱，不是因爲失去刑與德的緣故嗎？唯……」……

魯哀公說：「……該怎麼辦呢？」孔子說：「老百姓只知道舉行『說』祭來

事奉鬼神，抵禦大旱，但不知道要端正刑德之治，您不要吝惜用圭璧幣帛祭禱山川，但是也要督正刑與德……。」

孔子出去後，遇見子貢，說：「賜啊！你有沒有聽到街里巷路上的話，覺得我孔丘的回答不對呢？」子貢說：「不會啊！夫子您是比較重視天命吧！如果督正政刑與德，來事奉上天，這是對的啊！如果不吝惜用圭璧幣帛祭禱山川，恐怕是不可以的。高山，以岩石爲皮膚，以樹木爲子民，如果上天不下雨，岩石將因太陽炎熱而焦黑，樹木也會乾枯而死，山石與樹木比我們更需要雨水，又何必等待我們去禜祭呢？河川，以流水爲皮膚，以魚兒爲子民，如果上天不下雨，水將乾涸，魚將會死去，河川與魚比我們更需要雨水，又何必等待我們去禜祭呢？」

孔子說：「啊！……王公在大旱荒年時仍然吃著豐盛的食糧魚肉，但是卻對老百姓的災難拿不出辦法來。」

## 【注釋】

① 胃：讀作「謂」。字形從「目」從「肉」，並於「肉」旁加飾筆，楚系簡帛文字上部多爲「由」形作 ⟨圖⟩ （《包山》簡 2.83）、⟨圖⟩ （《包山》簡 2.121），或訛爲「目」形作 ⟨圖⟩ （《包山》簡 2.86），與簡文字形相同，或於「目」形中加橫筆作 ⟨圖⟩ （《包山》簡 2.145 反）。而肉旁飾筆亦見於楚系簡帛「干」字偏旁，如 ⟨圖⟩ 字（《曾侯乙墓》簡 175）、⟨圖⟩ 字（《曾侯乙墓》簡 123）、⟨圖⟩ 字（《曾侯乙墓》簡 7）、⟨圖⟩ 字（《曾侯乙墓》簡 4）等。

② 我：簡文中字形簡省。「我」字甲文作 ⟨圖⟩ （《菁》2.1），象一種鋸形的長柄兵器；金文作 ⟨圖⟩ （毓且丁卣 5396）；楚系簡帛文字作 ⟨圖⟩ （《郭店·老子甲》簡 31），字形承甲、金文，但鋸形部件訛變與「勿」形相似。而此處「我」字的「勿」形和「戈」形結合，筆畫又有省變，因而字形略與楚系簡帛「女」字相似。相似情形亦見於從「我」的「義」字，如 ⟨圖⟩ （《楚帛書》丙 10.3，文例：戮不義）。

③ 圖：即「圖」字。馬承源先生讀爲「圖」，爲謀畫之意，並認爲《玉篇・口部》「圖」之古文作「圂」，與此形形似。（《上博（二）》204頁）嘉凌案：「者」字楚系簡帛文字作 ☐（《包》2.2），上部與「之」形、「止」形相似，或於「口」形下端加橫筆作 ☐（《包》2.227），而與楚系簡帛「皿」字相似，或下部變爲「土」形作 ☐（《上博・孔子詩論》），字形與簡文同形，或上部變化與「丰」形相似作 ☐（《郭店・唐虞之道》簡28），或下部變化爲「衣」形作 ☐（《郭店・五行》簡19），《玉篇》古文所從的「者」字，與下部爲「衣」形的 ☐ 字同形，故爲「者」字異體無疑，而「圖」字上古音魚部定紐，「者」字亦爲魚部定紐，聲韻俱同，故可通假。

④ 遊：即「失」字。此字亦見於《包山》簡與《郭店》簡中，《郭店》簡〈老子甲篇〉出土後，由文義始知讀爲「失」，李家浩先生以爲其字所從之偏旁與「失」字初文相似（〈讀郭店楚墓竹簡瑣議〉）。趙平安先生以爲李家浩先生於下部字形說解未安，應爲甲文的羍字，可能爲「逸」的古字。（〈戰國文字的遊字與甲骨文羍爲一字說〉）嘉凌案：字當讀爲失，但字形結構還有待更多材料來說明。

⑤ 此處馬承源先生釋爲「唯之何在？」（《上博（二）》205頁）李銳先生謂：「『爲』與『惟』古通（參高亨、董治安先生《古字通假會典》第663頁），此處『唯』疑讀爲『爲』之何哉？」（〈初劄〉）嘉凌案：檢查簡文兩端，均屬完簡，然「唯」「之」二字不合語法，無法連讀，兩簡文中應有缺簡，故不從二人之說，而分立爲兩支不能連接的簡文。

⑥ 庶：即「庶」，「庶人」的「庶」的專字。馬承源先生謂「字形從『石』從『伙』，文獻中從石得聲的字常與從庶得聲字通假，如《說文・手部》：『拓，或從庶。』……字以石爲聲符，以伙爲意符。《說文・广部》：『庶，屋下伙也。』此字以伙爲意符，可讀爲庶民之『庶』，當爲『庶』之古文異體。『庶民』，乃與公室相對而言的眾民。」（《上博（二）》205頁）嘉凌案：與下部簡文「民」字合看，「庶民」爲古代常見辭語，馬說可從，楚系簡帛「庶」字從石、從「火」作 ☐（《包山》2.258），或省略石下「口」形作 ☐（《郭店・成之聞之》簡16）。本簡字形特別，從伙、庶省聲，應是爲庶民義的「庶」字所造的專用字。

⑦ 敓：讀爲「說」，爲古代求雨祭祀的名稱。馬承源先生以爲讀作「說」，謂：
「『敓』，奪字，從兌得聲，通作『說』，『說』乃爲古代傳統的求雨祭名。《周
禮·春官·人祝》：『掌六祈以同鬼神示。一曰類，二曰造，三曰襘，四曰禜，
五曰攻，六曰說。』鄭玄注引鄭司農云：『皆祭名也。』鄭玄云：『攻、說皆
以辭責之。』賈公彥疏：『攻、說用幣而已。』本簡文下文云傳統的大旱之
祭用圭璧幣帛，是辭中之『敓』宜讀作『說』。」（《上博（二）》206 頁）馬
說可從，但「說」祭應非如賈公彥所言僅用幣來作爲祭祀之用，據本篇，應
該還有圭、璧、帛。

⑧ 鬼：馬承源先生釋爲「視」，將簡文斷句爲「庶民知說之事，視也……」（《上
博（二）》205 頁）。黃德寬先生謂「其字作 ，從『示』無疑。被隸作
『見』的部分，就形而言自然也有道理，但讀『視也』，文辭不通。我們以
爲此字應當分析爲從示，鬼聲，即『鬼』之異文。一是『視』字在《郭店》、
《上海楚簡》中均從目從人作，與『見』之別在『人』之腿部的彎曲與否，
這已是大家的共識，尚未見從『示』的『視』。二是此字的寫法與《郭店》
簡〈老子乙〉之『畏』作 ，本書《民之父母》中的『威』作 ，構形
非常接近，不同之處在於一作鬼頭，一作目。其實古字中『目』寫作『田』
司空見慣，本書之『胃』多次出現，或作 ，或作 。這種寫法在本書
中有其對應性，《民之父母》『胃』作 ，則『威』作 。因此，我們有
理由認爲此處所謂的『視』，與《民之父母》的『威』和《老子》乙篇的『畏』
是一個字的不同寫法和用法。《陳肪簋》『恭盟鬼神』，之『鬼』也從示、
鬼聲，故可將此字讀作『鬼』。如此，此簡意謂：『庶民只知道求雨而事鬼
神，卻不知道刑與德』，文意通暢明白。」（〈補正〉）陳偉先生繼而認爲
「在將此字釋爲『鬼』之後，相關句讀也連帶有了調整的可能。即原來斷讀
的『事』、『鬼』二字當連讀。事鬼，即奉事鬼神。《論語·先進》：『季
路問事鬼神。子曰：未能事人，焉能事鬼？』既爲『事鬼』一讀提供了傳世
典籍方面的辭例，同時也表明『事鬼』的『鬼』可以兼賅鬼神。至於全句的
句讀，則似有兩種選擇。一作『庶民知說之事鬼也』，一作『庶民知說之，
事鬼也』。在後一種場合，事鬼是孔子對『說』的含義的判斷。而在前一種
場合，事鬼是民衆的知識。由於隨後說『不知刑與德』，與『知』如何相對，
似以前一種選擇爲好。」（〈魯邦劄記〉）嘉凌案：黃德寬先生認爲此字與
郭店簡《老子》乙「畏」字 相似，差別僅在於頭部中間爲「×」形，並

舉「胃」字說明「目」形與「田」形形近互用的例子，然而「胃」字上部非從「目」，亦非從「田」，若黃德寬先生輔以《郭店·成之聞之》簡5「畏」字說明「由」形訛變爲「目」形，例證則更爲明確，而陳偉先生的斷句也使簡文較爲通順。故依黃德寬先生釋此字爲「鬼」，並依陳偉先生將簡文斷句爲「庶民知說之事鬼也，不知刑與德……」。

⑨ 女：讀爲「汝」，「你」、「您」之意，這裡指哀公。馬承源先生讀爲「如」（《上博（二）》206頁），季師旭昇先生謂：「馬承源先生讀爲『如』，意思是：『如果您不會捨不得用圭璧幣帛來祭禱山川』。說這一句話的基本前提是魯哀公捨不得用圭璧幣帛來祭禱山川，但是我們沒有聽說過先秦那一個君王遇到旱災會捨不得用圭璧幣帛來祭禱山川的。因此這樣解，似乎缺乏歷史依據。君王們的痛苦是，即使用了圭璧幣帛來祭禱山川，旱災仍然解決不了。如果把『女』字解成『汝』，這個問題就解決了。孔子並不反對用圭璧幣帛來祭禱山川，但是同時強調要正刑德。說了這段話之後，孔子擔心百姓會不會覺得他太迂闊，緩不濟急？因此孔子出來之後就問子貢：『爾聞巷路之言，毋乃謂丘之答非歟』，子貢回答說：『否，緊吾子女重命，其歟！』否，是指巷路之人不認爲孔子回答哀公所問是錯的，因爲孔子明明白白地也贊成祭禱山川。巷路之人就是一般百姓，一般百姓當然贊成旱災要祭禱山川，這也反映出子貢所知道的孔子是贊成祭禱山川的。」（〈小議三〉）嘉凌案：季師所言甚是，本句「女」當讀爲「汝」。

⑩ 悉：讀作「愛」，吝惜之意。馬承源先生以爲「通作『薆』，《爾雅·釋言》：『薆，隱也。』郭璞注：『謂隱蔽。』郭璞注：『謂隱蔽。』聲符和字義也同於『瘞』，屬影母；薆在微韻，瘞在祭韻，屬旁對轉。……不薆珪璧幣帛於山川，即不進行大旱之祭，但須保持刑德之治。這是孔子向哀公提出禦大旱的基本對策。」（《上博（二）》206頁）劉樂賢先生謂：「愛，讀本字即可，是吝惜的意思。『毋愛珪璧幣帛於山川』，是說要祭祀山川。『政型（刑）與』後可補一『德』字，『政刑與德』，讀爲『正刑與德』（按：『政』也可訓爲『正』）。第一簡孔子說『邦大旱，毋乃失者（諸）型（刑）與德乎』，此簡孔子說『正刑與德』，正可互相印證。從簡文看，孔子似乎對庶民習知的『說』之事持寬容態度，在提出『正刑德』的同時也主張祭祀。由於這一原因，第三簡講到孔子問子貢是不是認爲自己的回答不對。第三簡至第四簡載子貢答語，也

應讀爲:『如（若）夫政（正）刑與德以事上天，此是才（哉）。若天〈夫〉毋愛珪璧幣帛于山川，毋乃不可。』從這段話看，子貢對祭祀山川的態度和孔子不太一致。可惜第五簡已殘，我們看不到孔子是如何跟子貢解釋的。從第一至三簡所載孔子語推測，他可能是從庶民皆知祭祀之事的角度進行解釋。」（〈民劄〉）嘉凌案：依馬承源先生釋讀，則此句爲「如果不瘞埋圭璧幣帛於山川」，則孔子對祭禱山川這件事，表示可以祭祀，也可以不用祭祀，而依劉樂賢先生的釋讀則「毋愛圭璧幣帛」就是要用圭璧幣帛來祭禱山川，即孔子希望哀公督正刑德，也要順應百姓的想法舉行祭禱，如此文通意順。《說文》「悉，惠也，從心旡聲。」段玉裁注:「惠悉字作此，愛爲行貌，乃自愛行而悉廢。」故「悉」爲「愛」之本字。

⑪ 帗:即「幣」字。字形從「釆」從「巾」，「釆」字古音爲並紐元部，「幣」字並紐月部，兩字音近，故可通讀爲「幣」。

⑫ 堂:讀作「巷」。此字舊釋「弔」（《楚編》147 頁），或「衛」（黃錫全先生〈包山楚簡部分釋文校釋〉），然自 1997 年西安出土秦代封泥中有「永巷」、「永巷令丞」等印，而確定爲「巷」字。關於此字說明可參看白於藍先生〈釋包山楚簡中的"巷"字〉、趙平安先生〈釋包山楚簡中的堂和遞〉、周曉陸、路東之、龐睿先生〈秦代封泥的重大發現〉。

⑬ 豉虘（吾）子:「豉」通「殹」、「繄」，爲句首語助詞。「虘子」即吾子，爲對孔子的敬稱。馬承源先生將此句斷爲「否也，吾子若重命其歟？」認爲是「子貢對孔子所提『毋乃謂丘之答非歟』的問題作了否定的答覆。『豉』讀作『也』，古通假字，在此用爲語氣詞。」（《上博（二）》207 頁）何琳儀先生以爲「原篆左從『醫』右從『戈』。《考釋》屬上讀爲『否豉（也）』，恐不確。從現有資料看，只有秦文字以『豉』爲『也』，楚文字則無其例。按，豉當屬下讀爲『豉（繄）吾子若重名其歟？』其中『繄』爲語首助詞。《左傳·隱西元年》『爾有母遺，繄我獨無。』」（〈滬二〉）其說可從。

俞志慧先生則認爲馬承源先生的斷句有四個缺點:「依馬先生的理解，子貢之答語一直到第五簡『何必恃乎名乎』方才結束。其實，對『毋乃謂丘之答非歟』這樣一個簡單的是非問句，只要回答『是』或『否』即可，無需這長達一百零三字的大段展開；而且，在先生面前大發議論並且連用兩個反

詰問句（『何必恃乎名乎』），這樣做很不合情理，常人不爲也，況子貢乎？第三，如果『吾子若重名其歟？』一語出於子貢，而『吾子』當然指代孔子，則是子貢懷疑孔子重名，但從全文看來，重名與瘞圭璧幣帛於山川爲一事，而與『政刑與德』適相反對，此正孔子所明確反對之事。如此，則不僅本簡文意自相違忤，即全文亦不可解。第四，筆者廣泛檢索文獻中『吾子』一詞的語例，確知該詞用於上對下或平輩間的敬稱，未見用於下對上的例子。」（〈句讀〉）

嘉凌案：俞說待商。季師以爲「『子』字本來就有尊稱的意思，『吾子』就是『我的老師』，似乎也未必有不敬的意味。戰國材料中和文獻用法不同的文例太多了，這不會是唯一的一椿。而且依俞先生的句讀，子貢第二答後半反問老師：『如夫毋瘞圭璧幣帛于山川，毋乃不可？』這是公然和老師唱反調，似乎也不怎麼恭敬。」（〈小議三〉）劉樂賢先生〈簡論〉也指出「吾子」並不只是對平輩或晚輩的用語，對長輩也可以用：

《說苑·貴德》："孔子之楚，有漁者獻魚甚強，孔子不受。獻魚者曰：'天暑市遠，賣之不售，思欲棄之，不若獻之君子。'孔子再拜受，使弟子掃除，將祭之。弟子曰：'夫人將棄之，今吾子將祭之，何也？'"《說苑·政理》："孔子見季康子，康子未說，孔子又見之。宰予曰：'吾聞之夫子曰：王公不聘不動。今吾子之見司寇也少數矣！'"《莊子·田子方》："仲尼見之而不言。子路曰：'吾子欲見溫伯雪子久矣，見之而不言，何邪？'"簡文子貢以"吾子"稱孔子，與文獻中的宰予、子路以"吾子"稱孔子完全一致。

據此，吾子指孔子，顯然沒有什麼不可以。

⑭ 女：讀作「乃」。馬承源先生讀爲「若」（《上博（二）》207頁），顏世鉉先生訓爲「乃」，謂：「『女』，當爲『乃』，《經傳釋詞》：『女，乃也。』……簡文『吾子乃重命其與？』其意是說，子貢認爲孔子乃是關注在重視百姓生命這一點上吧！」（〈散論三〉）案：釋「命」爲「生命」，可商；但釋「女」爲「乃」，可從。秦樺林先生謂：「『若』爲副詞無疑；而『其』作代詞時，一般是指示代詞或兼語，很明顯，在簡文中『其』絕非代詞。從文意推求，此句的虛詞含有測度語氣。楊伯峻《古漢語虛詞》云：『'若'可作表示不肯定之副詞，

可譯為'似乎''大約'等。」又云：『'其'作副詞，表示估量、推測、不肯定，可譯為'大約''大概''可能'等等。」又云：『'與''歟'還可以表示推測，估計。」因此，『若……其歟』連用，很可能是加強測度語氣。」(《虛詞》) 嘉凌案：顏說可從。

⑮ 連：即「重」，為重視之意。馬承源先生謂：「疑即『動』之古文 (《說文‧力部》)。『動』、『重』通假。《老子》十五章：『孰能安以久，動之徐生。』《馬王堆漢墓帛書‧老子甲本》《老子乙本》『動』作『重』。」(《上博 (二)》207 頁) 嘉凌案：字形從「辵」從「童」，與《說文》「動」字古文相同，且兩字諧聲偏旁相同，故可通假，馬說可從。

⑯ 命：指天命。馬承源先生讀作「名」，指聲譽，即巷路上的評論，此謂重視巷路的反映 (《上博 (二)》207 頁)。顏世鉉先生讀「命」，指生命，「重命」為重視百姓生命 (〈散論三〉)，季師旭昇先生〈小議三〉謂：

> 「命」說成「百姓的生命」，「重命」是「重視百姓生命」，則嫌太泛。無論哀公、孔子或子貢，無論是主張要祭禱山川或不要，這三個人對『重視百姓生命』的態度是一致的，並無不同。「命」應釋為天命，上天的旨意。…… 孔子是重視天命的，夫子「五十而知天命」、「子罕言利，與命，與仁」、「道之將行也與？命也。道之將廢也與？命也。公伯寮其如命何！」、「君子有三畏：畏天命，畏大人，畏聖人之言」、「不知命，無以為君子也」，這些明見於《論語》中的話，表明了孔子是敬畏上天的旨意的。因此在國家遇到災難的時候，一方面很理性地強調要督正刑德，一方面也很保守地同意祭禱山川。相反的，在孔門中，子貢似乎是屬於比較理性改革派的，《論語‧八佾篇》：「子貢欲去告朔之餼羊。子曰：『賜也，爾愛其羊，我愛其禮。』」子貢曾經感慨地說：「夫子之文章，可得而聞也；夫子之言性與天道，不可得而聞也。」(〈公冶長篇〉) 這似乎也顯示著，子貢從孔子那兒得到有關「天道」方面的薰陶可能比較少，所以對天道的倚仗也比較輕。如果把〈魯邦大旱〉解釋成孔子不贊成祭禱山川，而子貢卻贊成，這似乎和《論語》中孔子、子貢的形象不符。如果倒過來，孔子贊成祭禱山川，而子貢卻不贊成，這就和《論語》中孔子、子貢的形象完

全吻合了。孔子已經可以算是一位理性主義者了，但是對傳統宗教的態度還是比較保守的。到了子貢，似乎隱隱然已有開始衝決的味道了。同樣的情形，表現在宰我反對三年之喪，《論語·陽貨篇》：「宰我問：『三年之喪，期已久矣。君子三年不為禮，禮必壞；三年不為樂，樂必崩。舊穀既沒，新穀既升，鑽燧改火，期可已矣。』」這是孔子學生對喪禮的衝決。順著子貢的態度再繼續發展，自然會產生荀子「天論」那種自然天的思想了。

嘉凌案：馬承源先生讀「名」，乃為與上部簡文「巷路之言」相合，而顏世鉉先生釋讀為「命」，指「百姓生命」，稍嫌空泛，季師釋為「天命」，更能表現出孔子對祭祀的贊同態度。劉樂賢先生〈簡論〉注 7 也說：「可能是說孔子重天命；也可能是簡文抄寫時有訛脫，以致意思不明。」看法相同，但態度更為矜慎。

⑰ 女天：發語詞，讀作「若夫」。馬承源先生謂：「『女』讀為『若』，『女』、『如』通假。在簡文中，『天』、『夫』、『而』等字，時有筆誤的情形，如上博竹書《民之父母》之『夫下』，今本為『天下』。『如夫』為句首連接語氣辭。」（《上博（二）》208 頁）嘉凌案：「天」、「夫」二字形近易訛，馬說可從。

⑱ 甚：「更超過」之意。楚系簡帛文字多作 ⿳ （《郭店·唐虞之道》簡 24），字形與《說文》古文相同，或將「口」形與「八」形上下顛倒作 ⿳ （《郭店·老子甲》簡 36），或於「八」形中加橫筆，而與簡文同形，或訛變與「或」字相似作 ⿳ （《郭店·性自命出》簡 42），字形較為特別。

⑲ 或必寺虞名虐：即「又必待吾名乎」，意思是：「又何必等待我們去禜祭呢？」或，馬承源先生原考釋讀為「何」（《上博(二)》208 頁），何琳儀先生謂：「『或』，《考釋》讀『何』。按，『或』訓『又』為典籍恆詁。參《禮記·檀弓》『或敢有他志以辱君義？』《國語·晉語》『或』作『又』。二字音義均通。」（〈滬二〉）嘉凌案：馬承源先生認為與下文連讀為「何必」，為表示否定的反詰語氣詞，文通意順，但僅有聲韻上的通假，未有典籍上之例證，故依何琳儀先生釋讀為「又」，作為副詞使用，於反問句中為加強語氣的作用。

「待吾名」，馬承源先生謂：「讀爲恃乎名，辭意指山川之神恃名傲世，不欲施雨。《逸周書·武紀解》：『恃名不久，恃功不立，虛願不至，妄爲不祥。』」（《上博（二）》209 頁）劉樂賢先生先讀爲「待吾名」，謂：「『待乎名』，是等到叫名字的意思。在求雨祭儀中，祭祀者必定會叫呼山川之名」（〈民劄〉），陳偉先生謂：「按照將『寺』改讀爲『待』的思路，對簡文可以作另外一種解讀。即將其後的『虗』讀爲『吾』，將『名』讀爲『命』（『奉告』或『召喚』）。『又必待吾命乎』，意思是說難道必須等待我們的呼喚嗎。」（〈魯邦劄記〉）劉樂賢先生〈簡論〉又主張：「"或必寺乎名乎"應當是否定祭祀求雨的意思，可以有兩種讀法。一種是讀爲"或必祠乎禜乎"（"寺"讀"祠"，是友人陳明的意見。"名"讀"禜"，是陳劍博士的意見（2003 年 1 月 9 日在清華大學思想文化研究所討論會上的發言），"祠"、"禜"皆爲祭名。大旱時"祠"山川，已見於上引《晏子春秋·諫上一五》。禜，是《周禮·春官·大祝》"六祈"之一，鄭注說："禜，日月星辰山川之祭也。《春秋傳》曰：'日月星辰之神，則雪霜風雨之不時，於是乎禜之；山川之神，則水旱癘疫之災，於是乎禜之。'"另一種是讀爲"或必待乎禜乎"或"或必待吾禜乎"，祭名只有"禜"。）

嘉凌案：馬承源先生釋爲「山川之神恃名傲世，不欲施雨」，意義較曲折。劉樂賢先生先釋爲「待吾名乎」，陳偉先生繼之將簡文釋讀爲「難道必須等待我們的呼喚嗎？」文義較通順。劉樂賢先生後文〈簡論〉後說作：「又必待吾禜乎！」即：又何必等我們去禜祭呢！意思似更明朗。

⑳ 劌：讀作「豈」。馬承源先生謂：「字書未見，當讀爲豈。」（《上博（二）》210 頁）嘉凌案：馬承源先生讀爲「豈」，可從。唯謂「字書未見」，可商。「劌」，字書常見，《說文》：「劌，大鐮也。」《郭店·緇衣》簡 12 亦作 🖎，與簡文此字同形，或簡省下端橫筆作 🖎 （《郭店·緇衣》簡 42）。

㉑ 䬸枛飲肉：即「飽粱食肉」。「䬸」字，馬承源先生謂：「從食，會意兼形聲，讀爲『飽』。」（《上博（二）》210 頁）徐在國先生謂：「字形分析應爲從『食』、『攴』聲。《說文》：『鞄，柔革工也。從革，包聲。讀若樸。』『朴』從『卜』聲，『攴』也從『卜』聲。因此，『飽』字或體可從『食』、『攴』聲。」（〈雜考〉）。嘉凌案：「包」古音爲並紐幽部，「攴」並紐屋部，聲紐相同，二人之

說可從。「柳」字，馬承源先生謂讀爲粱，「是優於粟菽的食糧。」（《上博（二）》210 頁）嘉凌案：字形從「木」從「刃」，「刃」形實爲「刅」形之省，戰國文字「粱」往往只寫成「𣏟」，從木、刅聲，刅聲也往往寫成刃形，馬讀爲「粱」，可從。

　　飤肉，馬承源先生謂：「『飤』通作『飼』、『食』。『飤肉』即『食肉』。」（《上博（二）》210 頁）嘉凌案：馬說可從，楚系簡帛「飤」字或於「人」形下端加飾筆作 飤（《包山》2.141）。

# 〈從政〉譯釋

陳美蘭　撰寫

## 【題解】

本篇是《上博（二）》的第四篇，原考釋者張光裕先生分爲甲、乙兩篇，甲篇完、殘簡共十九枝，又第六、七簡本爲同一簡，故實數爲十八簡，計五百一十九字；乙篇完、殘簡共六枝，計一百四十字。兩篇合計共六百五十九字，其中重文、合文各九字。本篇內容屢次提到「從政」，強調「從政」所應具備的道德及行爲標準，所以張光裕先生以「從政」名篇。

本篇主要論述從政之道，全篇至少出現了十三次「聞之曰」，分別敘述從政者應該注意的事項。簡文具體提出「五德」、「三誓」、「十怨」、「七幾」等爲政者宜遵守的條目及該注意的事項，且多不見於典籍載錄，可以補充文獻記載，彌足珍貴。

有關〈從政〉的分篇，陳劍先生〈編連一〉認爲實無必要，積極的根據在於原來所分的甲、乙篇各有一些簡可以拼合連讀，其說可從。不過，爲了便於檢閱原書起見，以下引述〈從政〉各簡時，仍以《上博（二）》的分篇爲據，如【乙二】即表示乙篇第二簡。

至於本篇簡文的連綴，主要以《上博（二）》張光裕先生原考釋、陳劍先生〈編連一〉、王中江先生〈試編〉爲主。茲簡列三家說如下：

| 編者 | 編次 | 出處 |
|---|---|---|
| 張光裕 | 甲1＋甲2 | 《上博（二）》考釋 |

| | 甲 5＋甲 6＋甲 7 | |
| --- | --- | --- |
| | 乙 1＋乙 2 | |
| 陳　　劍 | 甲 17＋甲 18＋甲 12＋乙 5＋甲 11 | 〈編連一〉 |
| | 甲 15＋甲 5＋甲 6＋甲 7 | |
| | 甲 16＋乙 3 | |
| 王中江 | 甲 5＋甲 6＋甲 7＋乙 1＋乙 2 | |

　　以下是調整後的簡次如下：（「＋」號表示前後兩簡完全銜接，「……」號表示前後兩簡中間有缺簡或缺文，「、」號表示前後簡文義不相銜接）

　　甲 1＋甲 2……甲 3…………甲 4、甲 15＋甲 5＋甲 6＋甲 7……乙 1＋乙 2……甲 8……甲 9……甲 10……甲 13……甲 14……甲 16＋乙 3……甲 17＋甲 18＋甲 12＋乙 5、甲 11……甲 19＋乙 4……乙 6…………

# 【原文】

　　睧（聞）之曰①：昔三弋（代）之明王②之又（有）天下者，莫之舍（予）③也，而□取之④，民皆㠯（以）爲義，夫是則戰（守）之㠯（以）信，脅（教）【甲一】之㠯（以）義⑤，行之㠯（以）豊（禮）也。其嬰（亂），王舍（予）人邦豪（家）土埅（地）⑥，而民或弗義，□……⑦【甲二】豊（禮）則募（寡）而爲悬（仁）⑧，誇（教）之㠯（以）型（刑）則逐⑨■。

　　睧（聞）之曰：善＝人＝（善人，善人）也，是㠯（以）尋（得）臤（賢）士一＝人＝（一人，一人）讅（譽）⑩……【甲三】四哭（鄰）。遊（失）臤（賢）士一人，方（謗）亦坂（反）是＝⑪（是，是）故孝＝（君子）斯（慎）言而不斯（慎）事⑫【甲四】

　　毋桼（暴）、毋禚（虐）、毋惻（賊）、毋恰（貪）。⑬不攸（？修）不武，胃（謂）之必城（成），則桼（暴）⑭；不脅（教）而殺，則禚（虐）■；命亡（無）時（時），事必又（有）羿（期），則惻（賊）⑮■；爲利桂（枉）【甲十五】事，則賠（貪）。⑯■

睧（聞）之曰：從正（政），章（庸）五德⑰■、臣（固）三折（誓）⑱■、敘（除）十惎（怨）⑲■。五德：一曰慢（寬）■，二曰共（恭）■，三曰惠■，四曰惥（仁）■，五曰敬■。孝＝（君子）不慢（寬）則亡（無）【甲五】已（以）頌（容）百眚（姓）■；不共（恭）則亡（無）已（以）敘（除）辱■；不惠則亡（無）已（以）聚民■；不惥（仁）【甲六】則亡（無）已（以）行正（政）■；不敬則事亡（無）城（成）■。三折（誓）峕（持）行視上卒飤（飲）⑳【甲七】

曰軋（犯）人之矛（務）㉑■，十曰口惠而不絲（由）㉒■。興邦豢（家），綱（治）正（政）奮（教）：從命，則正不袋（勞）；㉓宭（容）戒先遺（愆），則自异（己）司（始）㉔；聂（顯）訜（嘉）懂（勸）信，則憍（偽）㉕【乙一】不章（彰）■；毋占（佔）民贍（斂），則同㉖；不膚（敷）娶（法）嬴（盈）亞（惡）㉗，則民不惎（怨）■。

睧（聞）之曰：【乙二】

而不智（知）則奉（逢）㷇（災）害。

睧（聞）之曰：從正（政）又（有）七幾㉘：獄則興㉙，愄（威）則民不道（導）㉚■，滷（鹵）則遊（失）眾㉛■，悟（猛）則亡新（親）㉜，罰則民逃■，好〔型（刑）〕㉝【甲八】……則民复（作）嬰（亂）■，呂（凡）此七者，正（政）斋＝（之所）忌（怠）㉞也。

睧（聞）之曰：志懃（氣）不旨㉟，其事不……【甲九】

曰：從正（政）所矛（務）三■，敬、訆（謙）、信＝㊱（信，信）則尋（得）眾■，訆（謙）則遠＝戻＝（遠戾，遠戾）所已（以）……【甲十】

狀（然）句（後）能立道。

睧（聞）之曰：孝＝（君子）之相讓（就）㊲也，不必才（在）近邇（昵）藥（樂）㊳……【甲十三】

又（有）所又（有）舍（餘）而不敢聿（盡）之㊴■，又（有）所不足而不敢弗……【甲十四】

已（以）軋（犯）賡輊見不訓（順）行已（以）出之㊵■。

睧（聞）之曰：孝＝（君子）藥（樂）則綱（治）正■，悥（憂）則【甲十六】逯（復）㊶■；少（小）人藥（樂）則悆（疑）■，悥（憂）則睧（昏）㊷■，

妾（怒）則剩（勝）㊸■，悬（懼）則怀（背）㊹■，恥則軋（犯）■。

聐（聞）之曰：從正（政），不緦（治）則變（亂）■，緦（治）巳（也）至則……【乙三】

〔……君子先〕人則啟道之，迻（後）人則奉相之，㊺是昌（以）曰：「孝＝（君子）難得而惕（易）叟（使）也，亓（其）叟（使）人器之■。」少（小）人先＝（先人），則❇（絆）敵之【甲十七】〔後人〕則蒦（陷）毀之㊻，是昌（以）曰：「少（小）人惕（易）尋（得）而難叟（使）也。亓（其）叟（使）人必求備安（焉）■。」

聐（聞）之曰：行在异（己）而名在人，名難靜（爭）也。【甲十八】韋（庸）行不侠（倦）㊼，峕（持）善不猒（厭），唯殊（世）不儎（識）㊽，必或智（知）之，是古（故）【甲十二】孝＝（君子）弜（強）行㊾，昌（以）峕（待）名之至也。孝＝（君子）聐（聞）善言昌（以）改（改）亓（其）【乙五】言，見善行，內（納）亓（其）彖（身）安（焉），可胄（謂）學（學）矣㊿■。

聐（聞）之曰：可言而不可行，君子不言；可行而不可言，君子不行。㊿【甲十一】

……之人可也。

聐（聞）之曰：行隠（險）至（致）命，饀（飢）滄（寒）而毋斂（會），從事而毋說（訟），㊾君子不昌（以）流言戠（傷）人㊿■。【甲十九】

也。

聐（聞）之曰：譴（愆）悤（誨）而共（恭）孫（遜）㊿，蕎（教）之纏（勸）也。恖（溫）良而忠敬，彖（仁）之宗也。㊿……【乙四】

不武則志不遄（匿），彖（仁）而不智（知）則……㊿【乙六】

## 【語譯】

聽說：以前夏、商、周三代擁有天下的明君賢主，不是誰給他們的，而〔是以自己的才德〕獲得的，人民都認爲是正當的行爲。於是君主以信守護天下，以義教導天下，以禮行於天下。到了天下混亂，時王賞給親近的人邦家土地，

而人民又不以爲這是正當的行爲，□……禮則寡而爲仁，教導人民刑法，人民就會鑽法律的漏洞。

聽說：善人，是善於舉人的人。所以得到賢明之士一人，一人稱譽……四鄰。失去賢士一人，謗讟也隨著反於己身，所以君子首重謹慎說話而不是行事。

不要殘暴、不要暴虐、不要賊害、不要貪枉。不修文治、不整武備，卻要求人民一定要有所成，這就是殘暴；不教導人民，卻任意殺害人民，這就是暴虐；隨時任意發布命令，而要求在限時內完成交代的事情，這就是賊害人民；爲了利益而貪贓枉法，這就是貪。

聽說：從政之道，要用五德、固三誓、除十怨。所謂五德：一是寬，二是恭，三是惠，四是仁，五是敬。君子不寬就無法包容百姓；不恭就無法除去恥辱；不惠就無法會聚人民；不仁就無法行政；不敬就無法成事。三誓持行視上卒飲……

〔第九怨〕是：冒犯他人。第十怨是：口頭施惠而實際上卻不從。興盛邦家，治理政教，執政者如果遵從天命就不會太辛勞；心中保持警戒，在邪惡產生之前就消除它，這必須從自己開始做好；顯揚美善、勸勉誠信，僞詐之行自然就不會彰顯；不要佔據人民的財貨，人民就會聚合；在上者不要任意施布法令來擴大自己的罪惡，那麼人民就不會生怨。

聽說：……

而不知就會遭遇災害。

聽說：從政有七種容易引起危殆的事：在上位者苛刻，則人民就相互欺凌；在上位者徒逞威勢，人民就會失去引領，易於迷失；在上位者鹵莽蠻橫，就會失去民心；在上位者剛猛強悍，身邊就沒有親近之人；在上位者好施刑罰，人民就會遠逃；好刑罰……人民就會作亂。這七項，是執政者最容易疏忽怠慢的。

聽說：志氣不旨，其事不……

說：從政所應致力的有三件事：敬、謙、信。有信用就可以得民心；謙就可以遠離災禍；遠離災禍所以……

然後能立道

聽說：君子交往，不必親近狎昵爲樂……

有所餘而不敢用盡，有所不足而不敢不……

以犯賡犯見不訓行以出之

聽說：君子喜樂，政治得以納於正軌；憂慮，就會反求於己身。小人喜樂，就會患得患失，是非有所不決；憂慮就會潛亂；憤怒就會爭勝；恐懼就會心生背逆，有羞愧之事就會爲了掩飾而犯罪。

聽說：從政，不治理就會亂，治也至則……

君子如果領先他人，就會爲他人開路、引導他人，如果落於他人之後，就會奉承而輔助他人，所以說：「君子難得，卻容易任用，他能根據各人材器不同而任用別人。」小人如果領先他人，就會阻絆禁止他人前進，如果落於他人之後，就會想盡辦法陷害詆譭他人，所以說：「小人容易得，卻難以任用，而他任用人卻處處要求完美。」

聽說：行事操在自己，而名聲操在別人，名聲難以爭奪。經常力行美好之事而不倦怠，秉持善行而不感到饜足，即使一般世人不識得，也一定會有人知道的，所以君子力行，以等待美好的名聲來到。君子聽到別人說好話，就要學習說好話，看到別人做好事，自己也要身體力行地去做，這就可以說是學習了。

聽說：可以說卻不可以做的事，君子不說；可以做卻不可以說的事，君子不做。

之人可也

聽說：行險會導致送命，飢寒之歲不要與行會同，行事之時不要爭訟。君子不用不實的傳言傷害別人。

也

聽說：悔過而態度恭遜，是教導的勸說之功；溫和善良而盡信執敬，是仁的根本。……

不武則志不匿，仁而不知則……

## 【注釋】

① 聥之曰：即「聞之曰」，意謂：聽說。聥，即「聞」字初文，或假借爲「問」，如《上博（二）・民之父母》：「子夏問於孔子」，「問」字即假「聥」爲之。〈從政〉一共出現十三次「聞之曰」（含【乙二】殘辭），張光裕先生考釋（215頁）云：

> 本篇凡言「聞之曰」皆缺主詞，聞諸何人更無論矣。案下第十一簡云「聥（聞）之曰：可言而不可行，君子不言……」，又見《郭店楚墓竹簡・緇衣》及《上海博物館藏戰國楚竹書（一）・紂衣》篇，且明言乃「子曰」語，準乎此，《從政》甲、乙篇所引部分話語，除多聞之於古先聖賢外，間亦或有聞諸夫子者。《孔叢子・公儀》：「〔魯〕穆公謂子思曰：『子之書所記夫子之言，或者以謂子之辭也。』子思曰：『臣所記臣祖之言，或親聞之者，有聞之於人者，雖非其正辭，然猶不失其意焉。』」本篇「聞之曰」云者其用意亦同。

本篇【甲十一】的「聞之曰」之語，又見《郭店・緇衣》33-34簡、《上博（一）・紂衣》16簡，後二者明白標示了「子曰」，因此張光裕先生認爲，〈從政〉「聞之曰」的來源，至少可分爲兩類，一是聞於古聖先賢，一是聞於孔子；而聞於孔子者，可能是親身聽孔子所說，也可能是聽別人輾轉敘述孔子的話。

② 三弋之明王：即「三代之明王」，夏商周三代的明君、賢主。弋，通「代」，朱駿聲《說文通訓定聲》：「叚借爲代，《書・多士》：『非我小國，敢弋殷命。』」張光裕先生考釋（216頁）以爲「三代」即夏、商、周三代。周鳳五先生〈從甲〉以爲「三代」泛指上古，不是夏、商、周三代。

　　美蘭案：張光裕先生已經指出，〈從政〉內容與先秦儒家學說關係至密，從儒家經籍的記載看來，「三代」往往是指夏、商、周三代，除了張先生所引《禮記・表記》「昔三代明王，皆事天地之神明」、〈哀公問〉「孔子遂言曰：『昔三代明王之政，必敬其妻子也，有道』之外，又如：《左傳》昭公七年：「昔堯殛鯀于羽山，其神化爲黃熊，以入于羽淵，實爲夏郊，三代祀之。」《論語・滕文公上》：「夏曰校，殷曰序，周曰庠，學則三代共之，皆所以明人倫也。」用這個意義放在本篇中，也都很合適。

③ 莫之舍：即「莫之予」，意謂：不是誰給予他們的。張光裕先生考釋（216

頁）讀爲「舍」爲「餘」，引證《郭店楚墓竹簡・老子乙》第十六簡：「修之身，其德乃真。修之家，其德有餘。」並謂「可理解爲昔日治理天下夏、商、周三代聖明賢君，身後無所遺留……」。周鳳五先生〈從甲〉釋爲「舍」字，給予之意，「莫之舍」的意思是「指三代不以土地予人，可能是不實行封建制度的意思」。孟蓬生先生〈字詞〉云：

> 生按：此（舍）實即舍字，從口，從余聲。但讀為餘，簡文仍難以索解。當改釋為"與"或"予"。古音餘聲和予聲、與聲並相通。人稱代詞之余也寫作予。《說文・女部》："娛，女字也。從女，與聲。讀若餘。"《周書・諡法》："愛民好與曰惠。"《荀子・富國》："凡主相臣下百吏之屬，其於貨財取與計數也，順執盡察；其禮義節奏也，芒軔僈楛，是辱國已。"注："與謂賜與。"用"舍"為"與"也是西周金文以來的傳統。《令鼎》："余其舍汝臣十家。"這兩支簡用了對比的方法，大意是三代的明王之所以得到天下，並不是誰給的，是他們自己取得的（缺字無法辨認，據文義補為"自"），然而老百姓都以為合于道義；而到了亂君把國家和土地都給了別人，老百姓還不以為他們所作所為合于道義。

楊澤生先生〈劄記〉也以爲「舍」或可直接讀作「予」，意謂「過去三代明王擁有天下，不是誰給予的。」

美蘭案：從語法的角度觀察，「昔三代之明王之有天下」一句，可視爲下句「之」字的外位賓語，該賓語的主語在「明王」，「之有天下」用來補充說明「明王」，「舍」字當從孟蓬生先生讀爲「與或予」，也就是說，過去三代的明王擁有天下，不是誰給予的，而是靠他們自身的才能德行而擁有的。

④ 而□取之：張光裕先生考釋（216頁）謂「取」上一字筆畫模糊不可釋，故該句語意欠明確。周鳳五先生〈從甲〉認爲殘筆與簡十四「盡」字十分接近，故所缺可能是「盡」字，並解釋「昔三代……以爲義」的意思是：「上古明王盡取天下，不以土地予人，人民以爲其所行正當。」孟蓬生先生〈字詞〉則補「自」字，謂：「三代的明王之所以得到天下，並不是誰給的，是他們自己取得的。」

美蘭案：周文以「盡」字釋之，有待商榷，前文已說三代明王「有」天下，如果後文又說「而盡取之」，二者語意似顯重複。細覈圖版，該字實無

法辨識，但似非「盡」、也非「自」，故存疑待考。

⑤ 獸之弖信蚕之弖義：即「守之以信，教之以義」，意謂：以信守護人民、以義教導人民的意思。獸，即獸字，張光裕先生考釋（216頁）云：「『獸』讀作『守』。『蚕』，即『教』字。」

美蘭案：「蚕」字，【甲三】寫作「詻」，「蚕」字也見於《郭店》，《郭店》中的「教」字有幾種不同的異體：「孝」、「教」、「殺」、「效」、「敎」，其中又以「蚕」的寫法最常見（詳參張光裕、袁國華先生《郭編》0359-0363號）。

⑥ 其雙王舍人邦䆾土坒：即「其亂，王予人邦家土地」，意謂：天下大亂，時王賞給親信之人邦家土地。張光裕先生考釋（216頁）在「其亂」後句讀，周鳳五先生〈從甲〉、陳偉先生〈從政校讀〉、孟蓬生先生〈字詞〉均主張「亂王」為一詞，與【甲一】的「明王」相對。

美蘭案：「舍」字依周先生釋讀為給予義，與上文「莫之舍」的「舍」字同，周先生認為簡文大意是說：「三代的明君雖盡取天下，不以土地予人，人民不以為不義；三代的亂君雖予人土地而不盡取，人民卻以為不義」。孟蓬生先生〈字詞〉也從周說釋為：「而到了亂君把國家和土地都給了別人，老百姓還不以為他們所作所為合于道義。」但是，我們在歷史上並沒有看到明君不以土地予人、亂君予人土地這種相對的表現。相反的，歷史上，三代開國之君往往是大事分封天下，而他們都是明君；亂世之君往往是在國家即將敗亡之時，已經沒有多少能力分封了。傳世文獻中明君與昏君的分別也不在這裡。而依張光裕先生原考釋的句讀，其實未必不可通讀，原簡的意思是說：當天下秩序大亂，時王將邦家土地給人，而人民認為這是不當的行為。需要留心的是，句中王所給予的「人」不應指一般人民，因為有資格接受「邦家土地」者絕非泛泛之輩，若非權臣，必即親信。而「王予人邦家土地」所指涉的，應該是歷史上具體發生過的事實，遍考史籍，能夠當得上這個指涉的，應該就是著名的戰國燕王噲讓位給燕相子之的歷史事件。

周慎靚王元年（西元前320年），燕王噲即位，任子之為相國。燕王三年（西元前318年），燕王噲聽了齊使蘇代與鹿毛壽的意見，讓位給子之，子之執政三年後，導致國家動亂，百姓離志，最後由齊國領軍出師，才平定了燕亂。相關記載見於典籍者如：《戰國策・燕策一・燕王噲既立》《孟子・梁惠王下》、〈公孫丑下〉、《史記・燕召公世家》……等。此外，河北平山出

土的戰國中山王三器，備載燕噲讓位子之以致邦亡身死的內容，不僅與文獻記載齊國平燕的事件呼應，而中山國參與此役，也補充了史籍未備載的缺空。〈從政〉篇說「其亂，王予人邦家土地，而民或弗義」，與燕王噲讓位給子之的史實相合，燕王噲讓給子之的不只是土地，還有王位，也與簡文說「邦家土地」相吻合，燕王噲只是諸侯，所讓的不是天下，只是邦家，簡文敘述與燕王噲的地位也非常吻合。

　　上博簡的時代，目前還沒有比較明確的斷限，馬承源先生推測，這批竹簡應該是楚國遷都陳郢以前貴族墓中的隨葬物（〈馬承源先生談上博簡〉，《上博館藏戰國楚竹書研究》頁 7），楚遷都陳郢的時間是西元前 278 年，而燕王噲讓位子之的時間是西元前 318 年，二者時代相近。如果拙文的說法可以成立的話，上博簡的具體斷代應該就在西元前 278 年至西元前 318 年之間。（陳美蘭〈從政斷代（摘要）〉）

⑦　本簡下端殘，周鳳五先生〈從甲〉根據完簡與殘簡的長度差異，補了「夫是則教之以刑守之以義則□行之以」十六字。楊朝明先生〈從政三則〉則補「齊之以」三字。待考。

⑧　豐則寡而爲㥜：即「禮則寡而爲仁」。張光裕先生考釋（217 頁）以爲此句文意不全，但首字「豐（禮）」與第二簡「行之以豐（禮）」句或有關聯，因置其後，可從。周鳳五先生〈從甲〉、楊朝明先生〈從政三則〉各在第一簡末補字以銜接本簡，參注⑦。周文進一步認爲，「寡而爲仁」可能在「寡」字後誤脫「過」字，否則「寡」字即可能寫錯，或必須改讀。楊文則認爲「而」字乃連接狀語，表修飾關係，「寡而爲仁」即「寡爲仁」。二說待考。

⑨　諮之㠯型則逐：即「教之以刑則逐」，意謂：教人民刑法，人民就會鑽法律的漏洞。「逐」字，張光裕先生考釋（217頁）疑「述」之別體，讀爲「遂」。陳偉先生〈從政校讀〉認爲應該是「逐」字：

>此字右旁上部當是「豕」，比較同篇 2 號簡以及乙篇 1 號簡中的「家」字所從可知。這樣，此字當釋爲「逐」。簡文可能是說濫用刑罰則會遭致放逐，這與上句「……禮則寡」意境相通而有進一步發展。

　　美蘭案：陳氏釋形可從，只是將「逐」字解爲「放逐」，於文略顯扞格。這句話也是承上「其亂」來談，大意是說：當天下無道時，教人刑法，人民就會鑽法律的漏洞而逐利。

⑩ 譽：張光裕先生考釋（218頁）以爲或讀與「譽」同。「譽」字又見《郭店‧老子丙》第1簡：「大上下知有之，其次親譽之」，與本簡同從言從與，差異只在於〈從政〉是左右並列，《郭店》則爲上下排列；唯本簡下端殘，文意未足，謹誌以供參考。又原考釋據第4簡有「失賢士一人」之語，所以綴於第3簡之後，雖第3簡下端殘，從文意上推敲，張氏編綴可從。

⑪ 方亦坂是：即「謗亦反是」，意謂：誑謗也隨之反於已身。張光裕先生考釋（218頁）讀爲「防亦反是」。劉樂賢先生〈民劄〉讀「方」爲「謗」，謂「失賢士一人則謗亦隨之而來」，可備一說。

⑫ 孨=斳言而不斳事：即「君子慎言而不慎事」。張光裕先生考釋（218頁）已指出「孨=」爲「君子」合文。「斳」，讀爲「慎」。

　　美蘭案：「斳」字也見於《郭店》、《包山》等材料（參張光裕、袁國華先生編《郭編》0681號、滕壬生先生《楚編》1015頁），李零先生〈讀《楚系簡帛文字編》〉指出「斳」乃「楚『慎』字」（153頁），陳劍先生〈說慎〉認爲字形應分析爲從言所省聲，詳細的字形源流，可參陳文。唯一要補充說明的是，陳氏在文末指出：

> 從文字學的角度看，「悊」從意符「心」，「誩」從意符「言」，在古文字中又從一開始就表示「慎」這個詞，後來在絕大多數場合也都用作「慎」，它們極有可能就是「慎」的古字。「誩（慎）」從言，和「謹」從言道理一樣的。

釋楚系這類字形爲「慎」的古字，的確很有可能，類似的情況如《上博（一）‧孔子詩論》第8簡：「〈小弁〉、〈巧言〉，則言讒人之害也」，「讒」字寫作「讕」，筆者以爲「讕」字乃從言從蚩（充）的會意字，可能是「讒」字較早的不同寫法。（參拙作〈上博簡讒字芻議〉）從出土的文字材料看來，楚系的確存在不少特殊的寫法，如果李、陳二位先生之說無誤，那麼本簡的「斳」字當非如原考釋所說「讀爲『慎』」，極可能本來就是「慎」字。

⑬ 毋彝毋禠毋惻毋恬：即「毋暴、毋虐、毋賊、毋貪」，意謂：不要殘暴、不要殘虐、不要賊害、不要貪枉。後兩句的讀法，學者並無異議，問題在於「彝」、「禠」二字的釋讀。張光裕先生考釋（228頁）將「彝」字讀爲「弄」，有「藏」義，並引《郭店‧性自命出》第64簡「怒欲盈而毋彝，進欲遜而毋

巧」為證；考釋又將「禤」讀為「號」。此二字的釋讀，其他學者有不同的見解：陳劍先生〈編連一〉：

> 其中「暴」字前已見於郭店簡《性自命出》第 64 號簡「怒欲盈而毋暴」，周鳳五先生釋為「暴」，正確可從。（作者原注：周鳳五先生〈郭店《性自命出》「怒欲盈而毋暴」說〉，「新出土文獻與古代文明研究」國際學術研討會會議論文，2002 年 8 月，上海。）「虐」字原作從「示」從「䖒」之形，「䖒」字楚簡文字多用作「乎」，但據《說文》，它是「古文虐」字。郭店簡《緇衣》簡 27 從「病旁」（美蘭案：「病旁」即指「疒」字）從「䖒」之字，今本作「虐」，可見《說文》之說自有其根據。此處從「示」從「䖒」之字用為「虐」，跟《說文》及郭店簡《緇衣》相合。

周鳳五先生〈從甲〉看法亦同：

> 此字釋「弄」，與下文「不修不武，謂之必成則弄」完全不相應，應當釋「暴」。《性自命出》簡六四：「怒欲盈而毋暴」，意思是說：怒氣可以盈滿周身，但不可輕易表露發洩，這是君子應有的修養工夫。不過這裡的「暴」字不是表露發洩的意思……詳下。其次說「毋號」，整理者指出，此字「楚簡中多讀為『號』及『呼』，或用作語辭『乎』」，故簡文「或可讀作『毋號』」。按，整理者謹慎存疑，十分可取。但此字左旁從示，右旁作虎下口形，此形其實就是《說文》「虐」字的古文，可以直接釋「虐」。「毋虐」與毋暴、毋賊、毋貪等「四毋」出自《論語‧堯曰》……：「子張問於孔子曰：『何如斯可以從政矣？』子曰：『尊五美、屏四惡，斯可以從政矣。』子張曰：『何謂五美？』子曰：『君子惠而不費，勞而不怨，欲而不貪，泰而不驕，威而不猛。』子張曰：『何謂惠而不費？』子曰：『因民之所利而利之，斯不亦惠而不費乎？擇可勞而勞之，又誰怨？欲仁而得仁，又焉貪？君子無眾寡、無小大無敢慢，斯不亦泰而不驕乎？君子正其衣冠，尊其瞻視，儼然人望而畏之，斯不亦威而不猛乎？』子張曰：『何謂四惡？』子曰：『不教而殺謂之虐；不戒視成謂之暴；慢令致期謂之賊；猶之與人也，出納之吝謂之有司。』」

有關「暴」字初形本義，仍待深究（美蘭案：周先生考釋《郭店》「暴」字

的大作發表於 2002 年上海的會議，由於該會聲明與會發表之論文非經作者同意不得援引，本文乃據陳劍先生注文引錄），然而周先生將該字釋讀爲「暴」，從文意上來看，是可以成立的；至於「虐」字之釋，有《說文》虐篆古文「𧇷」爲證，上引陳文已有分說，再輔以《論語·堯曰》的記載，釋爲「毋暴、毋虐」是正確可信的。

⑭ 不攸不武胃之必城則虐：即「不修不武，謂之必成，則暴」，意謂：不修文德、不整武備，卻要求人民成事，就是殘暴。張光裕先生考釋（228 頁）以爲「不修」謂德身不修，「不武」謂不逞勇武。陳劍先生〈編連一〉、周鳳五先生〈從甲〉皆據《論語》「不戒視成謂之暴」指出，「武」乃「戒」的誤字。顏世鉉先生〈散論四〉將「武」字讀爲誨，謂此段意思是：「君王不修道，不教導百姓，而要求百姓一定要達到良善的境地，得到良好的事功；否則，就要加以刑罰；這就是暴。」

　　美蘭案：對照《論語》，陳、周的誤字說可備一說。顏文釋讀則恐怕有待斟酌，若將「武」字釋讀爲「教誨」之義，如此則與下文「不薯（教）而殺，則虐」語意重複。筆者以爲，「武」字當以劉信芳先生〈四冊〉所言爲是：

　　　　此處應理解爲傳本不同，不必據今本而斷言簡本爲「誤字」。經典凡修與武聯言，多以「修」爲修文、修德，「武」謂武備、武功。《論語·季氏》：「遠人不服，則修文德以來之。」古人於武功或不服，則修文德。《左傳》僖公十九年：「宋人圍曹，討不服也。子魚言於宋公曰：文王聞崇德亂而伐之，軍三旬而不降，退脩教而復伐之，因壘而降。《詩》曰：刑于寡妻，至於兄弟，以御於家邦。今君德無乃猶有所闕，而以伐人，若之何。盍姑內省德乎，無闕而後動。」《史記·秦本紀》：「昔我繆公自岐雍之間，修德行武。」《漢書·匈奴傳》：「有脩文而和親之矣，有用武而克伐之矣。」《後漢書·耿純傳》：「帝笑曰：卿既治武，復欲修文邪？」《三國志·魏書·武帝紀》注引《九州春秋》：「公神武震於四海，若脩文以濟之，則普天之下，無思不服矣。」其例不勝枚舉。《尚書》有「偃武修文」，雖作爲考釋證據不一定合適，然亦足資參考。湯、武兼用文武，至魯迅猶言「文治武功」，傳統久矣。簡文「不修不武」似可理解爲對《堯曰》「不戒」的解釋性闡發，

語義較「不戒」明確。

《說文》對「武」字的詮釋也可並觀：「㞢，楚莊王曰：夫武，定功戢兵，故止戈爲武。」又《左傳》莊公十二年：「軍政不戒而備」，杜注：「戒，勅令。」與《論語·堯曰》「不戒視成謂之暴」均可以互參看。至於本簡「暴」字字義，以其通行義「殘暴」釋之即可，全句大意是：在上不修文德、不整武備，卻要人民有所作爲，這就叫作「暴」。

「攸」字的字形有點奇怪（參摹本），因爲照片不夠清楚，是否「攸」字，其實還有待探究，此處姑依原考釋隸定。

⑮ 命亡時事必又羿則惻：即「命無時，事必有期，則賊」，意謂：隨時任意發布命令，卻要求限時完成，就是賊害人民。張光裕先生考釋（229頁）讀「時」爲「時」，讀「羿」爲「基」，讀「惻」爲「賊」，整句解釋則待考。陳劍先生〈編連一〉引《論語·堯曰》「慢令致期謂之賊」爲證，斷讀爲：「命無時，事必有期，則賊」。周鳳五先生〈從甲〉詮釋如下：

> 「命亡時」指隨時任意發號施令。命，依照上古漢語的習慣，不妨讀爲「令」。亡時，即「無時」，指沒有定時，不依規矩。……「事必有基」的「基」，簡文從羽下丌，整理者讀爲「基」。按，此字從羽，丌聲，應當讀爲「期」，指限期完成。簡文「命亡時，事必有基（美蘭案：依作者之意，當爲「期」字，「簡帛研究」所引本文作「基」，或手民之誤）則賊」，意思是說，隨時任意發號施令，要求如期完成，就是賊害屬下。《論語》作「慢令致期謂之賊。」何晏《集解》：「慢，怠惰也，謂號令不時。致期，刻期告成也。」

劉信芳先生〈四冊〉另有一段補充：

> 以上「期」與「賊」的用法使人想到郭店楚簡《語叢二》簡27的句例：「惎生於鞣，惻（賊）生於惎。」可知「惎」讀爲「期」，「鞣」讀爲「勝」。因其能勝（勝任，取勝），故刻之以期，立之以限，此所謂「期生於勝」。而慢令虛刻，致使受任者不能達於期限而受誅受責，此所謂「賊生於期」。郭店簡《語叢》對相關竹書的釋讀很有幫助，有解經的味道。

美蘭案：張氏讀「時」、「惻」爲「時」、「賊」，可從；「羿」字當從陳氏

讀爲「期」，全句釋讀則可從周、劉之說。「羿」，從羽丌聲，即「旗」字，字又見於其他出土材料，同時還有其他異寫，如：

羿　（滕壬生先生《楚編》304頁、《郭店·成之聞之》33簡、《上博（二）·容成氏》20-21簡）

旂　（何琳儀先生《戰典》25頁）

旓　（滕壬生先生《楚編》570頁）

這幾種字形的意符或從羽、或從㫃、或二者並從，其聲符皆是「丌（或亓）」字，代表的詞義都是「旗」。何琳儀先生《戰典》（25頁）謂「旂」乃「旗之省文」，是因爲聲符「丌」乃「其」字的省形。從目前出土的材料看來，今天通行的「旗」字最早則見於秦代陶文（《陶彙》5.111），「羿」、「旓」、「旂」諸形出現時代則主要集中在戰國時期，可以視爲「旗」字較早的寫法。

⑯　爲利桎事則貽：即「爲利枉事，則貪」，意謂：爲了利益而違法斷事，就是貪。陳劍先生〈編連一〉將甲篇第5簡編在第15簡之後，並讀爲「爲利枉事，則貪」，從上下文觀之，可從。學者多已指出，上文的「暴」、「虐」、「賊」三事，與《論語·堯曰》皆可對讀，唯此「貪」事與文獻記載頗有出入，陳劍先生〈編連一〉云：

《荀子·宥坐》云：「孔子爲魯司寇，有父子訟者，孔子拘之，三月不別，其父請止，孔子舍之。季孫聞之，不說……孔子慨然嘆曰：『……嫚令謹誅，賊也；今生也有時，斂也無時，暴也；不教而責成功，虐也。已此三者，然後刑可即也。』」《韓詩外傳》卷三第二十四章：「子貢曰：『……賜聞之，託法而治謂之暴，不戒致期謂之虐，不教而誅謂之賊，以身勝人謂之責。責者失身，賊者失臣，虐者失政，暴者失民。』」潘維城《論語古注集箋》據此云：「荀子所言四惡缺其一，韓嬰所言有『責』而無『有司』，亦與夫子所言不同，而大致本此（指前引《論語·堯曰》文）。」又《韓詩外傳》卷三第二十二章云：「孔子曰：『不戒責成，害也。慢令致期，暴也。不教而誅，賊也。君子爲政，避此三者。』」亦爲所謂「四惡缺其一」者。簡文所云，亦當係本自《論語》，而「暴」、「虐」、「賊」三者之後是「貪」，跟《論語》和《韓詩外傳》卷三第二十四章都不相同。按上引《論語》「四惡」

的最末一項「猶之與人也，出納之吝，謂之有司」文意頗爲晦澀，推測起來，大概正因爲此，後來的著述遂或者去掉這一項，或者以意改之。《韓詩外傳》卷三第二十四章改爲「責」，此處簡文則改爲了「貪」。

陳偉先生〈從政校讀〉則以爲：

> 簡書「四毋」「貪」與「暴」、「虐」、「賊」都是單字詞，辭義也彼此相關。《論語》用了一個「有司」，與其他三事不協，語義也很費解。作爲另一種可能，簡書也許屬于今傳《論語》的祖本系統，或者是與之并行的另外一系。

陳偉先生對於簡本「毋貪」與傳世文獻差異的推測，可能成立。此外，劉信芳先生〈四毋〉一文對本句有精闢的釋讀，茲不厭其煩徵引，俾便閱讀：

> 簡文「枉」猶今「貪贓枉法」之「枉」。《禮記・月令》：「乃命有司，申嚴百刑，斬殺必當，毋有枉橈。」孔疏：「枉謂違法曲斷。橈謂有理不申。應重乃輕，應輕更重，是其不當也。」所謂「貪」，《左傳》昭公十四年載，晉邢侯與雍子爭鄐田，「罪在雍子，雍子納其女於叔魚，叔魚蔽罪邢侯」。叔向論邢侯、雍子、叔魚之罪爲：「雍子自知其罪，而賂以買直。鮒也鬻獄。邢侯專殺。其罪一也。」叔魚「貪以敗官爲墨」。其結果是「施邢侯，而尸雍子與叔魚於市」。孔子對此事有一大段評說，因與《堯曰》及簡文「四毋」有關，不妨徵引於下：「仲尼曰：叔向，古之遺直也。治國制刑，不隱於親，三數叔魚之惡，不爲末減，曰義也夫，可謂直矣。平丘之會，數其賄也，以寬衛國，晉不爲暴。歸魯季孫，稱其詐也，以寬魯國，晉不爲虐。邢侯之獄，言其貪也，以正刑書，晉不爲頗。三言而除三惡，加三利，殺親益榮，猶義也夫。」杜注「三惡」云：「暴、虐、頗也。」今據《堯曰》與簡文，可知「三惡」是指暴、虐、貪，正可與「四毋」相參照（《堯曰》之「四毋」即「四惡」）。亦可進一步明確簡文「爲利枉事則貪」，「利」猶賂也，「枉」謂違法曲斷（上引孔疏甚確），「貪」猶叔魚之「貪」也。《堯曰》之「有司」猶上引《月令》之「有司」，指臨事制斷之官員；「出納」謂財賄之出入；「吝」，《文選・琴賦》注引《說文》：「吝，亦貪惜也。」《方言》卷十：「荊汝江湘之郊，凡貪而不施……或謂之悋。悋，恨惜也。」其實就是到手的錢財（或美女）捨不得放

手的意思，知「咎」猶簡文之「貪」。在此有必要附一說明，《堯曰》及《從政》的用語語義是高度抽象化的，涵蓋的範圍廣泛，我們的解釋將其具體化，只是爲了便於理解。經以上將簡文與《左傳》的相關記載作比較，知孔子所云「四毋」（《堯曰》、《從政》）、「三惡」（《左傳》）是從史例歸納而來，字字有來由，繼承前人的優秀思想而光大之，誠哉其爲聖人也。

⑰ 章五德：即「庸（用）五德」。「章」，何琳儀先生〈滬二〉云：

「塘」，《考釋》誤釋「敦」。「敦」左下從「羊」，與「塘」有別。按，簡文「塘」當讀「庸」。《說文》「庸，用也。」下文 12 簡「庸行不倦，持善不厭。」其中「庸」與「持」對文見義。

何說可從。至於「五德」，即本簡下文的「寬、恭、惠、仁、敬」。張光裕先生考釋（219-220頁）詳盡，可以參看：

「五德」名目則清楚備列，其中共（恭）、惠、悬（仁）、敬皆易識辨。至於「一曰愄」者，「愄」字從心從爰，「爰」當為其聲，「爰」，匣母，古韻屬元部，「寬」，溪母，古韻亦屬元部，「愄」當讀為「寬」，即寬和、寬厚，乃為政者需敦行之美德。「寬」與「恭」、「惠」、「仁」、「敬」合稱「五德」。

「五德」一辭，以及將德行名目以「一曰某」、「二曰某」之形式清楚表達者，於先秦典籍中乃首次出現。儒家稱述之五德，有以為即溫、良、恭、儉、讓。……或曰即恭、寬、信、敏、惠。……然皆未冠以「五德」一名，況且除「恭」之外，其餘名目亦各異，今簡文明言五德乃「寬、恭、惠、仁、敬」，更是前所未見。惟《郭店楚墓竹簡·五行》，及《馬王堆漢墓帛書·五行》篇有「仁、義、禮、智、聖」五事，《郭店楚墓竹簡·六德》亦別出「聖、智、仁、義、忠、信」六德；《書·皐陶謨》又有「九德」之稱……足見先秦儒家對「五德」之觀念並未完全確立，前賢學者論「仁」，往往視之為儒家德行之總體，可以攝其他個人修養之德行。今由本篇所述「五德」之排次，「仁」則僅被視為個人修養之一種。要之本篇有關「五德」名目之稱述及觀念，除令人耳目一新外，對先秦儒學之研究更是別具意義。

⑱ 匝三折：張光裕先生考釋（220 頁）讀爲「固三誓」，猶言「約法三章」之意：

「匝」，從匸，古聲，可讀爲「固」。「匝」於金文中與「簠」相通，古音爲幫母，古韻屬魚部，「固」爲見母，古韻亦屬魚部，二者古韻同部，可以通假。「折」，楚簡中所見「折」字多讀爲「制」，亦可讀爲「誓」，今取後者。《說文·言部》：「誓，約束也，從言，折聲。」齊侯壺：「折（誓）於大嗣（司）命」，「誓」字即作「折」。……《尚書》亦有以「誓」名篇者，如《甘誓》、《湯誓》、《牧誓》、《費誓》等。「固三誓」猶言約法三章也。

陳偉先生〈從政校讀〉、朱淵清先生〈三制〉皆釋爲「固三制」，朱氏進一步考釋：

這裏的「三制」應該就是管子所說的「三制」，《管子·樞言》：「凡國有三制，有制人者，有爲人之所制者，有不能制人、人亦不能制者。」石一參解釋曰：「謂國力有三等。」「制人者上也，爲人所制者下也，不能制人、人亦不能制之者，中也。在謀國者所以自處耳。」《從政》的主題非常明確，就是講「從政」。……「固三制」就是穩固三種國力，其實也就是說從政者要處理利用好上中下各階層的力量。

美蘭案：朱文以爲簡文「三制」即《管子》「三制」，謂即「三種國力」，似有待商榷。考《管子·樞言》本文對「三制」的解釋：

天下有大事，而好以其國後，如此者，制人者也。

德不盛，義不尊，而好加名于人；人不眾，兵不強，而好以其國造難生患；恃與國，幸名利，如此者，人之所制也。

人進亦進，人退亦退，人勞亦勞，人佚亦佚，進退勞佚，與人相胥，如此者，不能制人，人亦不能制也。

管子所說的「三制」，其實是指三種人，解爲「三種國力」，似嫌迂曲，而且與簡文「五德」、「十怨」的義類恐不相關。另有俞志慧先生〈三慎〉將「折」字釋爲「慎」；然「慎」字在楚簡的寫法與本簡「折」字不類（參陳劍先生〈說慎〉），俞說實不可從。本篇第 7 簡也有「三折」，但是下文無所銜接，不若「五德」在簡文中有明白的定義，暫從張釋。

⑲ 敘十惄：即「除十怨」。張光裕先生考釋（220 頁）云：

> 「敘」，讀為「除」，前引楚帛書丙篇則書作「敘」。「惄」，即「怨」，
> 字又見《郭店楚墓竹簡·緇衣》第十簡：「少（小）民亦佳（惟）日
> 惄（怨）。」《從政（乙篇）》第二簡亦有「則民不惄（怨）」句。

美蘭案：「惄（怨）」字字形源流，可參考季師旭昇先生〈由上博詩論「小
宛」談楚簡中幾個特殊的從昌的字〉。依本簡「五德」明白定義之例，「十怨」
應該也有清楚的說明，只是材料不足徵，待考。

⑳ 三折時行見上卒飲：張光裕先生考釋（221 頁）斷讀為「三誓持行，見上卒
食」。陳偉先生〈從政校讀〉斷讀為「三制：持行，視上，卒食……」，並將
「三制」後六字兩兩斷開，視為「三制」之目，謂持行可能是篤行或行走的
儀態，視上是指既不下、也不傾的正確作法，卒食則這食畢後之事，語意未
完。

美蘭案：仿上文「五德」之例，陳偉先生在「三折」後斷開應是可從，
然而將「時行視上卒食」六字斷為三目，恐有未安，當存疑之。

㉑ 曰軋人之矛：即「曰犯人之務」，冒犯別人。張光裕先生考釋（233 頁）：

> 「軋」即「犯」。「矛」可讀為「務」。如……由下句「十曰口惠
> 而不係」例之，「曰軋人之矛」上或接一「九」字。根據文意，此兩
> 句當與《從政（甲篇）》篇所言「除十怨」攸關。侵犯他人，易招怨
> 尤，故宜戒之。

張說可從。

㉒ 十曰口惠而不緣：即「十曰：口惠而不由」，意謂：第十怨是口頭施惠而實
際上卻不從。張光裕先生考釋（233 頁）解為「口惠而不係」，謂與「口惠
而實不至」、「口惠而實不從」意同。

美蘭案：張先生釋義可從，但釋「係」字可商。「係」字則當依徐在國
先生〈雜考〉釋為「緣」字的省形，讀為「由」，訓為「從」。

張先生謂此與本篇的「除十怨」攸關，十分可信，《禮記·表記》云：
「子曰：口惠而實不至，怨菑及其身。是故君子與其有諾責也，寧有己怨。」
「口惠而實不至」會導致「怨災」上身，正與甲篇第 5 簡的「十怨」呼應。

從這裏看來，雖然乙篇第 1 簡無法直接與甲篇任何一簡直接編連，但是它與甲篇第 5 簡有前後關係是不可否認的，如此又爲〈從政〉不宜分爲甲、乙兩篇添一例證。

㉓ 從命則正不裻：即「從命，則政不勞」，意謂：（執政者）遵從天命則施政就不會太辛勞。張光裕先生考釋（233 頁）隸定爲「從命則政不勞」，但是沒有加以解釋。陳偉先生〈從政校讀〉則認爲「正」字當爲君長之義：

> 《大戴禮記·主言》：「孔子曰：『上敬老則下益孝，上順齒則下益悌，上樂施則下益諒，上親賢則下擇友，上好德則下不隱，上惡貪則下恥爭，上強果則下廉恥。民皆有別則貞，則正亦不勞矣。此謂七教。』」王聘珍解詁云：「正，政也。」該篇上文說：「是故內修七教而上不勞，外行三至而財不費，此之謂明主之道也。」可見「正」當指君上，王說誤。這與簡文可以參讀。《禮記·緇衣》：「上人疑則百姓惑，下難知則君長勞。故君民者，章好以示民俗，慎惡以禦民之淫，則民不惑矣。臣儀行，不重辭，不援其所不及，不煩其所不知，則君不勞矣。」《荀子·君道》云「有司不勞而事治」，皆是類似表述。

美蘭案：張氏讀「正」爲「政」，與本篇所見的「正」字讀法相同，從文意上看，自是可通。不過，陳氏援引典籍，指出「不勞」者往往指人，如「正」（《大戴禮記·主言》）、「君」（《禮記·緇衣》）、「有司」（《荀子·君道》），尤其是在上者，陳氏引證有據，亦頗爲合理。林慶彰先生在民國九十二年五月三十日於臺灣大學哲學系、由郭梨華教授主持的「簡帛道家資料暨上博新出簡研讀會」中發言，以爲此處應該指執政的行爲，所以「從命」應該釋爲「從天命」，「正不勞」應該釋爲「施政就不會太辛勞」。依照這樣的解釋，本句和下兩句都屬於執政者的行爲，最爲合理。茲從其說。

㉔ 雍戒先遷則自异司：即「容戒先慝，則自己始」，意謂：心中保持警戒，在邪惡產生之前就消除它，這必須從自己開始做好。張光裕先生考釋（233 頁）讀「雍」爲「雍」，「雍蔽」之義，釋「遷」爲「匿」，讀「异」爲「忌」、「司」爲「始」；整句意思理解爲：「戒備之心若失，則已先啓微亡之徵，此皆因有猜忌之心故也。」楊朝明先生〈從政三則〉則從王中江先生〈重校〉將「异」讀「己」，「雍蔽」指「雍蔽的警戒」，全句意謂「要消除被雍蔽的危

險，就必須從自己開始，自己先要做好」。

　　美蘭案：「寯」字從廾、容聲（戰國楚系文字從宀、公聲，參何琳儀先生《戰典》410頁），也可以看成「容」的繁形，「容戒」即「心中有警戒」。「匿」或許可以讀成「慝」，邪惡，《論語·顏淵》：「攻其惡，無攻人之惡，非脩慝與？」何晏集解：「孔曰：慝，惡也。」「容戒先慝」或許可以釋成：心中保持警戒，在邪惡發生之前就消除它。

㉕ 㬎訧懽信則僞不章：即「顯嘉勸信則僞不彰」，意謂：顯揚美善、勸勉誠信，則僞詐之行自然不會彰顯。張光裕先生考釋（234頁）認為：

> 「㬎」即「顯」。「訧」即「訑」之省，讀為「嘉」。《說文·壴部》：「嘉，美也。」《爾雅·釋詁上》：「嘉……善也。」「懽」，讀若「勸」。「僞」讀與「偽」同。《郭店楚墓竹簡·性自命出》第四十八簡、四十九簡：「凡人僞（偽）為可亞（惡）也，僞（偽）斯吳壴（矣），吳斯慮壴（矣），慮斯莫結壴（矣）。」此句可與第二簡首二字「不章」連綴，全句讀作「顯嘉懽（勸）信，則僞不章（彰）」，意謂顯揚美善，勸勉誠信，則僞詐行為自可減少。

張說可從。

㉖ 毋占民贍則同：即「毋佔民歛則同」，意謂：不要佔據人民的財貨，人民就會聚合。張光裕先生考釋（234頁）讀「占」為「佔」，「贍」為「歛」，指民之積財。美蘭案：「同」，《說文》：「合會也」，同有聚合之意。

㉗ 不膚虁羸亞則民不愖：即「不敷法盈惡則民不怨」，意謂：不要任意施布法令來擴大自己的罪惡，那麼人民就不會生怨。張光裕先生考釋（235頁）讀「膚虁」為「敷法」，與「枉法」意近，有貶義，「羸亞」即「盈惡」，意謂「不枉法盈惡，百姓自無怨言」。顏世鉉先生〈散論（三）〉將「膚」字讀為「虧」，「虧法」亦「枉法」之意。另有何琳儀先生〈滬二〉將「羸亞」讀為「羸惡」，並引證《論衡》訓為「瘦弱」。

　　美蘭案：張先生將「膚虁羸亞」讀為「敷法盈惡」，可從，但「敷法」或依字解即可，不必讀為「枉法」；盈，做動詞用。「敷」，《說文》：「敷，施也」，「不敷法盈惡則民不怨」，指在上者不要任意施布法令來擴大自己的罪惡，那麼人民就不會生怨。

「膚」字左上疑有殘筆，似爲「人」旁，應爲疊加義符。因爲照片不清楚，所以本文隸定姑仍作「膚」。

㉘. 七幾：七種容易引起危殆的事。張光裕先生考釋（222 頁）云：

> 「幾」，讀爲「機」，事物之關鍵，亦事物變化之所由生。上博竹書《曾子》有云：「是故耳目者，心之門也，好惡之幾（機）也。」《管子·權修》：「察能授官，班祿賜予，使民之機也。」《禮記·大學》：「一家仁，一國興仁；一家讓，一國讓；一人貪，一國作亂。其機如此。」揆諸簡文，「七機」雖僅見「獄」、「愄（威）」、「𣶈（？）」、「悟（恬）」、「罰」五事，然皆爲從政者日常面對，且最易產生變化之關鍵。

周鳳五先生〈從甲〉認爲「簡文『七機』指的是爲政者的七種不當措施以及所招致的七種不良後果」。

美蘭案：根據簡文，周文對「七幾」的內涵理解是正確的，唯「幾」字可以本字解讀，不必讀爲「機」。幾，從人上有幺或絲綁縛，戈加其上，《說文》：「幾：微也，殆也。從絲從戍。戍，兵守也。絲而兵守者，危也。」釋形小誤，但本義爲危殆，當可信（參季師旭昇先生《說文新證·幾》308 頁），以「幾」字本義釋讀，正與簡文密合無間。

㉙. 獄則興：即「桍則凌」，意謂：在上位者苛刻，則人民就相互欺凌。周鳳五先生〈從甲〉將「獄則興」讀爲「獄則營」，意謂「爲政者如果以監獄作爲統治的工具，就會造成官員營私舞弊」。

美蘭案：從本簡可見的五組「幾」看來，誠如〈從甲〉所言：「『獄則興』等五句是一種『因則果』的句法，在『則』前的是原因，『則』後表示結果」，本簡五組「因」皆是描述在位者爲政不足之處：「愄（威）」指在上者徒以威嚇人民，而不以引領教導；「滷」指在上者滷莽行事；「悟（猛）」指在上者行事剛猛；「罰」指在上者好罰人民。因此，「獄」字應該也要釋成一種執政者的不當行爲。獄起於何時，雖不可知，但是以監獄做爲統治的工具，應該是無代無之，即使是儒家也不能廢除吧！因此，把「獄則興」釋爲「爲政者如果以監獄作爲統治的工具，就會造官員營私舞弊」，恐於事實不合。獄（疑紐屋部），可讀爲「桍」（見紐屋部），《禮記·王制》疏：「嶽者何？嶽之爲言桍也，桍功德也。」朱駿聲《說文通訓定聲》云：「嶽之言校也、較也、榷也、角也、斠也，實皆覈字也。」覈，深刻、刻薄的意思。興，其上部所

從「🐝」與《上博（二）·昔者君老》3 簡「興」字（原考釋讀爲「舉」，參本書〈昔者君老〉「興𢾭盥亞」注）、《上博（一）·孔子詩論》28 簡「蠅」字上部所從相同，因此可以讀爲「乘」、「凌」。乘、蠅同音，反切都是食陵切，上古音都屬於船紐蒸部，所以可以通假；凌（力膺切，來紐蒸部），與蠅、乘同韻，聲紐同爲舌頭音。乘、凌，欺凌也。

㉚ 悁則民不道：即「威則民不導」，意謂：在上者徒逞威勢，則人民就會失去引領。張光裕先生考釋（222 頁）云：

> 「悁」，讀爲「畏」固可，此處或讀作「威」。《郭店楚墓竹簡·緇衣》第三十簡引詩：「敬爾威儀」，即書作「敬爾悁義」。《書·皋陶謨》「天明畏，自我民明威」，蔡沈集傳：「威，古文作畏，二字通用。明者顯其善，畏者威其惡……天之明威非有好惡也，因民之好惡以爲明畏。」「道」，讀爲「導」，「民不導」，言百姓倘失在位者之引領教導，則易於迷失。「是以民可敬道（導）也，而不可窣（雍）也。」（《郭店楚墓竹簡·成之聞之》第十五、十六簡）

㉛ 滷則遊衆：即「鹵則失衆」，意謂：在上者滷莽蠻橫，就會失去民心。滷，原簡作「🐛」，張光裕先生考釋（222 頁）謂右旁有異於「西」，暫闕釋。周鳳五先生〈從甲〉析爲從水舟聲的洀字，讀爲輖張、禂張，訓爲「誑」，謂「爲政者如果欺誑不實，就會失去民心」。何琳儀先生〈滬二〉釋爲「洒」，訓爲「散」、「播」。黃錫全先生〈劄記一〉釋爲「滷」，訓爲「鹵莽」：

> 戰國文字「西」與「鹵」每每混同，不易區分。如包山楚簡的△（鹽）、鹽等字，所從的「鹵」有的就與「西」字寫法一模一樣。因此，🐛就是「滷」字，見於《玉篇》、《集韻》。滷即鹵。《爾雅·釋言》：「滷，苦也。」《漢書·溝洫志》注蘇林引作鹵。鹵字已見於金文。《莊子·則陽》記長梧封人問子牢曰：「君爲政焉勿鹵莽，治民焉勿滅裂。」疏：「鹵莽，不用心也。滅裂，輕薄也。夫民爲邦本，本固則邦寧，唯當用意養人，亦不可輕爾搔擾。封人有道，故戒子牢。」這段文字可以與簡文相互印證。釋🐛爲鹵當無疑問。

黃氏說字釋義均穩妥恰當，應可從。

㉜ 悟則亡新：即「猛則無親」，意謂：在上位者剛猛強悍，身邊就沒有親近之

人。張光裕先生考釋（223 頁）將「悟」釋爲憂心之意的「恞」字，「新」讀爲「親」。陳劍先生〈編連一〉將「悟」字讀爲「猛」。周鳳五先生〈從甲〉讀爲「梗」，剛強之意，謂「爲政如果剛猛強悍，人民就不親附」。徐在國先生〈雜考〉讀爲「妨」，訓爲「害」，「意爲傷害則失去親近」。單周堯、黎廣基〈亡新〉對上述諸說加以述評，並提出讀爲「迫」的說法，謂「爲政急迫，則人民不願親附」。

美蘭案：上列各讀，周文讀爲「梗」，單、黎〈亡新〉一文已指出，聲紐相去甚遠；徐文讀爲「妨」，聲韻雖通，但是訓爲「害」義似太過寬泛，與上下文具體指出在上者爲政之失的「七幾」項目不類；至於單、黎讀爲「迫」，其引《管子·世民》「制民急則民迫，民迫則窘，窘則民失其所葆」爲證，然此「迫」乃謂人民受迫，而非指在上位者「迫」，上文已經說過，「七幾」乃先言在上者爲政不足之「因」，故此說亦不可從。筆者以爲陳劍先生之說可從：

> 「猛」即「威而不猛」之猛，《左傳·昭公二十年》云：「大叔爲政，不忍猛而寬。……仲尼曰：『善哉！政寬則民慢，慢則糾之以猛。猛則民殘，殘則施之以寬。寬以濟猛，猛以濟寬，政是以和。』」可與簡文講「悟」的「猛則無親」參讀。

「無親」與上文「失眾」意近，從「失眾」到「無親」，再到下文的「民逃」，最後「民作亂」，層層遞進，程度越發嚴重。

㉝ 好□：好字後面缺文，陳偉先生〈從政校讀〉補一「型」字：

> 「好」後一字殘泐。其左旁殘筆隱約可見，其上部似爲「井」，下部似爲「土」，與同篇 3 號簡的「型（刑）」字近似。亦可釋爲「型」，讀爲「刑」。古書有「好刑」之說。如《淮南子·詮言》云：「好刑，則有功者廢，無罪者誅。」本句的「好刑」如何，與上句「罰則民逃」意義上有聯繫。

細察圖版，陳文補字不無可能，姑存參之。

㉞ 正齋 =司：即「政之所怠」，意謂：執政者所容易疏忽怠慢的。張光裕先生隸定作「政之所治」，未加以解釋。周鳳五先生〈從甲〉云：

> 最後，簡九對於「七機」作了總結，整理者讀作「凡此七者，政之所

治也。」按，上文已經指出，「七機」的用語與價值判斷都是負面的，則讀作『政之所治』，意指七機能使政治清明，顯然是不妥的。簡文應該改讀為「政之所殆」。殆，危也。《論語‧微子》：「已而，已而，今之從政者殆而。」用語與簡文類似，可為旁證。

周說對簡文的意思掌握得很好，但是「政之所忌」強調的應該是施政前段的態度，而不是後段的結果。施政前段的態度，可以用「怠」來解釋，意思是：凡此七者，是施政者所容易疏忽怠慢的。

㉟ 志燰不旨：即「志氣不旨」。張光裕先生〈考釋〉謂「燰」即「氣」，將第四字的「舍」形字釋為「旨」，謂或讀作「稽」，用為「啓」。周鳳五先生〈從甲〉認為第四字應是「達」字之省。

美蘭案：細察圖版，恐怕仍以原考釋釋「旨」為是。「達」字亦見於《郭店》：

　　　　：〈窮達以時〉第 11 簡：「動非為達也」

　　　　：〈窮達以時〉第 15 簡：「窮達以時」

本簡字形作「　」，乍看的確與「達」字偏旁很像，但是仔細觀察筆勢，則應該仍是「旨」字，如「　」字偏旁（滕壬生先生《楚編》775 頁），本簡「旨」字所從的「匕」形下部筆畫較細，易造成錯覺，但仍維持有曲線的筆勢，然而「達」字中間的豎畫向來是筆直的，因此張釋為「旨」字可從。

至於「志氣不旨」的句意，除了原考釋之外，楊澤生先生〈劄記〉讀為「志氣不詣」，謂志氣不到的意思。本簡「聞之曰：志氣不旨，其事不……」，由於下端殘，難以確定何種讀法正確，暫且待考。

㊱ 從正所矛三敬誂信：即「從政所務三：敬、誂、信」，意謂：從政所應致力的原則有三項：敬、謙、信。張光裕先生考釋（224 頁）云：

揆諸文意，「敬、誂、信」三者，即從政所務之三事。《說文‧言部》：「誂，相呼誘也。」段玉裁注：「後人多用挑字。」下文云：「誂則遠戾。」「誂」於此則似「擇言」、「擇善」之意。

美蘭案：「從政所務三」之中，「敬」、「信」都是很常見的德行，而「誂」字卻是極為罕見的字，而且「擇言」、「擇善」也不像一種德行，因此這個字

有再深入追究的必要。我們認爲「詙」可以讀爲「謙」。

從政所應該注意的有三樣德行：敬、詙、信。這三樣德行中，敬、信都是很常見的德行，獨獨「詙」字卻極爲罕見，而且《說文》釋「詙」爲「相呼誘」，「相呼誘」能否等同於「擇言」、「擇善」？「詙」字見於先秦者不多，都是不好的意義，即使依張光裕先生把「詙」引伸爲「擇言」、「擇善」，和「敬」、「信」似乎也不是能互相搭配的同級德行。爲此，「詙」字的意義，似乎應該做進一步的探討。

查此字簡文二見，做「𧩮」、「𧪒」，左旁從「言」無疑；右旁依張光裕先生的隸定，認爲從「兆」。考戰國楚文字單字及偏旁中的「兆」字有以下諸形（參《楚系簡帛文字編》）：

1・𧼛　　　《磚》370.2

2・𪖯　　　《包》2.265

3・𧼂　　　《包》2.157

4・𧼇　　　《包》2.157

嚴格地說，第一形所從是最標準的「兆」字，它是從「涉」字演變而來，字形繼承金文「姚」、「逃」等字。第二、三、四形其實都還有一點問題。但是，我們姑且接受目前一般的看法，第三形爲第一形的簡化，第四形又是第三形的訛變。〈從政〉【甲十】「詙」字右旁所從，接近第四形，象「水」形的「Ｓ」形訛成「𝟹」形，因此在沒有更好的看法之前，我們傾向仍把它解釋爲從「兆」。

現在隸楷中單字或偏旁從「兆」的字，大致有四個來源，一是來自「涉」，二是來自「囧」，三是來自「卟」，四是來自「沝」。第一形是甲骨、金文，及戰國楚系文字「兆」偏旁的來源；第二形是甲骨文單字的「兆」；第三形是周原甲骨的「兆」（裘錫圭先生說）；第四形見甲骨文（裘錫圭先生認爲它是「兆」形的來源之一），秦系文字承此形。《上博（二）·從政》本簡「詙」字所從爲第一形，也就是說，這個字其實可以看成從言、涉聲。

至於「兆」和「涉」的聲韻關係，上古相關密切，兆（*diau）字上古音屬澄紐宵部開口三等；涉（*djiap）字上古音屬禪紐葉部開口三等，二字聲母都屬舌頭音，韻則爲宵葉對轉，葉部爲談部的入聲，先秦古音宵談兩部本有對轉的現象，所以從「涉」而讀「兆」音，沒有問題。

肯定了〈從政〉【甲十】「誂」字右旁所從是第一形的「兆」，即「涉」字之後，我們不妨考慮「誂」字從「涉」聲通假的可能。以音近求之，「誂」似乎可以讀成「謙」。謙，從言、兼聲，上古音屬見紐談部，兼、涉二字為陽入對轉，韻母沒有問題；只有聲母似乎相去較遠。但是從「兼」得聲的「廉」上古音屬來紐，聲母屬舌頭，看來從「兼」得聲的字，和舌頭音的關係也頗為密切。據此，「誂」字通讀為「謙」，在音理上應該說得過去。

謙，《說文》：「敬也。從言、兼聲。」《玉篇》：「遜讓也。」典籍及後世用的似乎是《玉篇》中的意義。〈從政〉簡文說：「信則得眾，誂則遠戾。」意思是：「誠信就能得到眾人的信賴，謙讓就能遠離禍害。」似乎在義理上也說得通。

謙，在現在看來是一個為人所熟知的德行。但是很奇怪的是：這麼一個普通的德行，先秦卻不常見到，……從這些資料看來，「謙」這種德行最早應該見於《周易》，開始普遍則是在戰國時期，因此字形還沒有完全凝固吧。從歷史發展來看，儒家經典《論語》、《孟子》中沒有「謙」字，但是《荀子》、《大學》中已經出現了，其時代和〈從政〉相去不遠，在思想背景上應該也不成問題吧！

㊲ 孨=之相譹：即「君子之相就」，意謂：君子交往。張光裕先生考釋（226頁）：

> 「譹」，讀為「就」。郭店簡書作「𦥔」。《六德》第一、二簡：「聖與智𦥔（就）壴（矣），㤅（仁）與宜（義）𦥔（就）壴（矣），忠與信𦥔（就）壴（矣）。」《詩・周頌・敬之》：「日就月將，學有緝熙于光明。」一九八〇年長安新旺出土史惠鼎銘文：「惠其日譹（就）月將。」上海竹書《民之父母》「亡體之禮，日譹（就）月將」，「就」字皆从辵。「君子之相就」，猶言君子之相交往也。

美蘭案：《上博（二）・民之父母》11 簡當作「日述月相」，不作「日譹（就）月將」季師旭昇以為簡文「述」字與文獻、史惠鼎所見的「就」字可能是意義俱近的異文，不必將「述」字破讀為「就」，參本書〈民之父母〉注㉜。

㊳ 不必才近邇藥：即「不必在近昵樂」，意謂：君子不必親近狎昵為樂。

「遉」字，張光裕先生考釋（226頁）以爲「遉」即「迡」，謂楚簡「耳」字作「𠃊」，「𠃊」形當爲「耳」形之訛。類似的字形「𢌞」也見於《上博（二）·民之父母》第8簡，濮茅左先生考釋以爲當釋爲從辵匚聲。黃德寬先生〈補正〉則以爲該字乃從辵從匚省聲。

美蘭案：目前的材料雖然尙不能完全確定該字形構，然張文分析耳形之訛，從形音義的角度看來，是比較合理的。唯張文認爲後來秦陶文「尼」字（《秦陶文編》1361~1363號）、《說文》「尼」篆所從的人形，無非簡書「𠃊」形之訛，季師旭昇認爲可商，繼而指出楚文字只是將下部聲化爲「耳」聲。（參本書〈民之父母〉注⑲）聲化是戰國文字習見的文字演變現象，季師之說合理可從。

㊴ 又所又舍而不敢盡之：即「有所有餘而不敢盡之」，意謂：有所餘而不敢盡用。張光裕先生考釋（227頁）：

> 「盡」，讀爲「盡」，如《郭店楚墓竹簡·性自命出》第四十三簡：「甬（用）力之盡（盡）者，利爲甚。」《左傳·成公九年》引君子曰：「《詩》曰：『雖有絲麻，無棄菅蒯；雖有姬薑，無棄蕉萃。凡百君子，莫不代匱。』言備不可以已也。」逸詩所言與本簡文意最爲接近。

陳偉先生〈從政校讀〉引《禮記》爲證，《禮記·中庸》：「庸德之行，庸言之謹，有所不足不敢不勉，有餘不敢盡，言顧行，行顧言。」簡文所載即《中庸》所記，而本簡行文略爲繁，且句序有別，「有餘」句在前，「不足」句在後。

㊵ 弖軛賡䢼見不訓行弖出之：張光裕先生考釋（229頁）謂「䢼」從心，與「軛」應同爲一字，文意未明，待考。楊朝明先生〈從政三則〉連同下句讀爲：「以犯賡犯，見不訓行以出之」，意謂「爲了有所懲戒而用侵犯回應惡意侵犯，見有不足爲訓的行爲，就用行動來表達它」。美蘭案：本簡下端殘，前文又無所承，宜待考。

㊶ 孝=藥則綱正悥則復：即「君子樂則治正，憂則復」，意謂：君子喜樂，政治得以納於正軌。張光裕先生考釋（229頁）讀「綱」，爲「治」，釋「悥」爲「憂」。陳劍先生〈編連一〉將乙篇第3簡與本簡連讀：

> 這兩簡相連的理由是其有關部分句式相同、「君子」與「小人」正相

對。甲 16 殘去下段，約可容納十餘字，我們補出的缺文「□，怒則
□，懼則□，恥則」只有九字。但考慮到上文云「君子樂則治政」，
可見殘去部分每小句的「則」字之後不一定僅為一字，那麼其總字數
完全可能多出幾個，跟殘去部分的字數能夠相合。兩簡相連處講君子
「恥則復」，復，反也，謂君子如有可為恥辱之事，則反求諸己身，
跟小人恥則犯他人相對。

陳說大體可從，唯「樂則治正」之「正」，仍以原考釋解讀爲宜，不必改讀
爲「政」。

㊷ 少人藥則惢意則暗：即「小人樂則疑，憂則滑」，意謂：小人高興時就會是
非不決，憂心時就會滑亂。「意則暗」，張光裕先生考釋（235 頁），讀「暗」
爲「問」，引《論語・述而》：「君子坦蕩蕩，小人長戚戚。」謂「戚戚」乃
「憂」之表現。「憂則問」者，蓋心有戚戚，故時有所疑問。程燕先生〈研
讀〉謂黃德寬先生有兩種讀法，一種是「憂則悶」，另一種是「憂則滑」，又
以爲後一種可能更好。

美蘭案：小人不論憂樂，皆「喻於利」，以利爲衡量標準，心中始終無
法如君子般坦然，所以陌時得失之患，本簡寫五種小人在不同情境下的不同
表現，這些表現顯而易見都是負面的外在表現，故上引黃德寬先生讀爲「憂
則滑」，滑即滑亂之意，可從。

㊸ 芺則勑：即「怒則勝」，意謂：小人憤怒就會爭勝。張光裕先生考釋（235
頁）指出，「芺」或從心，即「怒」；「勑」，讀爲「勝」。《郭店・老子乙》第
十五簡：「燥勝滄，清勝熱。」又《語叢二》第二十六簡：「勝生於怒，忌生
於勝。」義與此同。

美蘭案：李零先生《郭店楚簡校讀記》（171 頁）謂「勝」可讀爲「好
勝」、「爭勝」，可從。

㊹ 惥則怀：即「懼則倍（背）」，意謂：小心恐懼就會背叛的意思。張光裕先生
考釋（235-236 頁）云：

「惥」即「懼」。「怀」，讀為「背」。《論語・顏淵》：「子曰：君子不
憂不懼。」小人則反是。蓋小人因憂而生懼，復因懼而致背。《郭店
楚墓竹簡・成之聞之》第三十二簡：「是故小人變（亂）天棠（常）

以逆大道。」《郭店楚墓竹簡．語叢二》第四簡：「利生於恥。」《論語．里仁》：「君子喻於義，小人喻於利。」小人恥則犯，亦與利攸關。

㊺〔……君子先〕人則啓道之後人則奉相之：即「君子先人則啓導之，後人則奉相之」。張光裕先生考釋（230 頁）在「人則啓道之」的人字之前補「前」字，謂可與下句「後人」相對。陳劍先生〈編連一〉則補以〔……君子先〕三字：

> 甲 17 簡首完整，「……君子先」是據下文補出的、屬於前一支未知簡的內容。簡尾殘去兩字，據上文可補出「後人」；「先人」原作合文，整理者釋為「先之」，又在簡首補「前」字而非「先」字，均不妥。甲 12 與乙 5 分別為上下半段殘簡，應本係一簡之折。……謂君子處於他人之前則為他人開路、引導他人，處於他人之後則奉承而輔助他人。

陳氏補字說義均可從。

㊻少人先 =則⿱弁土敔之〔後人〕則⿱虍義毀之：即「小人先人則絆敔之，後人則陷毀之」，意謂：小人若領先，就會阻絆禁止他人前進；若落人之後，就會想盡辦法陷害詆譭他人。張光裕先生考釋（230 頁）謂「先 =」爲「先之」合文，意即對待小人亦需主動領先，以身作則。陳劍先生〈編連一〉據上文補〔後人〕二字（見上注引），並釋云：

> 小人則反是，處於他人之前則禁敔他人的前進，處於他人之後則憎毀他人。「敔」《說文》訓為「禁也」，古書多用「禦」、「禦」和「圉」字，表示的都是同一個詞，前人言之已詳。

「⿱弁土」，周鳳五先生〈從甲〉以爲字從弁聲，讀爲「絆」，謂「小人如果領先，就阻礙他人前進，用繩索把人繫絆、套牢。」何琳儀先生〈滬二〉隸作「弁」，讀爲「並」，謂簡文「弁敔」當讀「並禦」，承上句「小人先之」而言。楊澤生先生〈補釋〉提出兩種釋讀，一讀爲「反敔」，一讀爲「慢訝」。顏世鉉先生〈散論（四）〉則以爲當讀爲「慢侮」。美蘭案：周氏讀「⿱弁土」爲「絆」，「敔」字則從《說文》訓「禁」即可，「絆敔」謂小人若領先別人，就阻絆禁止他人前進。

⿱虍義，周鳳五先生〈從甲〉釋「暴」，「暴毀」即急毀，謂「小人如果落

於人後，就急切的毀謗他人。這是說明小人心胸狹隘，不能容人。」楊澤生先生〈補釋〉以爲該字可能從「盍」得聲，可讀爲「陷」，「陷毀」意即「陷害譭謗」。美蘭案：「纛」釋「暴」，於字形有可商之處；楊氏讀爲「陷」（匣紐談部；「盍」，匣紐葉部），二字聲同韻近，於義亦可通解，茲從楊說。

㊼ 覃行不佚：即「庸行不倦」，意謂：經常力行而不倦怠。張光裕先生考釋（225頁）以爲「覃」即「敦」，佚即倦。

　　美蘭案：「覃」字當釋庸，何琳儀先生〈滬二〉已修正之。黃錫全先生〈劄記二〉對「庸行不倦」申說如下：

> 庸行，就是庸德之行。「庸行而不倦」，也就是自修己身常以德而行不知倦怠。與之對應的善，即善事。「持善不厭」，意即行善於世而不知道滿足。此乃盛德之至也。

黃氏以爲簡文「庸行」與《易・乾》「庸行之謹」、《禮記・中庸》「庸德之行」等記載關係密切，〈中庸〉鄭注謂「庸，猶常也，言德常行」，鄭玄乃解釋「庸德之行」，黃氏直接以「自修己身常以德而行不知倦怠」解釋簡文，似乎可再斟酌。簡文「庸行不倦」之「庸」，以經籍常見的「經常」義解之是正確的，只是「庸行」可以泛指經常力行而不倦怠，至於所行者自然是一切美善之事了。

㊽ 唯殢不儎：即「唯世不識」，意謂：即使世人不識得。張光裕先生考釋（225頁）謂「殢」即「世」，可從。

　　儎，李銳先生〈初劄〉疑從「戠」，讀爲「識」。周鳳五先生〈從甲〉也主張「儎」左旁從人，右旁上從臼、下從戠，乃「識」字的異構，讀爲「雖世不識」，意謂「君子敦行不倦，持善不厭，一般人雖不知道，但必定有人瞭解他。後來學者多贊成將「儎」字釋爲「識」，但是關於「儎」字的形構，則各有詮釋，上引周文認爲該字所從「臼」字乃聲符，徐在國先生〈雜考〉、何琳儀先生〈滬二〉、黃錫全先生〈劄記二〉皆以爲「臼」形乃戰國文字的「齒」字，作聲符用，「臼（齒）」、「戠」同屬「儎（識）」聲符。

　　美蘭案：「臼」字上古音爲群紐幽部，「臼（齒）」爲昌紐之部，「儎（識）」爲章紐職部，「臼（齒）」、「儎（識）」聲紐相近，韻部爲陰入對轉，故從「齒」聲之說可從。

⑭ 是古孖 =弜行：即「是故君子強行」，意謂：所以君子力行。張光裕先生考釋（237 頁）謂「弜行」即「強行」，當指力行。銜接下文「以時（待）名之至也」。

⑮ 見善行內亓悬安可胃學矣：即「見善行，納其身焉，可謂學矣」。張光裕先生考釋無說，將「悬」字讀爲「仁」。陳劍先生〈編連一〉看法不同：

> 乙5與甲11連讀後的「君子聞善言，以改其言；見善行，納其悬（身）焉，可謂學矣。」原釋讀、斷句有誤。「悬」跟前文討論的《子羔》篇的「忞」相類，在楚簡文字裏最習見的用法也是用為「仁」，此讀為「身」，也跟《子羔》篇的「忞」不用為「仁」而用為「年」相類。「見善行，納其身焉」謂見善行則納己身於善行之中，猶言見善行即加入到、投身於這一行爲之中，亦即自己也去這麼做，這跟「聞善言，以改其言」一樣，當然就是所謂「學」了。

陳說可從。

⑯ 可言而不可行君子不言可行而不可言君子不行：即「可言而不可行，君子不言；可行而不可言，君子不行」。張光裕先生考釋（224-225 頁）已指出，此段又見於《郭店》、《上博（一）》及今本《禮記》：

> 《郭店·緇衣》第30-31 簡：「子曰：『可言不可行，君子弗言；可行不可言，君子弗行。』」

> 《上博（一）·紂衣》第16 簡：「子曰：『可言不可行，君子弗言；可行不可言，君子弗行。』」

> 《禮記·緇衣》：「可言也，不可行，君子弗言也；可行也，不可言，君子弗行也。」

美蘭案：三組簡本與今本《禮記》的記載大體相同，今本用語較爲繁複，多了四個語助詞「也」字，原考釋以爲似經後人改動，而今本與簡本之間又有同有異，今本引文的否定詞爲「不……弗……」，與《郭店》、《上博（一）》同，本簡則爲「不……不……」，而且還多了轉折詞「而」字，若如張先生所言今本乃經後人改動，那麼今本與《郭店》、《上博（一）》的關係似又更近。

⑰ 行隉至命餂滄而毋斂從事而毋說（？）：即「行險至命，飢寒而毋會，從事

而毋訟」，意謂：行險會導致送命，飢寒之歲不要與行會同，行事之時不要爭訟。張光裕先生考釋（232頁）謂「隌」即「險」，可從。

周鳳五先生〈從甲〉將「飤滄而毋畝從事而毋說」讀爲「飢寒而毋忬，從事而毋兌」，「忬」訓爲憂懼，「兌」訓爲擾恐。黃德寬先生〈補正〉讀爲「饑寒而毋會，從事而毋訟」，意謂「饑寒之歲不要舉行會同，行事之時不要爭訟」。

美蘭案：參考《禮記·中庸》「君子居易以俟命，小人行險以徼幸」，意思是說，小人行險而心存傲倖，稍一不慎就會丟失性命，簡文「行險至命」意近。「至」通「致」，《易·困》「君子以致命遂志」，「致命」即獻出生命之意，簡文是從負面敘說，指行險會丟了性命。銜接下文，「飤滄而毋畝，從事而毋說」二句，似宜從反面告誡的角度敘述，暫從黃說。

㊽ 君子不已流言戕人：即「君子不以流言傷人」。張光裕先生考釋（232頁）謂「流言」猶言「傳言」、「謠言」，「戕」即「傷」，可從。

㊾ 譴愆而共孫：即「愆誨而恭遜」，意謂悔過而態度恭遜。張光裕先生考釋（236頁）訓「愆」爲「誨」，「共孫」爲「恭遜」。至於曰後一字，陳偉先生〈從政校讀〉謂該字右旁上作「欠」、下作「曰」，左旁則從言，故釋爲「譴」，讀爲「愆」，將「譴愆」讀爲「愆悔」，是悔過之意。美蘭案：細覈圖版，陳氏說文釋義均可從。

㊿ 恩良而忠敬愆之宗也：即「溫良而忠敬，仁之宗也」。張光裕先生考釋（236頁）謂「恩良」即「溫良」，「仁之宗」與《禮記·儒行》「仁之本」意義相若。

56 不武則志不遠愆而不智則：本簡下端殘，上則無所承，張光裕先生考釋（238頁）據文意與殘筆補一「則」字，文義不明，待考。

美蘭案：史儀〈拾遺〉指出，本簡或可與【甲八】編連。【甲八】爲完整的一簡，簡文起始云：「而不智（知）則奉（逢）爭（災）害。聞之曰……」，與本簡「仁而不知則……」句法如出一轍，可備考。

# 〈昔者君老〉譯釋

陳嘉凌　撰寫

## 【題解】

本篇爲《上海博物館藏·戰國楚竹書(二)》第六篇,僅存四支簡,其中三支完簡,一支殘簡,共存一百五十八字,重文八,合文一。四簡不能連讀,因此原考釋者陳佩芬先生依事情進展關係排列,而簡文首句爲:「君子曰:『昔者君老,太子朝君……』」,因此定名爲「昔者君老」。

簡文內容爲記述從前太子朝見臨終的國君,由國君的母弟擔任太子入宮的引導人,太子謹慎地等候國君召見,然後國君召見。第三簡爲說明太子事奉君父時應遵行的道理與規範,或以爲與上文無關,是另外一節,恐非。最後國君臨終前交待太子及眾人謹守崗位職責,然後國君辭世,太子則不聽聞政事,只是哀傷地思念國君。

此篇簡文將當時太子朝覲臨終國君的禮儀規範清楚呈現,更將太子的孝親精神表露無遺,因此此篇除記錄國家禮儀制度外,亦可作爲先秦孝悌思想的典範與例證。傳統文獻中只有士喪禮,沒有君喪禮。有關君王去世禮儀的記載只有《尚書·顧命》,但是〈顧命〉全篇寫成王臨終前對國之大老的囑託,以及成王崩後康王即位時之儀節;而〈昔者君老〉則是寫國君臨終前太子拜謁的儀節。因此,本篇是有關先秦君喪的重要文獻,極有價值。

# 【原文】

　　君子①曰：「昔者，君老②：大（太）子朝君③ ＝（君，君）之母俤（弟）是相④。大（太）子昃（側）聖（聽）⑤，庶醋⑥ ＝（叩？謁？，叩？謁？）進。大（太）子前，之母 ＝俤 ＝（母弟，母弟）送⑦，退，前之大（太）子，再三，狀（然）句（後）竝（並）聖（聽）之。大（太）子、母俤（弟）【1】

　　至（致）命於閽 ＝（閽門）⑧，呂（以）告逹 ＝人 ＝（寺人，寺人）⑨內（入）告于君 ＝（君，君）曰：「卲（召）之。」大（太）子內（入）見，女（如）祭祀之事⑩……【2】

　　能事元（其）絲（親）⑪。君子曰：「子眚（省）⑫，割（何）⑬？憙（喜）於內，不見於外⑭；憙（喜）於外，不見於內。盈（慍）於外，不見於內 ＝（內⑮。內）言不呂（以）出，外言不呂（以）內（入）⑯。譽（興）敚（嫩）䁵（廢）亞（惡）⑰……【3】

　　〔……各敬〕尒司，各共（恭）尒事⑱，敚（發）命不夜（斁）⑲君卒（卒）⑳。大（太）子乃亡瞎（聞）■、亡聖（聽）乚㉑，不瞎（聞）不命（令）㉒，唯忞（哀）悲是思㉓，唯邦之大敄（敄，務）是敬㉔。乚【4】

# 【語譯】

　　君子說：「從前，國君年老，太子朝見國君，由國君的母弟擔任太子入宮朝見國君的引導人。太子傾耳等待，等待被國君召見。太子被召進。太子前進到君之母弟面前，君之母弟送太子前往，然後退下，君之母弟又往前到太子處，再三請太子前進，於是太子與君之母弟一同等候聽取國君命令。太子與母弟到宮中的旁門傳達命令，告訴寺人，寺人入宮內稟告國君，國君說：「召見太子。」太子入內觀見。如同祭祀的事情。……

　　……能恭敬事奉他的父母。君子說：「太子侍奉君父，要怎麼做呢？在宮內

歡喜的事不顯現於宮外，宮外歡喜的事情不顯現在宮內。外面的怒怨不顯現在宮內，宮內的話不傳入宮外，宮外的話不傳入宮內。興發好的，廢除壞的，……

　　……你們要各自掌管好份內的職責，各自恭敬地做好自己的事務，發布命令不懈怠。國君辭世，太子於是不問朝政，不聽不聞政事，不傳達不命令，只是悲哀地思念國君，恭敬地面對國家的大務。

## 【注釋】

① 君子：才德俱高的知識傳授者。陳佩芬先生原考釋謂：「太子須遵行的國君老卒之禮的傳授者。古文獻常稱傳授或評述者爲『君子』。」（《上博(二)》242頁）嘉凌案：古代「君子」有三種可能，一爲稱在位者或國君，如《易經·乾卦·九三》：「君子終日乾乾，夕惕若厲，無咎。」孔穎達《正義》：「君子謂人君也。」二指有官爵的人。如《詩經·召南·草蟲》：「未見君子，憂心忡忡。」三指才德出眾的人。故陳佩芬先生說是「太子須遵行的國君老卒之禮的傳授者」，有可能。但簡文一開始就說「昔者」，顯見得是追述的語氣，而不是現場敘述的語氣。因此本篇的君子有可能只是禮的傳述者，如同《左傳》中的評述者。

② 昔者君老：從前，國君老病，將要去世的時候。依全篇文義，本篇是敘述國君將去世時太子拜謁、以及囑託大老的儀節。因此本篇的「老」字應該是一種避諱用法，忌諱言死，因而改言老。這種習慣在現在老一輩人的語言習慣中還保留著。本文依容應該屬於君喪禮的前段，即國君快要駕崩時太子的禮儀，由於簡文叫「昔者君老」，名從主人，因此我們不妨把這一段禮儀叫做「君老禮」。

③ 太子朝君：陳佩芬先生原考釋云：「太子雖如儀朝君，因上文言『君老』，實際國君已不能視朝。太子不瞭解內情，或者由於禮儀的關係，祇好繼續恭候。」嘉凌案：從全文看，國君老病將死，太子沒有不瞭解內情的道理，這兒寫的是國君將去世前，太子銜悲在旁，候命謁君的禮儀。

④ 君之母俤是相：國君的同母弟爲禮儀的引導人，引導太子。君之母弟，即太

子的叔叔。陳佩芬先生原考釋云：「相，佑導。爲太子入宮朝君的佑導者。」
邴尙白先生〈君老注釋〉以爲「太子向國君請安似不需佑導。簡文『相』爲
『君之母弟』，應指百官之長。戰國初年，魏文侯曾以其弟季成爲相。」嘉
凌案：陳說是。邴說把「相」解成「百官之長」，跟前後文都無法銜接，顯
得有點突兀。本篇是太子在國君將去世時的預備禮儀，不是普通的請安活
動，在這麼重大的禮儀中，當然會有相來引導儀式的進行，《論語·先進》：
「（公西華曰）：『非曰能之，願學焉。宗廟之事，如會同，端章甫，願爲小
相焉。』」何晏集解引鄭注：「小相，謂相君之禮。」

⑤ 昃聖：讀爲「側聽」，即「傾耳而聽」。陳佩芬先生謂：「『昃』，日西斜時。《說
文·日部》：『昃，日在西方時側也。』《周禮·地官·司市》：『大市日昃而
市。』『聖』即『聽』。『聽』，等候。《周禮·地官·大司徒》：『正歲，令于
教官曰，各共爾職，脩乃事，以聽王命。』『昃聽』不能讀爲『側聽』，因爲
『側聽』屬於非禮，《禮記·曲禮上》『毋側聽』，鄭玄注：『嫌探人之私也，
側聽，耳屬於垣。』文意爲太子朝君而君未能臨朝，太子自早朝待命至日西
時。」（《上博(二)》242 頁），嘉凌案：「聖」釋讀爲「聽」無疑。然「昃聽」
未見於文獻典籍中，而「側聽」一詞，除「偷聽」外，亦有「傾耳而聽」的
意思，如《文賦·陸機·赴洛道中作詩二首之二》：「頓轡倚嵩巖，側聽悲風
響」。於此與下段簡文連貫而通順。《上博（二）·民之父母》作「奚耳而聽」。

⑥ 庶醋：等候晉見。醋，原字形作醠，不能確定相當於後世何字，字從酉、
從口、從言，依形隸定可作醋。依上下文看，於簡文中應爲「受召見」的意
思。陳佩芬先生認爲醋字從酉、從言，口亦聲，讀作「叩」，口爲基本聲符，
《集韻·上厚》：「訳，或作叩。」《說文通訓定聲·需部》訳，假借爲敂。
敂是「叩」的古文；《周禮·地官·司關》：「凡四方之賓客敂關，則爲之告。」
鄭玄注：「敂關，猶謁關人也。」又謂或讀爲「謁」，其義可通，但字形未似
（《上博(二)》243 頁）。黃錫全先生謂：「此字有可能是從酉，從口，從告，
即酷字。告形上部多出一畫，有兩種解釋。一是戰國文字或楚文字的告中豎
筆每每向左撇出一畫，多出的一畫可能是代表撇出者。如《古璽彙編》5479
的『窖』，《郭店楚簡·窮達以時》簡 11 的『告』，《包山楚簡》137 反的『造』，
《包山楚簡》124、125 反、150 簡的『酷』等。二是飾筆或羨畫，無義。如
《包山楚簡》2、278 反、《郭店楚簡·成之聞之》5、《語叢》1·2 等簡的『命』

下多出『二』。中山方壺『反』字『厂』下『又』上多出『一』。中山圓壺『送』字中間多出『二』等。酷，溪母覺部。叩、口，溪母侯部，三字雙聲。酷从告聲，告或作叫。叫、敂均从丩聲，而敂爲叩古文。」(〈劄記二〉)嘉凌案：字形從「酉」應無誤，但右旁究竟爲何，則爲眾多學者探討的關鍵，右上部「口」形，筆順與楚系簡帛「口」字有別，故字形是否從「口」則仍有疑問。而楚系簡帛「告」字作 [字] (《包山簡》2.15)，或於上端加撇形爲飾作 [字] (《包山簡》2.137 反造字所從)，字形亦與「告」字有別。而楚系簡帛「曷」字於偏旁中作 [字] (《楚帛書丙篇》1.5)，「口」形筆順與此字相似，然下部仍然不同。故釋爲「謁」也仍有待商榷，然字義應爲「叩見」、「謁見」之意無疑。以詞彙的使用習慣來說，「謁見」較爲普遍。

⑦ 母弟夵退：母弟送，退。「夵」，字形作「[字]」，即「夵」，讀作「送」。陳佩芬先生謂：「送，母弟將太子送往寢宮，以聽君命。」(《上博(二)》243 頁)李銳先生〈初劄〉以爲字當讀「遜」：「案所釋 "送" 字即爲上博《緇衣》簡 13 "[字]" 字上部，原釋文隸定爲 "夵"，沈培先生據劉國勝說指出 "夵" 可讀爲 "遜"。說是。此亦當讀爲遜，"太子前之母弟，母弟遜退"，即太子想讓機會給母弟，母弟謙讓。」

林素清先生〈君老釋讀〉、邴尚白先生〈君老注釋〉均贊同李說，林素清先生以爲：「母弟遜退，表示母弟因謙讓而不肯前之意。這和《儀禮》各篇記載升堂或賓迎禮時，主客『揖讓而升』等之儀節相近。因此，本簡文當讀爲：『太子前之母弟（請母弟前之），母弟遜退；前之（再請母弟前之）；太子再三（第三次請母弟前之，母弟皆不肯前之），然後並聽。』這是具體描述太子朝君時與母弟相互禮讓、恭敬的儀節。」

嘉凌案：季師旭昇以爲：

依陳佩芬先生原考釋，「太子再三」釋爲「太子再三要求與母弟同去見君」，已經有謙遜之意；李銳先生在這個基礎上，把「送」字改釋爲「遜」，更形加強謙讓的意味。以上四家的釋字斷句雖然小有不同，但對內容的解釋及對禮儀的詮解基本上是一致的。但是，這樣解釋恐怕是有問題的。

首先，從字形來看，本篇此字字形與《上博（一）·緇衣》「夵」字上部

的確相同，《上博（一）·緇衣》「悊」字可以讀爲「遜」，沈培先生的文章探討得很詳細，可信。可是本篇此字似不宜讀爲「遜」。本篇此字即「朕」、「勝」等字所從的「夯」（音朕），它的正常讀音是讀成「朕」、「騰」、「滕」等字，其例甚多，陳佩芬先生讀成「送」，合於音理，也合於文義；《上博（一）·緇衣》讀成「遜」是不得已的通假，其例至罕。除非萬不得已，我們沒有必要捨常例而取特例。

　　從內容上來說，本篇寫老君將去世，太子銜悲在側，待命晉謁，這是何等重大的事。從王位繼承法來看，王位應該傳給誰，周代有一定的慣例。左氏家和公羊家的說法看起來稍有不同，但精神其實是一致的。左氏家說見《左傳·襄公三十一年》傳文：「太子死，有母弟則立之；無則長立。年鈞擇賢，義鈞則卜。」據此，左氏家主張周代王位繼承的順位如下：

1·太子
2·太子死，有母弟則立之（太子的同母弟弟）
3·無則長立（庶子之年齡長最者）
4·年鈞擇賢（同爲庶子之年長者，年齡相同則擇其賢者）
5·義鈞則卜（同爲賢者則以卜筮決定）

公羊家說見《公羊傳·隱公元年》「立適以長不以賢，立子以貴不以長」句下何休注：「禮：嫡夫人無子立右媵，右媵無子立左媵，左媵無子立嫡姪娣，嫡姪娣無子立右媵嫡姪娣，右媵嫡姪娣無子立左媵嫡姪娣。質家親親，先立娣；文家尊尊，先立姪。嫡子有孫而死，質家親親，先立弟；文家尊尊，先立孫。其雙生也，質家據現在立先生，文家據本意立後生。」據此，公羊家主張周代王位繼承的主要順位如下：

1·嫡夫人子
2·右媵子
3·左媵子
4·嫡姪娣子
5·右媵嫡姪娣子
6·左媵嫡姪娣子

這二家的說法其實可以互補，互補後的順位如下：

| 左　　　氏　　　說 | 公　　　羊　　　說 |
|---|---|
| 1·太子 | 1·嫡夫人子 |
| 2·太子母弟 | |
| 3·無則長立（庶子之年齡長最者） | 2·右媵子 |
| 4·年鈞擇賢（同為庶子之年長者，年齡相同則擇其賢者） | 3·左媵子 |
| | 4·嫡姪娣子 |
| | 5·右媵嫡姪娣子 |
| 5·義鈞則卜（同為賢者則以卜筮決定） | 6·左媵嫡姪娣子 |

　　從這個表可以看出，周代的王位繼承法中，君之母弟——即太子的叔叔是完全沒有資格的。但是，他雖然沒有資格，他在皇族中的地位又讓人對他很忌憚。在國君將去世時，君之母弟——即太子的叔叔，地位是很尷尬的。情況好的話，他可能是一個讓太子安然繼承王位、治理國家的輔佐大臣；情況壞的話，他也可能是一個欺負孤兒寡婦、取而代之的篡位者。因此無論是將去世的國君，或者即將繼位的太子，對他都是很忌憚的。我們看周初武王去世，成王對「君之母弟」周公，不就是這個情形嗎！如果〈昔者君老〉是國君臨終的禮儀，那麼相關的規定對「君之母弟」這位尷尬的叔叔應該會有很高的期待和很嚴密的防範，既需要叔叔在旁協助政權的過度，又要防止叔叔過度涉入而奪權。在這樣的考量之下，「君老禮」中對君之母弟的規定應該是很嚴格的，既要他擔任太子的相，保持親密的關係，以便順利護送太子安然坐上王位；同時又要嚴格地限制君之母弟，讓他知道他是沒有資格繼承王位的，在這場王權轉移的大典中，他只是一位引導禮儀進行的「相」。因此，表現在〈昔者君老〉中的禮儀，叔叔送太子上前之後，要「退」，表示自己謹守本分，不敢逾越。但是，這種「退」是禮儀規定的，不是君之母弟可以自我表示謙遜的，因此不應該會有「遜」這樣的字眼。其次，從《儀禮》來看，先秦禮儀的規定是很嚴格的，一舉手、一投足，揖讓進退都有一定的規定。《儀禮》中的揖讓，大都是主人與賓之間的動作，似乎沒有看到主人和「相」揖讓遜退的。綜上所論，本篇太子似乎不可能「遜讓」，因此母弟也就沒有什麼「遜退」的可能。陳佩芬先生釋「送」，可信。依李、林之說，

〈昔者君老〉此處的主角好像變成君之母弟了。

君之母弟把太子送上前，然後退下。接下來的「前之太子再三」一句，也很不好理解。陳佩芬先生讀成「前之，太子再三」，釋義云：「太子返回見母弟，趨（旭昇案：趨是小跑步的意思。在這兒似乎不可能趨）於母弟之前。太子再三要求與母弟同去見君。」其缺點是：「母弟送，退。前之，太子再三。」前兩句的主詞是母弟，第三句「前之」的主詞突然變成「太子」，這是不太合理的。

林素清先生讀成「太子前之母弟（請母弟前之），母弟遜退；前之（再請母弟前之）；太子再三（第三次請母弟前之，母弟皆不肯前之），然後並聽之。」問題如前述，君之母弟只是一個「相」，我們很難明瞭，爲什麼簡文在這裡不提太子如何去晉謁君王，而一再描述太子去敦請叔叔？

我們認爲，禮書寫儀節的文字都很簡略的（不過絕對不會不通順），我們依文義把簡文補足如下：

> 太子戾聽，庶醋，醋進，太子前，之母弟。母弟送，退。（母弟）前之太子，再三，然後並聽之。

太子在門外等候召見。等到得到命令，於是太子前，到君之母弟前面（本句及下一句的「之」字是「前往」、「到」的意思）。君之母弟是相者，於是引導太子，把太子送進去，然後退下。母弟往前走到太子處，再三請太子上前，然後太子和母弟一同並聽國君的遺命。

君之母弟已經把太子送上前去了，太子爲什麼不繼續前進，而要讓叔叔再三敦請他，然後才肯和叔叔一起上前呢？一般人聽到父親病危，一定是飛奔前去見最後一面，但是身爲太子，又多了一層尷尬：既希望能見到父親最後一面，但走得太急、太直接，又好像急著想接王位，所以會躊躇爲難，君之母弟因此要再三前之太子，敦請太子前去晉見父王。禮的規定在這兒很明確地把太子這種心理儀式化，讓太子的角色表現得恰到好處。（〈小議四〉）

⑧ 至命於閣＝：致命於閣門，即「傳達命令到邊門」。邴尚白先生〈君老注釋〉指出「至命」爲傳話，傳達命令的意思，今做「致命」，如《儀禮·聘禮》：

「勞者奉幣入，東面致命。」《史記・卷七・項羽本紀》：「項王使人致命懷王。」「閤=」字，陳佩芬先生謂：「讀作『閤門』，閤門是門旁戶也，即大門旁之小門。」(《上博(二)》244頁)嘉凌案：陳說可從。《漢・無名氏・古詩上山採蘼蕪》：「新人從門入，故人從閤去。」又《漢書・卷七十六・韓延壽傳》：「是日移病不聽事，因內臥傳舍，閉閤思過。」

　　　　本簡上端稍殘，下端殘缺。陳佩芬先生以為「簡文前後皆無可承接」(《上博（二）243頁》。但是從文義來看，第二簡接第一簡，沒有太大的問題。

⑨　迲人：即寺人，供使令的小臣。陳佩芬先生云：「《周禮・天官・寺人》：『寺人掌王之內人及女宮之戒令，相導其出入之事而糾之。若有喪紀客祭祀之事，則帥女宮而致於有司，佐世婦治禮事，掌內人之禁令。凡內人弔臨於外，則帥而往立于其前而詔相之。』賈公彥疏：『寺人是奄者，故得佐世婦治喪事。』」(《上博(二)》244頁)。嘉凌案：女宮，鄭玄注：「刑女之在宮中者。」寺人是宦官之一，所以能在王宮最內部侍候君王，傳令內外。《詩經・秦風・車鄰》：「未見君子，寺人之令。」

⑩　女祭祀之事：如祭祀之事。陳佩芬先生謂：「此辭下殘，似為太子見君之前有某種祭祀儀式。」林素清先生〈君老釋讀〉以為：「（整理者）恐過於拘泥。因為『國之大事，在祀與戎』，『如祭祀事』，表示極為慎重和恭敬的態度。」嘉凌案：雖然本簡下殘，其詳不可知，但是林說頗為合理。

⑪　㜻：當即「親」之異體字。陳佩芬先生謂：「㜻，讀作親。《字彙補・攴部》：「敉，古文親字。」(《上博(二)》244頁)嘉凌案：陳說可從。字當從心、從㜻聲，即「親」之異體字。楚系簡帛文字「親」字或從「見」從「辛」作 㝵 (《包山簡》2.51)。

⑫　子眚：讀作「子省」。陳佩芬先生以為讀作「省」，察也。(《上博(二)》244頁)，孟蓬生先生謂：「眚，當為姓。子眚，即子姓。指後生，晚輩。《墨子・非儒下》：『五穀既收，大喪是隨，子姓皆從，得厭飲食。』《漢書・田蚡傳》：『蚡為諸曹郎，未貴，往來侍酒嬰所，跪起如子姓。』《廣雅・釋親》：『姓，子也。』王念孫疏證：『姓者，子孫之通稱也。』」(〈剳記〉)嘉凌案：孟蓬生先生釋讀為「子姓」，與下段事奉父母的簡文未能連貫，故仍從陳佩芬先

生釋讀爲「省」，簡文所述爲子女晨昏定省，侍奉父母。《禮記·曲禮上》：「凡爲人子之禮，冬溫而夏凊，昏定而晨省，在醜夷不爭。」鄭注：「省問其安否何如？」

　　林素清先生〈君者釋讀〉以爲：「本簡與上簡無關，應是另外一節。『君子曰』以下是以『蓋』爲喻，說明內外有別的道理。」嘉凌案：林說謂應是另外一節，有此可能，但也有可能仍是同一篇的內容，「君子曰」的內容顯然可以承其上文「能事其親」，並非毫不相干。至於林文引周鳳五先生說以蓋爲喻云云，說服力還不夠。見下文注。

⑬　割：陳佩芬先生謂：「『割』，與『蓋』通。《說文通訓定聲·泰部》：『割……假借爲害……又爲蓋。』《禮記·緇衣》『周田觀文王之德』，鄭玄注：『古文周田觀文王之德爲割申勸寧王之德……割之言蓋也。』孔穎達疏：『割、蓋聲相近，故割讀爲蓋。』」（《上博（二）》245頁）林素清先生〈君老釋讀〉謂：「原整理者……讀作『子眚（省），割（蓋）喜於內，不見（顯）於外；……』是以『割（蓋）』字作語氣詞用。但『子眚』下立即接『蓋……』，上下語氣實難以接續。……周鳳五先生雖亦主張『割』，與『蓋』通，但讀爲『覆蓋』之『蓋』，因爲覆蓋可以隔離內外，故而以蓋爲喻，引發出下文關於『內』與『外』的種種言論，說明由於覆蓋之故內與外有所區隔，因此，喜慍之情也會因此有遮蓋而有差別。」邴尙白先生〈君老注釋〉也引周說謂：「『子省蓋』即你看看蓋子的意思。」

　　嘉凌案：林文已舉出陳佩芬先生考釋的問題，但林文採用的說法，也頗晦澀。孤伶伶的一句「子省蓋」，上下語氣也很難接續。我們提出另一個想法，「割」讀爲「害」，假爲「何」，如何也。害（匣紐月部）、何（匣紐歌部），二字上古聲同，韻爲陰入對轉。「子省，何？」意思是：太子省事君父，要如何做呢？

⑭　憙於內不見於外憙於外不見於內：即「宮內的歡喜，不要表現在宮外；宮外的歡喜，不要表現在宮內」。太子是要繼承王位的，因此從小要養成謹言慎行的習慣。法家講究人君南面之術，「有賞罰，無喜怒」（《韓非子·用人》，由〈昔者君老〉來看，儒家也不是全然不講究的。憙，與喜音義皆同，《說文·喜部》：「憙，說也。從心、喜，喜亦聲。」段玉裁注：「說者，今之悅

字。」見，陳佩芬先生讀爲「顯」，顯露也。其實文言文的「見」字有時要讀爲「ㄒㄧㄢˋ」，同「現」，就是顯現、表現的意思。

⑮ 盈於外不見於內：即「慍於外，不現於內」，宮外的憤怒，不要表現在宮內。盈字字形與《郭店・性字命出》簡35 【字形】 同形，或於人形下加圓筆作 【字形】（《郭店・語叢二》簡14.7），或變爲橫筆作 【字形】（《郭店・性自命出》簡30)。

⑯ 內言不呂出外言不呂內：即「內言不以出，外言不以入」，宮內的話不要傳到宮外，宮外的話不要傳到宮內。陳佩芬先生云：「《禮記・內則》：『男不言內，女不言外。』『內言不出，外言不入』義同。《禮記・曲禮上》：『外言不入於梱，內言不出於梱。』鄭玄注：『外言，內言，男女之職也。』孔穎達疏：『外言不入於梱者，外言，男職也，梱，門限也。男職在於官政，各有其限域，不得令婦人預之，故云外言不入於梱也。』」(《上博(二)》245頁)

　　嘉凌案：據陳佩芬先生引述《禮記》的意思，顯然以爲本簡的「內」、「外」，指屋內、屋外。內外之分是爲了嚴男女之防。各家的意見大體都依照陳佩芬先生。但是，在國君去世前的文字之中突然插進一段嚴男女之防的文字，頗爲突兀。難怪有人要以爲本簡的「君子曰」以下和上下文無關，是另外一簡。

　　其次，「內言不以出，外言不以入」說成嚴男女之防，還有可說；其上的「喜於內，不現於外」、「盈於外，不現於內」就很難說成是嚴男女之防了。其下的「興美廢惡」也看不出和嚴男女之防有什麼關係！短短的一簡竟然有四句完全不相綴聯的話：「能事其親」、「喜於內，不見於外；喜於外，不見於內。慍於外，不見於內」、「內言不以出，外言不以入」、「興美廢惡」，是否很不合理呢？

　　爲此，我們不妨另做思考，如果本簡「君子曰」以下不是另外一簡，而仍然是〈昔者君老〉的一部分的話，那麼，本簡的這幾句話能不能有別的解釋呢？我們認爲，本簡不應該只是談一般的禮儀規範，而應該仍然是寫太子侍奉君父的禮儀規範，太子要謹言慎行，喜怒、言語都不要隨便流通於宮廷內外，要多提倡好的，廢除壞的，這種訓練應該是爲太子將來繼承王位而預做準備。

⑰ **譽敚灋惡**：讀作「興嫩法惡」，即「興發好的，廢除壞的」。第一字，陳佩芬先生謂：「舉用善人，廢除惡人。『譽』字做「⿰」，與《郭店楚墓竹簡·窮達以時》第五簡『譽而爲天子帀』之譽相同。郭店簡釋舉，可從。(《上博(二)》245頁)李銳先生釋爲「興」(〈初劄〉)。嘉凌案：「舉」字於兩爪形中從「与」作 ⿰ (《包山簡》2.246)，「興」兩爪形中從「凡」，楚系簡帛「興」字或簡省中間之「凡」形作 ⿰ (《包山簡》2.159)、 ⿰ (《楚帛書》乙 8.29)，字形與「人」形或「八」形相似，故此字應從李銳先生釋爲「興」，《上博(一)·孔子詩論》簡28「青蠅」之「蠅」字上部與此字變化相同，可參看。而「敚」字，陳佩芬先生讀爲「嫩」，「灋惡」讀爲「廢惡」(《上博(二)》245頁)。嘉凌案：「敚」、「嫩」二字諧聲偏旁相同，「法」字古音幫紐葉部，「廢」字爲幫紐月部，兩字聲母通同，陳說可從。興美廢惡，指要提倡美好的，要廢除不好的。具體指那些事務，簡殘不可知，待考。

⑱ **各敬尒司各共尒事**：即「各敬爾司，各恭爾事」，意思是：各人要恭敬謹守你們的職掌、做好你們的職務。尒即爾的簡體字，戰國時候通行；共，讀爲恭。陳佩芬先生云：「『尒司』……與以下兩辭文似爲君對太子的臨終囑咐。『尒』指太子。」(《上博(二)》246頁)陳偉先生謂：「竹書中用到『各』字，顯然聽者不會是太子一人。而從『廢命不赦』的語義看，這段話很可能是太子在國君臨終時對群臣的訓誡。」(〈零釋〉)嘉凌案：除「廢命不赦」外，陳說可從。「各敬爾司」，前二字依季師說補。因爲能在國君臨終前被囑咐的，應該都是高位而重要的官職，所以用的語氣尊重而委婉。

⑲ **发命不夜**：即「發命不斁」，意思是「發布命令不懈怠」。陳佩芬先生以爲「发」是「發」之俗字，謂發布命令不待夜。(《上博(二)》246頁)陳偉先生謂：「『發』當讀爲『廢』。『廢』從『發』得聲，故可假借。高亨先生曾搜集十餘條古書中二字通假之例。楚簡中『廢』多借『法』字爲之，但在郭店竹書《老子》丙組3號簡『大道廢』的『廢』字則是借爲『發』，與此相同。『廢命』是古人習語。如《左傳》僖公五年：『守官廢命，不敬。』哀公十一年說：『奉爾君事，敬無廢命。』」(〈零釋〉)季師旭昇先生謂：「〈昔者君老〉是敘述國君將去世(簡文說「老」，是一種避諱用法。不忍言死，諱言老也)，太子準備繼位的禮儀。雖然本簡前面的文字未見，但大致可以知道本簡是敘述國君將去世之前交代百官要做的事(或太子交代百官)。『(各

敬）爾司，各共（恭）爾事』，是告訴百官，國君隨時會去世，國君去世後，太子有一段時間會不問政事，諒闇三年。但是，這一段時間內，你們要『（各敬）尒司，各共（恭）尒事』（各自恭敬專心於自己的職掌事務。「各敬」是我依意補的兩個字）。同理，『發命不夜』應該是與之相類似的動作。解爲『發布命令不待夜』，看不出發布的是什麼命令。如果是指公布國君去世的文告，沒有什麼理由要急著不等天亮就要發佈；如果是指一般的行政命令，也看不出有什麼理由要急著不等天亮就要發佈？……陳偉先生釋爲荒廢政令則不寬赦，……陳偉先生的解釋，放在全篇中應該相當妥貼合理了。我們惟一的考慮是：『廢命不赦』是很嚴峻的恐嚇語，從反面警告臣下要勤奮不懈。但是，這時候是老國君快要去世，新國君尚未即位，籠絡人心都嫌不夠，用這樣嚴峻的話會不會太重了些？我們可不可以反過來考慮：不管是快去世的老國君也好，尚未登基的準國君也好，這時候殷殷希望臣下『各敬爾司，各恭爾事』，都是從正面勗勉；那麼，『發命不夜』是否也可以從正面解爲『發命不斁』？即頒發命令，不要懈怠。《尙書・顧命》與本節相當的句子是：『今天降疾，殆弗興弗悟。爾尙明時朕言，用敬保元子釗弘濟于艱難，柔遠能邇，安勸小大庶邦，思夫人自亂于威儀，爾無以釗冒貢于非幾。』意思是；『（成王說：）現在上天降重病於我，我已經不能起來、不能說話了。你們要勉力接受我的話，認真保護太子釗努力地渡過艱難，懷柔遠方，善待近鄰，安定、勸誘小、大邦爲善，要注意使大家都能以威儀自我要求，不要讓太子釗陷於錯誤和危殆。』從頭到尾殷殷囑託，那有一點嚴峻的口吻？道理其實很簡單，國君彌留之際，能夠在身邊接受顧命的，一定都是親信重臣，對這些人應該不需要用太嚴峻的口吻吧！發命，可解爲頒發命令，命、令本一字，發令見《墨子・節用》：『聖人爲政一國，一國可倍也；大之爲政天下，天下可倍也。其倍之非外取地也，因其國家，去其無用之費，足以倍之・聖王爲政，其發令興事，使民用財也，無不加用而爲者，是故用財不費，民德不勞，其興利多矣。』這兒的發令，應該指比較廣泛的頒發政令。又《禮記・月令》：『（季夏之月）毋舉大事，以搖養氣；毋發令而待，以妨神農之事也。』鄭注：『大事，興徭役以有爲。發令而待，謂出繇役之令以預驚民也。』這兒的發令，是指比較狹義的出繇役之令。以上兩則典籍中的發令，應該都是屬於比較大規模的政令，或者爲國爲民與利，或者國家正常的繇役，執政者、執行都會比較辛苦。在國家領導人交班的空窗期，難免

有人會觀望，這就會影響到國家施政的正常運作了，所以要殷殷交代：『發命不夜。』夜，讀爲斁。《說文》：『斁，解也』。《詩》曰：『服之無斁。』斁，厭也。解，懈也。厭，倦也。《尚書·洛誥》：『我惟無斁其康事·公勿替刑。』意思是：成王說：『我會不懈怠地學習政事，公不要停止示範。』夜、斁二字同音，上古音都屬余紐鐸部，應該可以通假。發命不斁，有點類似《詩經·鄭風·羔裘》中的『舍命不渝』：『羔裘如濡，洵直且侯。彼其之子，舍命不渝。』鄭《箋》云：『是子處命不變，謂守死善道，見危授命之等。』胡承珙《毛詩後箋》以爲鄭玄『以命爲軀命之命』，未必是。王國維《觀堂集林·卷二·與友人論詩書中成語書二》中說：『《詩·羔裘》云：『舍命不渝。』《箋》云：『是子處命不變，謂守死善道，見危授命之等。』案：《克鼎》云：『王使善夫克舍命於成周。』《毛公鼎》云：『厥非先告父曆，父曆舍命，毋有敢蠹，虔命於外。』是舍命與虔命同意。『舍命不渝』如晉解揚之致其君命，非處命之謂也。』舍命又見以下三件銅器的銘文：令方彝、善夫克鼎、毛公鼎……以上資料中的舍命者，地位都相當高（參拙作《詩經古義新證·《鄭風·羔裘》『舍命』古義新證》），甚至於是諸侯而在王朝爲卿士之類。舍命不是普通的傳令而已，其義應該是『傳達王命』。發命，或許和『舍命』意義相近。不同的是：舍命是用在平常時候，本簡的發命是用在彌留時候。在執政者交班之際，殷殷告訴身邊的大臣要「各敬爾司，各恭爾事，發命不夜」，這些身邊大臣的地位應該都很高，至少都是部會首長，或地位相等的親信。對於這些人，或許用正面而柔性的『發命不斁』比較合適吧！」（〈小議三〉）。嘉凌案：季師所言甚是，故從之。

⑳ 卒：即「卒」字，案：楚系簡帛「卒」字或於上端加「爪」形作 ❀ (包山簡2.82)，爲楚系特色。「爪」形飾符亦見於「宀」形之上，如「家」字、「室」字等。

㉑ 亡睯亡聖：讀作「亡聞亡聽」，即「不聽聞」的意思。原簡在「聞」、「聽」兩字下各有一句讀符號，陳佩芬先生斷爲兩句，「太子乃亡聞、亡聽」，並謂：「太子守喪乃無聞無聽。『亡聞』，不問朝政。『亡聽』，不聽奏事。」（《上博(二)》246 頁)顏世鉉先生謂：「《說文》：「聽，聆也。」段注：「凡目所及者云視，如視朝、視事是也。凡目不能遍而耳所及者云聽，如聽天下、聽事是也。」《說文》：「聞，知聲也。」段注：「往曰聽，來曰聞。」聽

指主動用耳去感受外界的聲音，聞則指外界的東西傳到自己的耳朵裏。聽由主動去瞭解，引申出主動從事，即治理、處理；聞則沒有此意思。故簡文「亡聞」，應是指太子不令政事上達，使其聞知；「亡聽」，則是指太子不主動去瞭解或參與政事。」（〈散論三〉）嘉凌案：顏說可從。

㉒ 不暏不命：即「不聞不命」或「不問不命」，意思是：不聽政事、不下政令。顏世鉉先生謂：「此句當是說，太子沒有不善之名聲傳播於外。《左傳‧宣公九年》：『洩冶諫曰：『公卿宣淫，民無效焉，且聞不令，君其納之。』」「且聞不令」句，于鬯《香草校書》謂此倒句也，猶云「不令且聞」，指不善之聲且外聞於民。」（〈散論四〉）嘉凌案：顏說頗為曲解，「暏」在楚簡中或讀為聞、或讀為問，「聞」，有參與的意思，《論語‧學而》：「子禽問於子貢曰：『夫子至於是邦也，必聞其政，求之與？抑與之與？』」何晏集解：「必與聞其國政。」此句與上句「亡聞亡聽」實質意義並無太大的不同，都是說新君在守喪時期，諒闇不與政罷了。

㉓ 唯忞悲是思：即「唯哀悲是思」，心中只有悲哀。忞，即哀之異體。哀字本從口、衣聲，戰國楚文字或義符「心」做「慐」，或又省「口」作「忞」。陳佩芬先生注：「此言太子朝君而君卒，不詳言喪服事。」重點可能稍偏了，不是「不詳言喪服事」，而是不與聞國事，專心守喪。

㉔ 唯邦之大 𡿨 是敬：即「唯邦之大務是敬」。𡿨，陳佩芬先生謂字未詳，待考。（《上博(二)246頁》），何琳儀先生謂：「當釋『矛』，此字又見《從政》甲10、《從政》乙1。簡文『大矛』應該『大務』。《漢書‧禮樂志》：『古之王者，莫不以教化為大務。』《潛夫論》：『凡南面大務，莫急於知賢。』」（〈滬二〉）顏世鉉先生謂：「此字當為《說文》「巢」部之「𡿨」字，其下云：「傾覆也，從寸、臼覆之，寸、人手也，從巢省。杜林說以為貶省之貶。」段注標音為「方斂切」。此字又可見《古文四聲韻》卷三所引《古尚書》「貶」字，其形正與簡文之形相同。「𡿨」通「貶」，應是假借用法。「貶」可通「辯」、「變」，《周禮‧秋官‧士師》：「則以荒辯之法治之。」鄭注：「辯當為貶，聲之誤也。」《荀子‧天論》：「無用之辯，不急之察，棄而不治。」《韓詩外傳》二「辯」作「變」。《孟子‧離婁下》：「孟子曰：養生者不足以當大事，惟送死可以當大事。」趙岐注：「孝子事親致養，未足以為大事；送終如禮，

則爲能奉大事也。」朱熹《四書集注》：「事生固當愛敬，然亦人道之常耳；至於送死，則人道之大變。孝子之事親，舍是無以用其力矣。故尤以爲大事，而必誠必信，不使少有後日之悔也。」簡文所說，「君卒」乃國之大變；對太子而言，此亦人道之大變。此段簡文是說，國君卒，太子乃不聽聞政事，一切作爲都非常恰當，有很好的名聲；他心中所念及的就是此喪父之悲，所恭敬面對的就是此國家的重大變故。」（〈散論四〉）

　　嘉凌案：季師以爲此字下部從人不從寸，釋「尋」，字形相去較遠。何琳儀先生釋「矛」，讀爲「務」，較可從。但與一般寫法的「矛」不太相同，而和「敄」字左旁類似。《金文編》509 號敄字有毛公鼎作「𣀔」，容庚注引孫詒讓說以爲字「從攴、矛聲」，此左即古文矛字。但是，這個偏旁也有可能是「美」，甲骨文「美」字作「𦥑」，從大；毛公鼎「敄」字左旁則從「人」。戰國中山王𪔴壺「敄」字作「𣀔」，左旁上部確實與「矛」字上部同形。楚系文字「矛」形從三「爪」，其簡化字形則或從二爪，如《天星觀遺策簡》𦥑字作「𦥑」。據此，〈昔者君老〉此字似可視爲「敄」字之省。同樣的寫法又見〈從政〉簡 10「從政所矛（敄）三」，整理者也釋爲「務」，學者無異議。（〈小議四〉）

# 〈容成氏〉譯釋

蘇建洲　撰寫

## 【題解】

　　本篇是《上海博物館藏戰國楚竹書（二）》的第六篇，全篇共存完、殘簡五十三枝，簡長約四十四・五釐米，每簡約抄寫四十二到四十五字。篇題「訟成氏」（容成氏）書於五十三簡背，當是拈篇首帝王名中第一個名字而題之，此即《莊子・胠篋》所載上古帝王第一人「容成氏」，可惜本篇第一簡已經亡佚。

　　本篇內容是講述上古帝王傳說。根據內容可分爲九節：第一節是關於容成氏等上古的帝王（約二十一位）；第二節是簡三五的後段，是講堯之前的一位古帝王，但簡文殘缺嚴重，不知所指何人，亦無法將其與它簡拼合，故獨立爲一節；第三節亦是講堯之前的一位古帝王，但簡文殘缺，不知所指何人；第四節是講帝堯；第五節是講帝舜；第六節是講夏禹；第七節是講商湯；第八節是講周文王；第九節是講周武王。而帝位傳授的過程，三代以上皆授賢不授子；三代以下則革命之說起。此外，簡文對古史空白的塡補亦有相當程度的助益。

## 【原文】

　　昔者訟成氏、大庭氏、伯皇氏、中央氏、栗陸氏、驪畜氏、祝融氏、昊英氏、有巢氏、葛天氏、陰康氏、朱襄氏、無懷氏①、尊②膚（盧）是（氏）③、蓉（赫）疋（胥）是（氏）、喬（高）結（辛）④是（氏）、倉頡是（氏）、軒緩（轅）是（氏）、斳（神）⑤戎（農）是（氏）、樟（混）𡨥（沌）⑥是（氏）、

墉（伏）遷（羲）⑦是（氏）之有天下也，皆不受（授）亓（其）子而受（授）臤（賢）⑧。亓（其）惪酋清⑨，而上悉（愛）【一】下，而一亓（其）志，而戢（寢）亓（其）兵⑩，而官亓（其）才（材）⑪。於是虖⑫（乎）啥（喑）聾執燭，梋（矇）戈（瞽）⑬鼓瑟（瑟），尾（跛）罣（躃）⑭獸（守）門，救（侏）需（儒）爲矢，長（張）者⑮酥（絲）氒（宅）⑯，婁（僂；瘻）者⑰坆（事）譽（數）⑱，瘦（瘻）【二】者⑲煮盧氒⑳，夏（禿）者㉑敆（漁）澤，濾（癈）㉒棄不□㉓。凡民俾（卑）故（末）㉔者，孝（教）而悉（誨）之㉕，歓（飲）而臥（食）之㉖，思（使）㉗遼（役）㉘百官而月青（請）之。古（故）堂（當）是旹（時）也，亡并㉙【三】

……□㉚是（氏）之有天下，厚悉（愛）㉛而泊（薄）會（斂）安（焉）㉜。身力己袋（勞）㉝百眚（姓）。【三五 B】

……□於是虖（乎）不賞不罰，不型（刑）不殺，邦無飢㉞（？）人，道逄（路）無殤㉟【四】死者。上下貴戔（賤），各尋（得）其殊（宜）㊱。四海（海）之外㝢（賓）㊲，四海（海）之內貞㊳。肣（禽）戰（獸）朝，魚蟲（鼈）獻，有吳（無）迵（通）。堅（匡）天下之正（政）十又（有）九年而王天下，卅 =（三十）又（有）七【五】年而奴（繹？）㊴冬（終）㊵。

# 【語譯】

（上古帝王如容成氏、大庭氏、伯皇氏、中央氏、栗陸氏、驪畜氏、祝融氏、昊英氏、有巢氏、葛天氏、陰康氏、朱襄氏、無懷氏、尊）盧氏、赫胥氏、高辛氏、倉頡氏、軒轅氏、神農氏、混沌氏、伏羲氏，他們所擁有的天下都不傳授給自己的後代而是傳授給賢能之人。他們的德性如同既深又清的水，如此的廣大靜虛，而且君上愛護臣下，齊一心志，停止戰爭。並依各人民身體的狀況來裁度給予何種工作，於是聾啞之人負責掌燭，目盲之人負責彈瑟，腳瘸之人負責守門，侏儒負責造箭，腹部凸出（或身長而駝背）之人負責占卜選宅，彎腰駝背（或頸部腫起）之人負責天文算術，大脖子之人負責煮鹽，禿頭之人負責於湖澤捕魚。讓這些身有殘疾之人各有所司，足以自立。凡是出身地位低下的人民，（執政者）教誨他們，並供給他們飲食，使他們聽用於百官之令並月月拜見請益。所以在當時，亡並……。

口口氏擁有天下，對人民很照顧卻收取很少的稅。身體力行來為百姓辛勞盡力。……

於是乎不獎賞不懲罰，不行刑不處死。國家無飢餓之人，道路無夭折而死的人。不論地位高低、身分貴賤各得其所。四海之外各族歸順，四海之內風氣純正，並獻禽獸來朝見，以魚鱉來貢獻，彼此互通有無。如此匡正天下的政事十九年而稱王天下，三十七年之後崩殂。

## 【注釋】

① 整理者李零先生先生以為上文疑脫一簡，作「昔者訟成是、口口是、口口是、口口是、口口是、口口是、口口是、口口是、口口是、口口是、口口是、口口是、口口是、尊」，「訟成」即「容成」，「是」讀「氏」。建洲按：關於古史傳說的帝王名，典籍並不少見。李零先生已指出不少，如《莊子·胠篋》：「昔者容成氏、大庭氏、伯皇氏、中央氏、栗陸氏、驪畜氏、軒轅氏、赫胥氏、尊盧氏、祝融氏、伏羲氏、神農氏……」。

《六韜·興王》有九氏同於《莊子·胠篋》，惟少軒轅氏、伏羲氏、神農氏。

《六韜·大明》：「柏皇、栗陸、黎連、軒轅、共工、宗盧、祝融、庸成、混沌、昊英、有巢、朱襄、葛天、陰康、無懷。」共十五氏。

《漢書》卷二十〈古今人表〉云：「『上上聖人』，太昊帝宓羲、炎帝神農氏、黃帝軒轅氏、少昊帝金天氏、顓頊帝高陽氏、帝嚳高辛氏、陶唐氏、帝舜有虞氏、帝禹夏后氏、帝湯殷商氏、文王周氏、武王、周公、宋弗父何、仲尼。『上中仁人』，女媧氏、共工氏、容成氏、大廷氏、柏皇氏、中央氏、栗陸氏、驪連氏、赫胥氏、尊盧氏、沌渾氏、昊英氏、有巢氏、朱襄氏、葛天氏、陰康氏、亡懷氏、東扈氏、帝鴻氏、……。」

《帝王世紀》：「女媧氏沒，大庭氏王有天下；次有柏皇氏、中央氏、栗陸氏、驪連氏、赫胥氏、尊盧氏、混沌氏、皥英氏、有巢氏、朱襄氏、葛天氏、陰康氏、無懷氏，凡十五世，皆襲庖羲氏之號。《易》稱庖羲氏沒，神農氏作，是為炎帝。」

《太平御覽》卷七十六云：「昔柏皇氏、栗陸氏、驪連氏、軒轅氏、赫

胥氏、尊盧氏、祝融氏，此古之王者也，未使民民化，未賞民民勸，此皆古之善爲政者也。至於伏義氏、神農氏，教民而不誅。黃帝、堯、舜，誅而不怒。古之不變者，有苗有之，堯化而取之。堯德衰，舜化而受之。舜德衰，禹化而取之。」

　　廖名春先生〈容劄〉贊同李零先生之說，以爲「容成氏」後可補「大庭氏、伯皇氏、中央氏、栗陸氏、驪畜氏、祝融氏、昊英氏、有巢氏、葛天氏、陰康氏、朱襄氏、無懷氏」。其中「大庭」、「伯皇」、「中央」、「栗陸」、「驪畜」、「祝融」六氏據《莊子・胠篋》補。「昊英」、「有巢」、「葛天」、「陰康」、「朱襄」、「無懷」六氏據《漢書・古今人表》、《六韜》佚文〈大明〉篇、《帝王世紀》補。

② 𡩃：即「尊盧氏」的「尊」。原簡簡首殘缺，此據李零先生補。《莊子・胠篋》、《帝王世紀》、《漢書・古今人表》等皆曰「尊盧氏」。簡文「膚」與「盧」同從「虍」聲，可以通假。

③ 是：「是」與「氏」古音同爲禪紐支部，典籍常見通假之例證，（見高亨、董治安先生編纂《古字通假會典》461頁。）又如《郭店・緇衣》簡3：「《詩》云：「靖共尒位，好『氏（是）』正直。」也是「是」與「氏」通假之例證。本文的古音參考郭錫良先生《漢字古音手冊》，底下不再另行注出。

④ 喬結：即「高辛」。李零先生以爲待考。廖名春先生〈容劄〉說：「疑『喬結氏』當讀爲『高辛氏』。高爲宵部見母，喬爲宵部群母，韻同聲近。《詩・周頌・般》：『墮山喬嶽。』《玉篇・山部》引喬作高。辛爲真部心母，結爲質部見母，韻近聲異。《詩・小雅・天保》：『吉蠲爲饎。』《大戴禮記・遷廟》、《周禮・秋官・蜡氏》賈疏引吉作絜。而駿可與挈通。《周禮・地官・草人》：『駿剛用牛。』鄭注：『故書駿爲挈。杜子春云：挈讀爲駿。』」建洲按：廖說可信。或曰「喬結」即高辛之父「蟜極」，《大戴禮記・帝繫》曰：「蟜極產高辛，是爲帝嚳。」此說恐不可信，《史記・五帝本紀》曰：「帝嚳高辛者，皇帝之曾孫也。高辛父曰蟜極，蟜極父曰玄囂，玄囂父曰黃帝。自玄囂與蟜極皆不得在位，至高辛即帝位。」但簡文明明白白寫著「某某氏之有天下」，若釋爲「蟜極」，則與簡文討論「上古帝王」並不吻合。《史記・五帝本紀》「故……帝顓頊爲高陽，帝嚳爲高辛。」「高辛」指「帝嚳」。「帝嚳」爲古代五帝之一，《大戴禮記・五帝德》首先完整提出五帝說：黃帝、帝顓頊、

106

帝嚳、帝堯、帝舜。歷史上對「五帝」的身分有多種說法，可參考劉起釪先生〈各種不同組合的五帝說〉。

⑤ 斳：本字在《郭店》用爲「愼」字，如《郭店・老子丙》簡3「斳（愼）終若始」，相關字形可見張光裕先生《郭編》236-237頁。具體的考釋參陳劍先生〈說愼〉《簡帛研究二〇〇一》207-214頁。而「愼」（禪真）與「神」（船真）古音相近，故可通假。

⑥ 樟⟩：即「混沌」。李零先生以爲「⟩」亦見於郭店楚簡《緇衣》第十七簡「出言又（有）⟩」，但以爲「樟⟩氏」待考。廖名春先生〈容劄〉以爲「樟⟩」當爲「樟（匣微）屯」，讀爲「混（匣文）沌」，即典籍所見上古帝王「混沌氏」。何琳儀先生〈滬二〉亦有相同看法，但論證較爲詳細：「《說文》：『｜，上下通也，引而上行讀若囟，引而下行讀若退。（古本切）』本簡△當讀若『退』。簡文『樟｜是』可讀『渾沌氏』（《史記・帝王本記》）或『渾敦氏』（《左傳・文公廿十八年》），上古傳說中之帝王。首先，『韋』與『軍』聲系可通。《易・繫辭・上》『日月運行』，釋文：『運，姚作違。』《淮南子・覽冥》：『晝隨灰而月運闕。』注：『運讀運圍之圍。』《周禮・天官・內司服》『褘衣』，注『翬、褘聲相近。』《禮記・玉藻》：『王后褘衣。』注：『褘，讀如翬。』其次，『退』與『敦』亦可相通。《詩・大雅・棫樸》：『追琢其章。』《荀子・富國》引『追』作『雕』。又《詩・周頌・有客》：『敦琢其旅。』正義『敦、雕古今字。』凡此可證『敦』與『追』實乃一音之轉。而『追』又可與『退』相通。《禮記・檀弓・下》『文子其中退然如不勝衣』，釋文『退』作『追』。是其佐證。通過以上典籍異文的分析，可知『樟｜』與典籍之『渾沌』、『渾敦』、『混沌』、『渾淪』、『昆侖』、『倱伅』等，皆一音之轉。至於郭店簡《緇衣》17『出言有｜』，應據其有『囟』之讀音而讀『細』。《說文》：『細，微也。』」建洲按：簡文讀作「混沌氏」應無問題，但《郭店・緇衣》17的「⟩」應該如何釋讀，似可進一步推敲。

⑦ 墥運：即「伏羲」。李零先生以爲待考。廖名春先生〈容劄〉讀作「伏羲氏」。建洲按：廖氏之說應可信從。比較令人懷疑的「羲」（曉紐歌部）與「畢」（幫紐質部）的聲韻關係，可補充說明如下：「膚」古音幫紐魚部，而「膚」從「盧」聲，「盧」又從「虍」聲，參《甲骨文字詁林》（二）1698條引于省吾說、吳振武《古璽文編校訂》99條。「虍」，曉紐魚部，可說明幫、曉二紐有

互通的可能。陸志韋說這可能是喉牙音脣化的緣故，他也舉出「膚」字有喉牙音通脣音的現象。陸志韋〈古音說略〉《陸志韋語言學著作集》（一）270-273頁。亦可參顏世鉉先生〈散論（三）〉。至於韻部則屬旁對轉，音近可通，王力《同源字典》411-414頁。

⑧ 不受亓子而受臤：「臤」字作「」，即「賢」字。趙彤先生〈隸定〉隸作「臤」，其曰：「陳劍先生在《柞伯簋銘補釋》（《傳統文化與現代化》1999年第1期，50-53頁）一文中指出應該是『搴』與『掔』共同的表意初文。……我們看右半的寫法與相比已經有所不同，……而仔細觀察，中的墨點實際上是『丁』字。比較郭店簡《窮達以時》中和『丁』的寫法：（簡2）（簡4）。『搴』、『掔』在真部，『丁』在耕部。《楚辭》中真耕合韻的很多，可見當時楚方言中真耕兩部音近。」建洲按：《郭店》屬於一系的寫法，除上述字形類似「丁」外，其他如（3.17）或是另外一種常見作「一橫筆」者如（6.23）皆與「丁」不類，（參張光裕先生《郭編》104頁）。所以，僅就一種寫法是否就可說從「丁」是可以保留的。其次，「丁」，古音端紐耕部；「掔」，溪紐真部，韻部真耕在楚系方言常見相通，陸志韋先生就說：「《楚辭》用真耕兩部字次數很多。」（參〈《楚辭》韻釋〉《陸志韋語言學著作集》（二）366頁。董同龢先生亦說：「真部字與耕部字在《老子》中也有幾次的通押……同樣的情形在《楚辭》中更數見不鮮。」（參〈與高本漢先生商榷「自由押韻」說兼論上古楚方音特色〉《董同龢先生語言學論文選集》9頁）另外如《郭店‧老子甲》簡13「貞」（端耕）讀作「鎮」（端真）。但聲紐則少見通假例證。在無法絕對肯定釋為「丁」之前，筆者以為仍應從陳劍先生之說隸作「臤」，季師旭昇先生亦有相同的看法。由簡文可知上古帝王皆為賢者。此與《呂氏春秋‧審應覽‧不屈》：「魏惠王謂惠子曰：『上世之有國，必賢者也。今寡人實不若先生，願得傳國。』」相應。

⑨ 酋清：即「瀏清」。顏世鉉先生〈散論（四）〉以為「酋」當讀為「瀏」。簡文「酋清」，可通「瀏清」、「漻清」，亦猶「淑清」。瀏、漻，有水清而深之意，此又可比喻君主為政之德，可與《孔子家語‧好生》：「舜之為君也，……德若天地而靜虛」參看。

⑩ 寁亓兵：即「寢其兵」，停止軍事戰爭。寁，從宀、戜聲，當即「寢」字異體。寢本義為臥息，引伸為息止，寢兵即止兵，《管子‧立政》：「寢兵之說

勝，則險阻不守。」

⑪ 官亓才：即「依其身體狀況安排適當的工作」。《國語·晉語四》：「公曰：『奈大八疾何？』對曰：『官師之所材也，戚施植鎛，蘧蒢蒙璆，侏儒扶盧，矇瞍循聲，聾聵司火，僬昏、僮瘖、僬僥，官師所不材也，以實裔土。』韋昭注：「師，長也。材，古裁字。」徐元誥按曰：「材，謂裁成，下所言是。」（《國語集解》363頁）。以上共論及八種身體有殘疾者所從事的工作，與簡文有相同的主題，但具體內容并不相同。

⑫ 庎：字即楚系文字「虖」的異寫，相當於後世的「乎」。〈容成氏〉的「乎」字，李零先生均隸作「虖」，但從字形上看來，明顯從「介」。此處依形隸作「庎」。比較清楚的對比如簡14的「庎」的下部與同簡「△而坐之」同形，李零先生、何琳儀先生〈滬二〉皆隸「△」從二「介」。楚系文字的「乎」有多種寫法，如「虖」作𩔖（《郭店·語叢一》96）、𦨴（《唐虞之道》25）；「虖」作𥇒（《上博（一）·孔子詩論》簡6）；「虖」作𦨴（《上博（二）·魯邦大旱》簡3）；「虖」作𥇒（〈孔子詩論〉12，「示」旁與〈魯邦大旱〉簡2「𥇒」的「示」旁同形（參黃德寬〈補正〉）。可見重點在「虍」聲（虍、乎同為曉紐魚部）。至於「乎」旁寫作「介」形，其演變過程可能是：𠂤（乎，《乙》7365）→ 屮（乎，井鼎）→ 𥇒（虖，「乎」旁豎筆貫穿，《侯馬》77：2）→ 𥇒（虖，「乎」旁下部類化增加二飾筆，《三體石經》）→ 𥇒（虖，「乎」旁豎筆中的橫筆變為圓點，《郭店·語叢一》60）→ 𥇒（虖，「乎」旁豎筆上端增加一短筆類似「人」形，《郭店·語叢三》58）→ 𥇒（庎，「乎」旁下部兩飾筆省掉遂類似「介」形，〈容成氏〉14）。另外，季師旭昇先生以為亦可能是由「虖」一系發展而來，省掉下部的口形，再增添「人」旁左右二飾筆，遂成「介」形，說可參。

⑬ 楣戈：即「矇瞽」。李零先生以為「從文義看，似相當於『矇瞽』，意思是瞎子。《晉語四》有『矇瞍修聲』。」許全勝先生〈補釋〉以為李注讀為「矇瞽」，近是。第一字從木冒聲，可讀「瞀」。冒、瞀皆明母幽部字。《玉篇》：「瞀，目不明貌。」《莊子·徐无鬼》：「予適有瞀病。」第二字從工戈聲，戈在見母歌部；瞽在見母魚部。歌、魚古多通假，此二字可讀為「瞀瞽」。建洲按：李零先生之說可信，不須改釋。《荀子·哀公》：「古之王者有務而拘領者矣」，楊注：「『務』讀為『冒』。」而《書·洪範》：「曰『蒙』，恒風若。」《史記·

宋微子世家》作「曰『霧』，常風若」可見「楣」與「矇」音近可通。《詩·大雅·靈臺》：「鼉鼓逢逢，矇瞍奏公」，毛《傳》：「有眸子而無目曰矇。」但是許文所說的「瞽」，僅有「目不明」的意思。另外，《莊子·徐无鬼》：「予適有瞀病。」成玄英疏：「瞀病，謂風眩冒亂也。」似無眼瞎的意思，故不取其說。其次，《書·堯典》：「瞽子」，孔《傳》曰：「無目曰瞽」。

⑭ 虘辠：即「跛躃」，瘸子。李零先生引《禮記·王制》「跛躃」鄭注：「兩足不能行也。」指出古代多以瘸子來守門。建洲按：《呂氏春秋·季夏紀·音初》也說：「子長成人，……斧斬其足，遂爲守門者。」

⑮ 長者：即「張者」，指腹部鼓脹、凸出之人；或是身長而駝背的人。李零先生以爲讀作「張者」，與下「僂者」相反，指凸胸仰首的人。《晉語四》有「戚施直鎛，蘧蒢蒙璆」，「蘧蒢不可使俯，戚施不可使仰」，疑「蘧蒢」爲這裏的「僂者」，「戚施」是這裏的「長者」。徐在國先生〈雜考〉亦以爲是「張者」，但指的是「有某種疾患者從事某種職業」，並不強調上下相對的問題。孟蓬生先生〈字詞〉則以爲細繹簡文，長者與侏儒相對，婁者與癭者相對，因此「長者」應指「身體特長的人」。楊澤生先生〈補釋〉亦以爲讀作「長者」。建洲按：以上諸說似以徐在國先生之說較爲通達。筆者以爲簡文所列患有疾病者，似無明顯相對的現象。李零先生以爲「張者」指「凸胸仰首」的人，與「僂者」相對，似無他證。況且簡文全部疾患者僅有此二者相對，似不太合理。而且「戚施」指的是駝背，「蘧蒢」爲凸胸。上引文有「蘧蒢不可使俛，戚施不可使仰」，韋昭注：「蘧蒢，直者，謂疾。戚施，疴者。（建洲按：《說文》：「疴，曲脊也。」）」意即若按照李零先生的解釋，「長者」是「蘧蒢」；「僂者」是「戚施」。此外，這種所謂「凸胸仰首」的病症，即「雞胸」，除稱「蘧蒢」外，一稱「尪」，《呂氏春秋·季春紀·盡數》：「形不動則精不流，精不流則氣鬱。鬱處頭則爲腫爲風，處耳則爲挶爲聾，處目則爲眵爲盲，……處腹則爲張爲疛（建洲按：畢沅以爲是「疛」字之誤）……輕水所多禿與癭人，……苦水所多尪與傴人。」高誘注：「尪，突胸仰向疾也。」不見以「張」來稱之。而孟蓬生先生以爲「長者」與「侏儒」相對，「婁」當讀爲「瘻」，與「癭者」相對。但後二者均指脖子方面的疾病（詳下），並無相對的現象，可見其說有矛盾處。筆者以爲「長者」的確有可能是「張者」，對照出土及傳統醫學文獻，所指的病症應是「腹張（脹）」，如《馬王堆·足

臂十一脈灸經》22：「有『腹張（脹）』」，（馬繼興先生《馬王堆古醫書考釋》205頁）、《張家山漢簡‧脈書》簡7：「疛，其從脊胸起，使腹張（脹），得氣而少可，氣㾂殹。」《說文》曰：「疛，小腹病」。段注曰：「小當作心，字之誤也。……高誘曰：『疛，腹疾也。』」又如《張家山漢簡‧脈書》：「泰陰之脈，……心痛與『腹張（脹）』死」，（高大倫先生《張家山漢簡〈脈書〉校釋》63頁）傳統文獻如《左傳‧成公十年》：「（晉侯）將食，張，如廁，陷而卒。」杜預注：「張，腹滿也。」《素問‧腹中論》：「黃帝問曰：『有病心腹滿，旦食不能暮食，此為何病？』岐伯對曰：『名為膨脹。』」注曰：「外實中空，其形如鼓。」（清‧張琦《素問釋義》141頁）《靈樞‧水脹》：「鼓脹何如？岐伯曰：『腹脹，身皆大，大與膚脹等也，色蒼黃，腹筋起，此其候也。』」（明‧馬蒔《黃帝內經靈樞注證發微》295頁）其次，上引《呂氏春秋‧季春紀‧盡數》：「處耳則為挶為『聾』，處目則為瞙橫為『盲』，……處腹則為『張』為『疛』」，「張」、「疛」與「聾」、「盲」同時出現，與簡文類似，所以簡文「長者」即「張者」，指患有「腹脹」病症者，或不為無據。另外，黃錫全先生〈劄記三〉認為「長者，根據上下文義，當指個子高大而有某種缺陷之人。《左傳‧哀公十四年》：『陳豹者，長而上僂，望視。』杜注：『肩背僂。』簡文的『長者』可能就是指這種長人。因這種人『上僂』、『望視』，所以『不能使仰』。」此說亦有理。今二說並存。

⑯ 酥宅：即「秀宅」，讀為「繇宅」，相當於「卜宅」，即占卜擇宅。「酥宅」，李零先生以為待考。先說後一字，學者均已指出就是「宅」字，可信。字與《望山》1.112「東『宅』公」作 ⼖ 完全同形。前一字徐在國先生〈雜考〉以為從「禾」，「首」聲，釋為「秀」，疑讀為「繇」。《廣韻‧宥韻》：「繇，卦兆辭也。」《左傳‧閔公二年》：「成風聞成季之繇。」杜預注：「繇，卦兆之占辭。」簡文「秀（繇）宅」義與「卜宅」近。楊澤生先生〈補釋〉將此字看作從「首」，「禾」聲的字。而「禾」與「㧎」音近，所以此字可以釋作「㧎」。《說文‧土部》：「㧎，以桼和灰而鬂也。」玄應《一切經音義》卷十八引漢應劭《通俗文》：「燒骨以漆曰㧎。」「㧎」的意思是「鬂漆」。㧎宅的工作常常要面對位置較高的牆和屋頂，如果由「長者」來做當然非常合適；特別是在鬂漆過程中，鬂漆者所用禾把一類的「刷子」常常高於首部，因此簡文「㧎」字所從的「首」置於「禾」之下，實際還可能有表意作用，其會

意方式與「看」字相同，因此其結構性質應該是會意兼形聲。建洲按：楊氏之說古籍似無相應例證。況「看」字金文、戰國文字皆為形聲字，至《說文》小篆始訛為會意，（參何琳儀先生《戰典》966 頁、季師旭昇先生《說文新證》（上冊）256 頁）。換言之，楊氏之說，在文字構形的說明亦是有問題的，茲不取。筆者贊同徐氏之說。扶風齊家村 H3：1 卜甲共五辭，可分三組，其中有「用由逋妾」，李學勤先生以為「由」疑讀為占繇的「繇」，「逋妾」指逋逃的女奴，所以內容與奴婢逃亡有關。（〈西周甲骨的幾點研究〉《周易經傳溯源》129 頁）可見「繇」的用法與「卜」相去不遠。其次，「卜宅」見於古籍，如《尚書·召誥》：「太保朝至洛，卜宅。厥既得卜，則經營。」《禮記·表記》：「卜宅寢室。」《孝經·喪親章》：「卜其宅兆而安措之。」另外，黃錫全先生〈劄記三〉認為簡文「酥厇」即《國語》的「直鎛」，似可商。他說：「宅、鐸同音（定母鐸部）。鎛，幫母鐸部。諸字音近。鍾架一般較高，所以適合長者敲擊或撞擊。」按：「宅」與「鎛」的聲紐有些距離，是否可通並未見舉出證據。其次，《國語》原文是說「戚施」（駝背）者負責撞擊鑄鐘，是否一定是身材較高者亦無例證，這些疑問未解之前，暫不從其說。

⑰ 婁者：即「傴者」，彎腰駝背的人；或「瘦者」，脖子腫起的人。李零先生以為「婁者」，即「傴者」，彎腰駝背的人。孟蓬生先生〈字詞〉以為「婁」應釋為「瘦」，《說文·疒部》：「瘦，頸腫也。從疒，婁聲。」建洲按：二說於文獻均有徵，前者如《說文》：「傴，僂也。」《禮記·問喪》：「傴者不袒」，鄭注：「傴，背曲也。」《廣韻》：「僂，僂傴，疾也。」《馬王堆·五十二病方》223：「傴攣而未大者〔方〕。」馬繼興以為「傴攣」指脊背前曲，行走不便狀（參《馬王堆古醫書考釋》頁 493-494）此外，〈易之義〉24 亦有「蛇身僂曲」之說。後者如《張家山漢簡·脈書》簡 4：「在頸，為瘦。」（高大倫《張家山漢簡〈脈書〉校釋》頁 8-9）此外，《淮南子·說山》：「雞頸已瘦。」高誘注：「瘦，頸腫疾。」二說應可並存待考。或曰「婁」若指「瘦」則與簡文下「瘦」指「瘦」，二者均指脖子毛病的人意思重複。但是在《國語·晉語四》：「僬僥不可使舉，侏儒不可使援」，其中「僬僥」，宋庠曰：「人長三尺，短之極也。」（《國語集解》360 頁）與「侏儒」屬於身體有同一種殘缺的人。換言之，簡文「婁」、「瘦」並指脖子毛病的人並不奇怪。

⑱ 坆嚳：即「事數」，指天文算術。徐在國先生〈雜考〉以爲相同的形體又見
　於仰天湖十二號簡（《楚系簡帛文字編》971 頁），均應分析爲從「攴」、「士」
　聲。字相當《馬王堆・式法》的「仕」字。（建洲按：字可見《馬王堆簡帛
　文字編》頁 130）。「仕」在簡文中當讀爲「事」。仕、事二字古通。下一字
　見於中山王鼎，讀作「數」。簡文讀作「事數」，指職掌天文。簡文「長（張）
　者秀（緣）宅，婁（僂）者仕（事）數」與上下文「跛躃守門，侏儒爲矢」、
　「瘦者煮鹽宅」結構相同，均是講有某種疾患者從事某種職業。建洲按：此
　說可參。另外，黃錫全先生〈劄記（三）〉以爲本句相當於「蘧蒢蒙瞍」，他
　說：「僂者，佝者，《集韻》皆爲『短醜貌』，指的當是雞胸駝背矮小之人，
　並非一定是彎腰，相當於『蘧蒢』，所以不可使俯。……個子矮小駝者可敲
　擊石磬」。建洲按：「僂」，一般說來指「駝背」之人，與「蘧蒢」意爲「突
　胸」並不相同。要指出的是，大徐本《說文》曰：「僂，尩也」，此「尩」並
　非指「凸胸仰首」。段注說：「大徐本作尩也，非是，尩與僂異疾。小徐本作
　厄也，近是。……又按大徐作尩也，蓋尩是曲脛之名，引申爲曲脊之名。」
　而且黃文在解釋「長者」時又說「簡文的『長者』可能就是指這種長人。因
　這種人『上僂』、『望視』，所以『不能使仰』」，亦即同意「僂者」是「駝背」
　之人，可見其說有前後矛盾之處。其次，「坆」、「嚳」均已見於戰國文字，
　是否要另外改釋爲「蒙瞍」亦是可以保留的。

⑲ 瘦者：李零先生以爲即「癭者」，指患有大脖子病的人。建洲按：《張家山漢
　簡・脈書》簡 4：「在頤下，爲癭。」高大倫先生以爲「頤下」，即頸下，頸
　脖子（《張家山漢簡〈脈書〉校釋》8 頁）。此外，《說文・疒部》：「癭，頸
　瘤也。」《釋名・釋疾病》：「癭，嬰也，在頸嬰喉也。」可見「癭」與「瘦」
　應屬相近的病症，孟蓬生先生〈字詞〉以爲二者相對，恐非。

⑳ 煮盬厇：李零先生讀作「煮鹽艖」或「煮鹹艖」，《禮記・曲禮下》：「鹽曰鹹
　艖。」盬，即鹽字的早期寫法。陳劍先生〈編連二〉在「盬」後斷句，將「厇」
　歸於下一句，文意似不順。何琳儀先生〈滬二〉斷句同陳劍先生，把下句的
　「眚」上屬，讀作「漫」。《說文》：「漫，澤多也。」簡文意謂「居於沼澤之
　人則捕魚於澤。」但此說與上下文內容所指都是有某種疾患者從事某種職業
　明顯不同，茲不取其說。附帶一提，陳美蘭學姊以爲「厇」是衍文。

㉑ 眚者：即「禿者」。李零先生讀作「疣者」。周鳳五先生〈楚零〉釋爲「禿者」：

「首，古音書紐幽部；禿，透紐屋部，可以通假。又，《古文四聲韻》入聲屋韻收古文『獨』，其字從目，從虫，蓋即『蜀』字。其上端所從目形與簡文『百』相似，則簡文也可能爲『蜀』字之訛。蜀，禪紐屋部，與『禿』可以通假。」建洲按：字從百（首），從虫，百（首）應爲聲符。《郭店》「憂」字作「惪」，如《郭店・五行》簡 5「君子亡中心之惪（憂）」。「惪」（憂）亦以「百」爲聲符，而「憂」、「疣」古音相近，故得通假。「疣者」見於《馬王堆・五十二病方》102：「令疣者抱禾」，張顯成釋爲「皮膚腫瘤病之一。」（《先秦兩漢醫學用語匯釋》110 頁）周說除聲韻條件符合外，亦舉了《禮記・問喪》：「然則『禿』者不免，『傴』者不袒，『跛』者不踊，非不悲也，身有痼疾，不可以備禮也。」及《穀梁傳・成公元年》的文獻證據，可見得「禿者」與「傴者」、「跛者」共同出現一處，與簡文文句類似。附帶補充，「禿」亦見於《張家山漢簡・脈書》簡 1「病在頭，……，疕爲禿」。又《呂氏春秋・季春紀・盡數》：「輕水所多『禿』與『癭』人」、《易林一・坤之大過》：「瘤、『癭』、『禿』、疥，爲身瘡害」，亦以禿、癭連言，（參陳奇猷先生《呂氏春秋校釋》141 頁），與簡文語序相近。二說權衡之下，似以周說較有理。

㉒ 瀘棄：即「癈棄」，指身有殘疾爲大眾所棄之人。李零先生以爲字不識，所從與簡 35「爱」字同。陳劍先生〈編連二〉指出簡 35「爱」應釋爲「愛」。何琳儀先生〈滬二〉以爲原篆左從「疒」省，右上從「害」，右中從「出」，右下從「水」，疑讀「害」，《說文》「害，傷也。」建洲按：大西克也說：《郭店・語叢四》21「害」作圖應分析爲「旡」（旡）、「害」（害，《郭店》9.30）字的借筆，其中「旡」爲聲符。（大西克也先生〈論古文字資料中的「害」字及其讀音問題〉《古文字研究》24 輯 306 頁）「害」的確可從「旡」聲，如《論語・鄉黨》：「不使勝食氣。」《說文・皀部》引「氣」作「既」。（《古字通假會典》526 頁）《後漢書・楊政傳》：「乞楊生師」，李注：「『乞』讀曰『氣』。」（《古字通假會典》525 頁）《孟子・告子下》：「無遏糴。」《穀梁傳・僖公九年》「遏」作「訖」。（《古字通假會典》526 頁）而《書・湯誓》「時日曷喪」，《孟子・梁惠王上》引「曷」作「害」。（《古字通假會典》615 頁）而楚簡「旡」的寫法下作二斜筆，如《郭店》6.10「既」作圖。所以《郭店・老子甲》4「害」作圖去掉「目」形後，剩下部分可能是「旡」字寫法

的省簡，可分析作從「目」，「旡」聲。「濿」與 上部相似，故亦從「旡」聲。另外，簡 35「 」與 對照，其上部無疑亦是從「旡」，下從「心」，即「愛」字，可見陳劍先生的看法是對的。其次，字形右中不從「出」。「出」，西周金文作 （永盂）、 （頌鼎），戰國楚系鄂君啓舟節作 。另外，〈容成氏〉簡文作 （簡 22）、 （簡 46）均與本簡字形所從不類。反與《郭店》11.28「武」作 、《容成氏》簡 31「衛（從「止」）」作 形近，「止」下一筆可能是飾筆。所以，本字應隸定作「濿」（參蘇建洲〈容一〉）。周鳳五先生分析字形爲「從爿，從止，從水，害省聲……。然則此字可以讀作『瑕』。《禮記‧聘記》：『瑕不揜瑜，瑜不揜瑕。』鄭注：『瑕，玉之病也。』簡文『瑕棄』，指身有殘疾爲人所棄；『瑕棄不廢』則殘疾人各有所司，足以自立。」（參〈楚零〉）。但是此說似無堅強證據，其一，「瑕」（匣魚）與「害」（匣月）韻部的確可通，（參《曾侯乙墓》554 頁注 4），但與「旡」（見紐物部）則韻部距離稍遠。其二，「瑕」是指玉有瑕疵，與本簡所指身有殘疾之人是否可以等同，似可保留。筆者以爲似可讀作「癈」。「癈」幫紐月部，與「害」疊韻，與「旡」旁轉。聲紐幫、匣古楚地有相通之例，如《阜陽漢簡詩經》簡 66「『柄』矢弗縵」，今本〈衛風‧考槃〉首章作「『永』矢弗諼」；簡 67「『柄』矢弗告」，今本〈衛風‧考槃〉三章作「『永』矢弗告」。另外〈衛風‧木瓜〉「永以爲好也」，簡 75「永」作「柄」。永，匣母陽部；柄，幫母陽部，胡平生先生說：「韻同聲不同，何以能夠通假，還不清楚，或與方言有關。」（參《阜陽漢簡詩經研究》62-63 頁）。其次，《說文》曰：「癈，固病也。」段注曰：「按此當云癈固，病也。癈固爲逗，淺人刪癈字耳。……癈猶廢，固猶錮，如瘖、聾、跛躃、斷者、侏儒皆是。」段玉裁所說與簡文背景相同，值得注意。另外，《周禮‧地官‧旅師》：「辨其貴賤、老幼、癈疾可任者。」賈公彥疏：「癈疾，謂廢於人事疾病，若今癱不可事者也。」亦是一例。其三，本簡李零先生原讀作「濿棄不廢」，但第四字由筆劃看來應不是「廢」（詳下），縱使是「廢」字，但「癈」、「廢」根本說來仍爲二字。後者《說文》曰：「廢，屋頓也。」如同「瘻」（頸腫）、「廔」（屋麗廔）亦爲二字。本簡「癈棄」，指身有殘疾爲大衆所棄之人。

㉓ ：李零先生隸作「叏」，讀爲「廢」，原文似乎是說上述殘疾者皆得其用。按：仔細觀察字體，實在看不出有從「攴」的形構，反倒類似楚系「犬」字

的下半部。至於字形為何，由於字形模糊，應以不識字來處理。旭昇案：字形上似從與，下似從犬。

㉔ 俅敊：即「卑末」，指出身地位低下者。李零先生以為待考。何琳儀先生〈滬二〉分析為左從「市」，右從「攵」，可讀「末」。《儀禮·士喪禮》「賴末」，注「今文末為旆也」，是其佐證。

㉕ 斈而惎之：即「教而誨之」。「惎」，即「誨」。容庚先生說：誨與謀為一字。《說文》「誨」古文從母從口，又從母從言。王孫鐘「誨猷」即「謀猷」，（《金文編》140頁）。《說文·言部》：「誨，曉教也。」段注曰：「明曉而教之也……曉之以破其晦，故曰誨。」簡文句式如同《孟子·萬章上》：「身為天子，弟為匹夫，可謂親（而）愛之乎？」楊伯峻先生認為二動詞為同義近義詞時，它們之間常不用連詞連接（楊伯峻、何樂士先生《古漢語語法及其發展》（下）586頁）。所以簡文「教而誨之」即「教誨之」，「之」指地位卑下的人民。《荀子·禮論》：「《詩》曰：『愷悌君子，民之父母。』彼君子者，固有為民父母之說焉。父能生之，不能養之。（王念孫以為「養」作「食」）母能食之，不能教誨之。君者，已能食之已，又善教誨之者也。」可與簡文參看。

㉖ 猷而飤之：即「飲而食之」。《說文》：「猷，歠也。」「猷」是「飲」的古體。「飲食」合言，亦見於出土文字材料，如余義鐘「樂我父兄，飲食歌舞」、中山王壺「是以遊夕飲食」，意為「以酒飲人，以食食人」（陳初生先生《金文常用字典》837頁）。簡文句式似同《墨子·尚賢中》：「賢者，……富而貴之；不肖者，……貧而賤之。」意即「賢者」，使之富且貴；「不肖者」，使之貧且窮，所以簡文意謂使俅敊的人民飲且食，（參楊伯峻、何樂士先生《古漢語語法及其發展》（下）535頁）。《呂氏春秋·季秋紀·順民》：「越王苦會稽之恥，欲深得民心，以致必死於吳。……時出行路，以車載時，以視孤寡老弱之潰病、困窮、顏色愁悴、不瞻者，必身自食之。」可與簡文參看。而上下簡文的句式，一動賓，一使賓動，如同《孟子·萬章上》：「仁人之於弟也，不藏怒焉，不宿怨焉，親愛之而已矣。親之欲其貴也，愛之欲其富也。封之有庳，富貴之也。」「親愛之」即「親而愛之」，表示動賓；「富貴之」即「（使其）富而貴之」，表示使動。正與簡文可互證。

㉗ 思：簡文應解為「使」。李零先生釋簡文為「願其聽用於百官而日月請謁之」。建洲按：「思」用來表示願望語氣的詞亦見於周原甲骨及楚簡，多寫作「囟」。

如 H11：21「囟克事」、H11：77「囟無咎」。《包山》198「思攻解於人禹（從心旁）」、229「囟攻敘（除）於宮室」。可知「思」與「尚」有同樣的用法和意義，是卜人向鬼神表示「心所希望」。（參李學勤先生《周易經傳溯源》144-145、193-194 頁、夏含夷先生〈試論周原卜辭囟字兼論周代貞卜之性質〉《古文字研究》第 17 輯 304-308 頁、李零先生《中國方術考》292 頁、中國社會科學院語言研究所古代漢語研究室編《古代漢語虛詞詞典》489 頁）。亦有持不同看法者，如張玉金先生釋周原甲骨的「囟」為「斯」，譯為「就」、「於是就」、「那麼」，當作「連詞」用，（《甲骨卜辭語法研究》73 頁），存此備考。另外，若直接將簡文「思」讀作「使」，二者聲韻俱近，文意亦可通。如《慈利楚簡》M36「天不『思』」，今本《國語·吳語》作「而不『使』」，張春龍先生〈湖南省近年出土簡牘文獻資料略論〉《第一屆中國語言文字國際學術研討會論文》，亦參劉信芳先生《包山楚簡解詁》209 頁、孟蓬生先生〈字詞〉。二說衡量之下，應以釋為「使」較佳。因為對象是君上對人民，與上述甲骨文、卜筮祭禱簡的對象是鬼神並不相同。

㉘ 遚：即「役」。字作🖾。何琳儀〈滬二〉釋為「返」。但「反」一般作🖾（〈容成氏〉簡 46），亦可見簡 7「板」，上從「厂」。本簡字形與之不類，所以何說恐誤。本字字形同《郭店·五行》簡 45 作「耳目鼻口手足六者，心之🖾也」，《馬王堆帛書·五行》相應字作「役」，可見簡文釋為「役」應是對的。袁國華先生以為「🖾」應釋為「遚」。「度」，應分析為從又「石」聲。而「石」又可省「口」形作🖾。其次，「役」上古音屬余紐錫部；「度」，定紐鐸部。似無通假可能，故改讀為「度」，有限制之義。（參袁國華師〈《郭店楚墓竹簡·五行》「遚」字考釋〉《中國文字》新 26 期 頁 169-176）。建洲按：此說由字形來看當無疑問，比較接近的形體如〈窮達以時〉簡 13「石」作🖾，上部形體與簡文相近。但說「役」（余錫）、「度」（定鐸）無通假可能恐未必，二者聲紐同為舌頭音，如《詩·大雅·思齊》：「古之人無斁。」《釋文》：「斁（余鐸），鄭作擇（定鐸）」。（參高亨《古字通假會典》頁 892）。韻部則為旁轉。如《楚辭·九章·悲回風》以尻、釋（鐸）韻積、擊、策、適、愁、益（錫）（參陳新雄師《古音研究》頁 462）。又王力先生認為刺、籍為同源詞。《說文》：「籍，刺也」。而「刺」，錫部；「籍」，鐸部。（參王力《同源字典》頁 275）。換言之，本字應隸作「遚」，讀作「役」。字亦見於簡 16「癃

『遘（役，疫）』不至」，亦可證明讀作「役」是對的。

㉙ 以上三簡連讀，係講述「堯」之前的上古帝王。

㉚ 李零先生釋爲「湯」。陳劍先生〈編連二〉以爲「氏」前一字圖版上已看不清楚，原釋爲「湯」，不可信。並認爲：「□氏之有天下」與簡1「尊盧氏……墉遅氏之有天下也」相類，而與後文內容不諧，故提前至此。但它上與第3簡、下與第4簡是否緊接都不能肯定，有可能連讀，也有可能中間尚有缺簡，暫時分開釋寫。殘去的「□□氏」或是在「堯」之前的上古帝王的最後一個，其後的帝王即是堯。建洲按：其說可信，本文依其拼合。

㉛ 㤅：即「愛」。李零先生以爲字上半與第三簡「澲」字所從相同，下從「心」。從文義看，應讀「施」。陳劍先生〈編連二〉讀作「愛」。何琳儀先生〈滬二〉分析上從「害」省，下從「心」，簡文應讀「愒」。《說文》「愒，息也。」《詩·小雅·菀柳》：「不尚愒焉。」《傳》：「愒，息也。」字亦作「憩」，《爾雅·釋詁》下「憩，息也。」釋文「憩，本或作愒。」簡文大意謂「休養生息而減輕賦斂」。建洲按：由文意說來應從李零先生讀爲「施」，有其道理。《韓非子·外儲說右上》：「君重『斂』，而田成氏厚『施』。」《晏子春秋·景公坐路寢曰誰將有此晏子諫第十》：「田氏雖無德，而有施于民。公厚『斂』，而田氏厚『施』焉。」可見得「斂」、「施」二字意義相對反。惟「㤅」，見紐物部；「施」，書紐歌部。聲紐稍遠。由字形說來陳劍先生釋作「愛」是對的，簡3「澲」字可證本字應分析從「㤅」從「心」。厚愛人民，而薄取稅賦，意思也可以通。

㉜ 安：讀爲「焉」。李零先生釋爲「安」，並連接下句讀作「安身力以勞百姓」。陳劍先生〈編連二〉以爲「安」上讀，應讀作「焉」。何琳儀先生〈滬二〉的看法亦同陳劍先生。建洲按：陳劍先生之說可從。本篇的「安」字均作「焉」解，未見作如字解。

㉝ 袈：即「勞」。此處的「勞」應與《詩·小雅·節南山》：「不自爲政，卒『勞』百姓」，《正義》訓爲「勞苦」不同。比較接近《呂氏春秋·慎行論·疑似》：「秦襄、晉文之所以勞王而賜地也」。王念孫曰：「勞王即勤王」，即爲君王辛勞盡力。簡文上句「厚施而薄斂焉」，主語是「君上」。而本句讀作「（君上）身力以勞百姓」，義爲「（君上）身體力行來爲百姓辛勞盡力」應該是可行的。另外，〈從政乙〉1「從命則正不勞」，陳偉以爲「正」指「君長」。另

外亦舉《大戴禮記·主言》:「民皆有別則貞,則正亦不勞矣。」《禮記·緇衣》:「下難知則君長勞」來證明「正(君長)不勞」之說,(參〈從政校讀〉)。由陳偉之說,亦可說明本簡釋為「君上辛勞」是可以的。又陳美蘭學姊指出「身『力』」相當於簡6「不勸而民『力』」。

㉞ 飤:李零先生隸作「飤」。「飤人」即「食人」,指吃人(人吃人或獸吃人),或者「飤」是「飢」字之誤寫。建洲按:陳劍先生〈編連二〉以為「飢」之誤寫,今暫從之。

㉟ 殤:未成年而死者。《說文》:「殤,不成人也。」段注:「見〈喪服〉傳。鄭曰:『殤者男女未冠笄而死,可傷者也。』」《釋名·釋喪制》:「未二十而死曰殤。殤,傷也,可哀傷也。」《小爾雅》:「無主之鬼謂之殤。」

㊱ 各尋其殪:即「各得其宜」。「殪」,李零先生隸作「殜」,讀作「各得其世」,指「每個人都能盡享天年」。陳劍先生〈編連二〉則釋為「所」,並於其後加「?」。陳偉〈零釋〉亦隸作「殜」,以為簡文可讀為「列」,訓為「位」。《左傳》襄公十五年云:「王及公、侯、伯、子、男,甸、采、衛、大夫,各居其列,所謂周行也。」「各居其列」猶「各得其列」建洲按:陳劍先生的懷疑是對的,但改釋為「所」則可商。筆者曾撰文指出本簡「殜」字右旁與「傑(桀)」,《郭店》10.5作「桀」、《容成氏》簡35作「殜」同形,所以字應隸作「殪」。筆者以為簡文應讀作「上下貴賤,各得其宜」,「桀」,古音群紐月部;「宜」,疑紐歌部,聲古同為喉音,韻則為對轉,可以通假。傳世文獻多有相應思想,如《禮記·樂記》:「然後,聖人作為鞉、鼓、椌、楬、壎、箎,此六者德音之音也。……所以官序貴賤各得其宜也,所以示後世有尊卑長幼之序也。」《荀子·榮辱》:「故先王案為之制禮義以分之,使有貴賤之等,長幼之差,知愚、能不能之分,皆使人載其事而各得其宜……」。《論語·顏淵》曰:「樊遲……問知。子曰:『知人。』樊遲未達。子曰:『舉直錯諸枉,能使枉者直。』……子夏曰:『富哉言乎!舜有天下,選於眾,舉皋陶,不仁者遠矣;湯有天下,選於眾,舉伊尹,不仁者遠矣。』」尤其《列子·仲尼篇》提到商太宰問曰:「三王聖者歟?」孔子曰:「三王善任智勇者,聖則丘不知。」曰:「五帝聖者歟?」孔子曰:「五帝善任仁義者,聖則丘弗知。」曰:「三皇聖者歟?」孔子曰:「三皇善任因時者,聖則丘弗知。」提到三王、三皇、五帝善任賢者,更與簡文的背景相合。(詳參蘇建洲〈容昔〉,03/01/15)陳偉看法與拙

119

說相近，但就字形來說應當隸作「殊」。此外，《郭店·尊德義》簡 24-25「非禮而民悅志，此小人矣。非倫而民服🗲，此亂矣。」李零先生亦隸作「殊」，讀作「世」。劉信芳先生指出應隸作「殊」，讀作「列」，（〈郭店竹簡文字考釋拾遺〉《江漢考古》2000.1 44 頁）。廖名春先生〈郭字〉認爲劉信芳先生所釋「殊」主觀性太強，難以信從」，應隸作「殊」。可惜廖先生未指出隸作「殊」的字形錯誤何在，僅說「主觀性太強」，似乎不構成反對的理由。其次字形隸作從「止」，但「止」似未見作「🗲」形者。《璽彙》1715、2522 有同形的字，《璽彙》釋爲「止」，劉釗先生本同意其說，（見《古文字構形研究》497 頁）。但後來又否定此說，並改釋爲「乍」：「🗲 釋爲『止』是錯誤的。古文字中的『止』字……，中間也從不寫成相交的一橫筆和一豎筆。」（劉釗先生〈璽印文字釋叢（二）〉《考古與文物》1998.3 78 頁）。筆者同意劉信芳先生所隸，但具體釋讀有所不同。

㊲ 寡：李零先生以爲即「賓」，指賓服、順從。建洲按：《爾雅·釋詁一》：「賓，服也。」郭璞注：「謂喜而服從。」

㊳ 貞：李零先生以爲是「貞」字的異體。「貞」可訓「定」。陳劍先生〈編連二〉釋爲「廷」，後加「？」。建洲按：字與《郭店·老子乙》簡 16「貞」作🖊同形。《廣雅·釋詁一》：「貞，正也。」《禮記·文王世子》：「一有元良，萬邦以貞。」鄭注：「貞，正也。」或可與簡文參看。

㊴ 🗲：李零先生懷疑是「民」字異寫或「敃」字的省略，讀爲「泯」。簡文「泯終」，義同文獻中的「泯沒」。陳劍先生〈編連二〉釋爲「殁」，後加「？」。建洲按：字的左下寫法較特別，寫法近於《郭店·老子甲》32 作🗲。但是由筆劃仔細斟酌，其右上雖有卜翹的一筆，但墨色極淡，且接下來的筆劃與之並不相連，反而比較接近「🗲」形體。與本簡「不勸而『民』力」、「甚緩而『民』服」或是簡 7「以來天下之『民』」相對照寫法有所不同。其次，假若如李零先生所說釋爲「民」，則字形少一豎筆。以此觀點，疑本字上應從「女」，亦少一豎筆。「女」作🗲（《郭店》8.2）、🗲（《郭店》7.29）、🗲《上博（二）·子羔》12，可茲比較。下從「又」，則字可釋爲「奴」，或可讀爲「繹」。「奴」，泥紐魚部；「繹」，余紐鐸部。聲紐同爲舌頭音，韻部魚鐸陰入對轉。《廣雅·釋詁》：「殁、繹、結、冬，終也。」王念孫《疏證》：「繹者，《說文》：『斁，終也。』……斁、繹、射並通。」（《廣雅疏證》128

頁)《國語·晉語四》:「管仲歿矣,多讒在側。」韋昭注:「歿,終也。」而「繹」與「歿」《廣雅》同訓,簡文讀作「斁終」或與「歿終」相去不遠。但出於字形的變因仍大,暫釋如此,以俟後考。

④ 陳劍先生〈編連二〉:「以上講堯以前的古帝王,下面開始講堯。」


## 【原文】

昔堯凥(處)①於丹府與藋陵②之閒(間)③,堯戔(踐)阤(施)而峕=(時時)實(賽)④,不勸而民力⑤,不刑殺而無盜賊,甚緩而民服。於是虖(乎)方【六】百里之审(中),衙(率)天下之人遷(就)⑥,奉而立之⑦,吕爲天子。於是虖(乎)方圓(圓)千里,於是於⑧岦(持?)板⑨正立(位)⑩,四向陜(委)⑫禾(和),裹(懷)⑬以來(?)⑭天下之民。【七】其政絀(治)而不賞,官⑬而不箬(爵),無萬(勵)於民,而絀(治)韶(亂)⑯不□⑰。古(故)曰:叞(賢)及□……⑱【四三】是吕視⑲叞(賢):顁(履)塈(地)觢(戴)天⑳,竺(篤)㉑義與信。會㉒才(在)天塈(地)之閒(間),而槀(包)㉓在四海(海)之內,逹(畢)㉔能其事,而立爲天子。堯乃爲之教曰:「自【九】內(納)㉕安(焉),余穴䂓(窺)㉖安(焉),以求叞(賢)者而壞(讓)安(焉)。」堯吕天下壞(讓)於叞(賢)者,天下之叞(賢)者莫之能受也。萬邦之君皆吕亓(其)邦壞(讓)於叞(賢)【十】……□□□叞(賢)者,而叞(賢)者莫之能受也。於是虖(乎)天下之人,吕【十一】堯爲善興叞(賢),而牵(卒)立之㉗。


## 【語譯】

以前堯居處於丹府與藋陵之間,堯實踐履行農作之事,並依照時序不同指導黎民耕作,事成則報神福,不用勸勉人民自然努力;不行刑不處死,國家反而無盜賊;爲政寬和,人民因而信服。於是乎方圓百里的諸侯,率領他們的人民前來歸附,並擁戴共立堯以爲天子。於是乎方圓千里的諸侯,拿持笏板依照位列排好,從四方而來託付天下的和平於堯,天下之民受到懷柔而歸附。堯不靠獎賞而政治清明,不濫賜爵位而臣下盡職,對人民沒有特別勉勵,但混亂的

秩序卻能治理良好。所以說：賢及……。因此考察賢者的標準有：立身於天地之間，而能篤行合於義與信之事。會聚在天地之間，包括在四海之內，有能力完成這些事的，就立他爲天子。堯告訴下屬說：「你們引導他進去，我由牆外小孔窺探他。」這是爲了求取賢能之人，而將帝位讓予他。堯以天下讓給賢能的人，但天下賢能之人並不敢接受。萬邦之君都以其邦讓予賢能之人……賢者，而賢能者不敢接受。於是乎天下之人以爲堯是善於舉用賢能之人，最終還是立他爲天子。

## 【注釋】

① 尻：林澐：「尻即處之異體，字並從几。《說文》尻注音作『九魚切』，實誤。當迻讀爲處。」（參林澐〈讀包山楚簡札記七則〉《林澐學術文集》19頁）、裘錫圭先生：「楚簡實用此字爲『處』。《包山》32『居**伍**名族』連言可證。」（裘錫圭先生〈郭店《老子》簡初探〉《道家文化研究》17輯49頁）白於藍〈商榷〉以爲若從字形上說即《說文》的「尻」，就字義來說，則又是《說文》的「處」，《說文》分「尻」、「處」二字可能是有問題的。但李學勤先生釋讀《包山》250云：「命攻解於漸木立，且徙其**伍**（居）而桓之，尚吉。」又將字解爲「居」（李學勤先生〈「桓」字與真山楚官璽〉《國學研究》第8輯173頁）。建洲按：《說文》「居」字下段玉裁注曰：「《說文》有尻有居。尻，處也。從尸得几而止。凡今人居處字，古祇作尻處。居，蹲也，凡今人蹲踞字，古祇作居。《廣雅·釋詁二》『尻』也一條，《廣雅·釋詁三》『踞』也一條，畫然分別。……今字用蹲居字代尻處字，而尻字廢矣，又別制踞字爲蹲居字，而居字之本義廢。」（八上七十）曾憲通先生補充說：「從段氏的考辨可知，古人每借『蹲居』之『居』（後別爲踞）爲『尻處』之『尻』，久假不歸，後世就作『居處』了（參〈楚帛書文字新訂〉《中國古文字研究》第一輯90頁）。季師旭昇先生以爲：「『居（居處義）』與『尻』應該是同源字。『処』爲『處』字的省體，應無可疑。『尻』應該也是『處』的省體，但是他可能有兩個讀音，一是讀『九魚切』，與『居』同音，因此文獻往往通用。《郭店·老子甲》22簡：『王尻（居）一焉』，……今本《老子》25章字作『居』，則《郭店》此字雖隸定作『尻』，但顯然也應該讀『居』。這是『尻』

應讀『居』的證據。但是，『尻』也可以讀『處』。……如果從文字形體發展來看，我們似乎可以推測：『處』既然從『虍』聲（曉魚），那麼它的早期讀音應該近於『尻（居）』（見魚），金文的『處』字直接讀作『尻（居）』似乎都可以通，……後期『處』字音漸漸轉向舌頭，讀成穿紐，因此讀成『昌與切』。而從『處』簡化的『尻』因此也保留了『居』與『處』兩種讀法；而另一簡體『処』因爲產生較晚，所以只有『昌與切』一個讀音。《說文》『尻』、『処』異字，又以『處』爲『処』的或體，不可從。」（《說文新證》（下））綜合以上，筆者認爲讀作「處」應無問題。

② 丹府、藿陵：李零先生說：「（丹府與藿陵）爲堯幼時居住的地方。今本《竹書紀年》、《易・繫辭下》疏引《世紀》、《宋書・符瑞志》皆云堯生於丹陵，『丹陵』似是二者合稱。」建洲按：皇甫謐《帝王世紀》亦曰：「（慶都）生堯於丹陵。」

③ 閲：林澐說：「東周時月（疑月）、外（疑月）仍同音，故以外代月。」（參〈王、士同源及相關問題〉《林澐學術文集》25 頁）。

④ 戔虵而峕 =寶：讀作「踐施而時時賽」。李零先生讀作「賤施而時時」。並將下一字「寶」隸作從「頁」，並以爲是「賞」的誤字，讀作「賞不勸而民力」。劉信芳先生〈試讀〉認爲：簡文「戔施」應讀作「踐施」，踐施猶踐履。馬王堆漢墓帛書《十六經・立政》第 78 行上：「踐立（位）履參。」《書・堯典》：「堯協和萬邦，平章百姓，黎民於變時雍，敬授人時」，是所謂「堯踐施而時時」。「寅賓出日，平秩東作」，是謂歲起於東而始就耕；「平秩南訛，致敬」，是謂掌夏之官，平秩南方化育之事，敬行其教以致其功；「寅餞納日，平秩西成」，是謂至秋順萬物之成；「厥民隩，鳥獸氄毛」，是謂歲末民入室處，以避風寒。堯時黎民依時耕作，事成則報神福，是所謂「時時賽」也。建洲按：首先，「寶」並非「賞」的誤字，相同亦形亦見於《郭店・老子乙》簡 13「寶其事」，讀作「賽」。上部的「工」形實是「玉」字，（參何琳儀先生、徐在國先生〈釋塞〉12 頁。又見於《古幣叢考》56 頁）。可見李零先生隸作從「頁」是錯的，應隸作「寶」，原簡文字有「借筆」的現象。《史記・封禪書》：「多賽禱祠」，《索隱》：「賽，今報神福也。」此外，楚國卜筮祭禱簡亦常見「賽禱」一詞（參《包山楚簡》13 頁）。其次，「賽」應置於前一句，如同劉信芳先生〈試讀〉所說：《廣韻》：「勸，獎勉也。」是「賞」本

身就是「勸」的手段，「賞不勸」是自我矛盾的，將簡文「賽」解爲「賞」之誤字，恐怕很難講通。陳劍先生〈編連二〉可能也看到這矛盾之處，亦於「賽」後斷句，但釋爲「賓」似不類，故不取。

⑤ 不勸而民力：即「不勸勉而人民自然努力」。劉信芳先生〈試讀〉：「遠古人民農桑以足衣食，是生存行爲的自然過程，而不是君主政治勸勉的結果，此所謂『不勸而民力』」。建洲按：《郭店·尊德義》簡 32「不時則亡懽也」，「不時」，古人習語，指不遵時令。「懽」，從裘錫圭先生讀作「勸」，勉勵義。《禮記·禮運》：「以四時爲柄，故事可勸也。」（參陳偉《郭店竹書別釋》164-165 頁。）

⑥ 遷：即「就」，來、歸附之意。李零先生釋爲「就」，有來、至之義。建洲按：甲骨文從亯在京上，陳邦福謂象重屋之形。季師旭昇先生以爲由字形象一屋加在一屋之上，配合簡文文意，則可解釋爲歸附之意。此外，楚系文字常見這一系列的字，相關字形及考釋見季師旭昇先生《說文新證》（上）452 頁。

⑦ 奉而立之：《左傳·襄公七年》：「簡公生五年，奉而立之。」「奉」有擁戴、尊崇之意。

⑧ 於是於：李零先生以爲「於是於」是衍文。

⑨ 歧板：李零先生、陳劍先生〈編連二〉皆讀作「持板」。建洲按：「歧」，應分析爲從「立」「止」聲。「止」，章紐之部；「持」，定紐之部，聲同爲舌音，韻部疊韻，故能通假。

⑩ 正立：即正位，依照位列排好。李零先生讀作「正位」，陳劍先生〈編連二〉讀作「正立」。建洲按：《爾雅·釋宮》：「中庭之左右謂之位。」郭璞注：「群臣之側位也。」邢昺疏：「位，群臣之列位也。」

⑪ 四向：「向」，字形同《郭店·老子乙》簡 18、《郭店·緇衣》簡 43，裘錫圭先生以爲是「向」字，（《郭店楚墓竹簡》120 頁注釋 28）。「四向」亦作「四嚮」，《史記·項羽本紀》：「項王自度不得脫……乃分其騎以爲四隊，四嚮。漢軍圍之數重。」簡文意思大概類似《國語·吳語》：「夫越王好信以愛民，『四方歸之』」。

⑫ 陙：李零先生以爲待考。何琳儀先生〈滬二〉：原篆左從「阜」右從「禾」，當爲「委」之異文。《左傳·成公二年》「王使委於三吏。」，注：「委，屬也。」、《襄國語·越語》：「委制於吳。」，注：「委，歸也。」

⑬ 襄：即「懷」，有「懷柔安撫」的意思。《孔子家語‧哀公問政》：「來百工也，柔遠人也，懷諸侯也。」

⑭ 來：李零先生隸作從「來」。按：由文意來看是對的，但從殘存筆劃與簡 32、47 的「來」字相比較，不似。

⑮ 官而不𥬒：「官」，《荀子‧解蔽》：「以正志行察論，則萬物官矣。」楊注：「官，謂各當其任無差錯也。」簡文意謂「不濫賜爵位而臣下盡職」。

⑯ 闓：字可分析為從𨛜，𢊱聲，參何琳儀先生《戰典》1036 頁、季旭昇先生《說文新證》319 頁。字形同於魏正始石經古文「亂」（參《石刻篆文編》14.20）。亦見於《信陽》1.34（參《信陽楚墓》133 頁）；《楚帛書》甲 7.28 等（參《長沙楚帛書文字編》91 頁）；《九店》56.28（參《九店楚簡》86 頁注釋 93）。

⑰ 𪦆：何琳儀先生〈滬二〉以為據殘存筆畫，可補「夬」字，在簡文中讀「倦」。

⑱ 陳劍先生〈編連二〉：此簡跟下面一簡可能緊接，也可能中間尚有缺簡。

⑲ 視：李零先生以為有考察之義。

⑳ 顤坙戜天：即「履地戴天」。「履」的考釋見裘錫圭先生〈西周銅器銘文中的「履」〉，《古文字論集》364 頁。「戜」應分析為從首、𢦏聲。「𢦏」屬精紐之部；「戴」屬端紐之部，聲紐舌齒鄰紐，疊韻。本簡「𢦏」旁的寫法有所省簡，比較「載」作𢦏（《上博（一）‧孔子詩論》20）可知，而楚系「𢦏」旁的變化請見蘇建洲〈紀郢〉。簡文「履地戴天」或作「戴天履地」，義同「戴天」，即立於天地之間。《禮記‧曲禮上》：「父之讎，弗與共戴天」；《吳越春秋‧王僚使公子光傳》：「子胥曰：『吾聞父母之讎不與戴天履地』」可證。

㉑ 竺：即「篤」也，專一之意。「竺」、「篤」，古音均為端紐覺部。《說文》：「竺，厚也。」王念孫曰：「竺，本《說文》篤厚字。」（《廣雅疏證》322 頁）。而由厚重之義引申為專一、誠信，如《呂氏春秋‧孝行》：「涖官不敬，非孝也。朋友不篤，非孝也。」高誘注曰：「篤，信也。」；《論語‧泰伯》：「篤信好學，守死善道。」

㉒ 會：《爾雅‧釋詁上》：「會，合也。」《廣雅‧釋詁三》：「會，聚也。」

㉓ 橐：「包」也。《說文》曰：「橐，囊張大貌。」字亦見於《信陽》2.03「二橐」；《銘文選》447 毛公鼎，銘曰：「毋敢龏（拱）橐（苞），龏（拱）橐（苞）迺侮鰥寡。」馬承源注釋說：「龏橐讀作拱苞。苞是苞苴，即包魚肉的草包。

泛指爲包裹，引申爲賄賂。」（《商周青銅器銘文選》（三）319頁注釋35）。另外，《石鼓文·汧沔》第一：「可（何）以橐之，唯楊及柳。」郭沫若釋爲「罩」（《石鼓文研究·詛楚文考釋》72頁），可與簡文參看。

㉔ 運：即「畢」。《廣雅·釋詁三》：「畢，竟也。」《集韻·質韻》：「畢，終也。」

㉕ 內：李零先生讀作「入」；陳劍先生〈編連二〉讀作「納」。按：二說義近。不過，釋爲「納」似較爲貼切，《儀禮·燕禮》：「小臣納卿大夫，卿大夫皆入門右北面東上」，鄭注：「納者，以公命引而入也。」

㉖ 覎：李零先生讀作「窺」。字可分析爲從見圭聲。窺，溪紐支部；圭，見紐支部，聲韻俱近。

㉗ 陳劍先生〈編連二〉認爲上文簡6、7言「方百里之中」的人民立堯以爲天子，接下來講堯德及於天下，天下之人立之爲天子，又言堯欲讓賢而不得，於是「天下之人，以堯爲善興賢，而卒立之」。「卒立之」即最終還是立之爲天子、（在他讓位之前）始終以之爲天子。雖然簡7、簡9、簡12三次講到堯爲天子，但是其意思是一層層遞進的，並不能證明以上這些竹簡不能放在一起。

## 【原文】

　　昔者①夋（舜）②靜（耕）③於釐（歷）丘④，匋（陶）於河賓（濱），魚（漁）於靁（雷）澤，孝㶒（養）父母，以善其新（親），乃及邦子⑤。堯晤（聞）之【十三】而美其行。堯於是虖（乎）爲車十又五輇（乘），已三從夋（舜）於旬（畎）⑥畒（畝）之中。夋（舜）於是虖（乎）訋（始）孚（免）⑦蓻（執）⑧开（錢）⑨、耨、莢（鎛），价⑩而坐之。子堯南面⑪，舜北面，舜【十四】於是虖（乎）始語堯天墬（地）人民之道⑫。與之言正（政），敓（悅）柬（簡）已（以）行⑬；與之言樂，敓（悅）和已（以）長⑭；與之言豊（禮），敓（悅）敀（博）已（以）不逆⑮，堯乃悅。堯⑯【八】……堯乃老，視不明，⑰聖（聽）不聰（聰）⑱。堯又（有）子九人⑲，不已亓（其）子爲逡（後），見夋（舜）之臤（賢）也，而欲已爲逡（後）【十二】舜乃五讓以天下之臤（賢）者，不𢔌（得）已，然後敢受之。⑳

　　夋（舜）聖（聽）正（政）三年，山陸㉑（陵）不尻（疏）㉒，水滐（潦）

126

㉓不潸㉔，乃立墜（禹）㠯爲司工㉕。㉖墜（禹）既巳（已）㉗【二三】受命，乃卉備（服）㉘薑（箁）若（箬）帽，芙薮□疋□㉙……【十五】……面旃（乾）鮺（粗），脛（脛）不生之毛㉚，凱溗㉛潜湺（流）㉜。墜（禹）親執枌（畚）起（耜）㉝，㠯波（陂）明者（都）之澤㉞，決九河【二四】之溁（結）㉟，於是虖（乎）夾州㊱、滄（徐）州㊲剴（始）可尻（處）。墜（禹）迵（通）淮與忻（沂）㊳，東攷（注）之湁（海），於是虖（乎）競（青）州㊴、簹（莒）州㊵剴（始）可尻（處）也。墜（禹）乃迵（通）蔞與湯，東攷（注）之【二五】湁（海），於是虖（乎）蒜州㊶剴（始）可尻（處）也。墜（禹）乃迵（通）三江五沽（湖）㊷，東攷（注）之湁（海），於是虖（乎）習（荊）州、鄬（揚）州剴（始）可尻（處）也。墜（禹）乃迵（通）沇（伊）㊸、洛，并里（瀍）㊹、干（澗），東【二六】攷（注）之河，於是於敍（豫）州始可尻（處）也。墜（禹）乃迵（通）經（涇）與渭，北攷（注）之河，於是虖（乎）虞州㊺剴（始）可尻（處）也。墜（禹）乃從灘（漢）以南爲名浴（谷）五百，從【二七】灘（漢）以北爲名浴（谷）五百。天下之民居奠（定），乃劎（耕）臥（食）㊻，乃立句（后）禝（稷）㠯爲絰（畯？）㊼。句（后）禝（稷）既巳受命，乃食於埜（野），宿於埜（野），復嗀（穀）豢（換）土㊽，五年乃【二八】壤（穰）㊾。民又（有）余（餘）臥（食），無求不尋（得），民乃賽㊿。喬（驕）能（態）剴（始）复（作），乃立咎（皋）䛼（陶）㊿㠯爲㣇（李）㊿。咎（皋）䛼（陶）既巳受命，乃支（辨）会（陰）易（陽）之霝（氣）㊿，而聖（聽）亓（其）訟獄，三【二九】年而天下之人亡（無）訟獄者，天下大和鈞（均）㊿。㙙（舜）乃欲會天墜（地）之巽（氣）而聖（聽）甬（用）之㊿，乃立夔（質）㊿㠯（以）爲樂正。夔（質）既受命，复（作）爲六頪（律）㊿六【三十】邭（呂）㊿，支（辨）爲五音，以定男女之聖（聲）㊿。豈（當）是時也，㾌（癘）遉（役，疫）㊿不至，祆（妖）兼（祥）不行，祟（禍）㊿才（災）迲（去）亡，肣（禽）獸（獸）肥大，卉（草）木晉長㊿。昔者天墜（地）之差（佐）舜而【十六】右（佑）善，女（如）是痏（狀）㊿也。㙙（舜）乃老，視不明，聖（聽）不聦（聰）。㙙（舜）又（有）子七人㊿，不㠯亓（其）子爲迻（後），見墜（禹）之臤（賢）也，而欲以爲迻（後）。墜（禹）乃五壤（讓）㠯天下之臤（賢）【十七】者，不尋（得）巳，肰（然）㊿句（後）敢受之。

127

## 【語譯】

　　以前舜在歷山耕種，在河岸旁製作陶器，在雷澤捕魚。他孝順奉養父母，和善親人，甚至擴及國中之人。堯聽到這些事情，就讚美舜的行爲。於是乎堯準備十五乘車子，三次走訪舜於田野之中。於是舜才放下手邊的錢（銚）、耨、鍤，與堯分邊坐了下來。堯面向南邊，舜面向北邊，舜於是開始向堯談論天地人民的道理。舜向堯談論政事，主張政令簡約不煩苛，才能通行無阻；與堯談論樂，主張音聲相應和，對人的教化才能綿延長久；與堯談論禮，主張禮要廣施於每一階層，才能使人們的行爲不逆於常道。堯聽了舜以上的說法，覺得很喜悅。堯……。（過了一段年歲，堯老了，視力不清楚，）聽覺不聰敏。堯有九個兒子，但堯不以他的兒子爲繼位人，看到舜這麼賢能，反而想要立他以爲繼位者。（於是舜乃五次禮讓天下之賢者，最後不得已，然後才敢接受。）

　　舜聽政三年時，山陵阻塞不通暢，導致積水不能洩導，乃立禹擔任司空來治水。禹接受任命之後，乃穿上草服，戴上竹笠，……。……（禹）面部乾粗，小腿不長毛，爲的是開通阻塞使河水大流。然後禹又親自拿起盛土之器的畚與掘土之器的耜，在明都澤築起堤防，疏通九河淤結不暢之處，於是乎夾州、徐州才開始可以居住。禹又疏通淮水和沂水，引導它們向東流入海，於是乎競州、莒州才開始可以居住。禹又疏通藋水與湯水，引導它們向東流入海，於是乎藕州才開始可以居住。禹又疏通三江五湖，引導它們向東流入海，於是乎荊州、揚州才開始可以居住。禹又疏通伊水、洛水及瀍水、澗水，引導它們向東流入黃河，於是乎虞州才開始可以居住。接著禹又劃分漢水以南爲名谷五百，漢水以北亦爲名谷五百。而天下之民居住之地安定下來之後，才能開始耕種農作物，這時又立后稷爲農官來指導人民。后稷既然已經接受命令，由於工作繁多，於是食、宿皆在野外，加上注意更換穀物的品種及讓土地輪休，經過五年之後，穀物終於開始豐收，人民也開始有了多餘的糧食，而無求不得，於是人民向上天答謝回報神福。然而，這時人民開始有了驕傲的心態，獄訟之事也跟者多了起來，於是舜命令皋陶擔任法官。皋陶接受任命之後，於是先分辨陰陽之氣來知道吉凶，再傾聽二造的訟辭，經過三年之後沒有人來官司獄訟了，整個天下既公正又充滿祥和之氣。此外，舜又想要交會並聽用天地陰陽之氣，於是立質爲樂官。質接受任命之後，於是作六律六呂，分辨五音，以訂定陰陽之聲。所

以在當時，沒有傳染病，沒有各種怪異反常的現象，災禍也不發生，所畜養的禽獸長的很肥大，所種植的草木生長茂盛。以前天地輔佐舜而且幫助善人的情形，就是這樣了。過了一些年歲，舜老了，視力不清楚，聽覺不聰敏。而舜有七個兒子，但舜不以他的兒子爲繼位人，看到禹這麼賢能，反而想要立他以爲繼位者。於是禹乃五次禮讓天下之賢者，最後不得已，然後才敢接受。

## 【注釋】

①．者：李零先生補「者」字。建洲按：可從。

②．夋：「舜」字李零先生隸作「夋」。馬承源隸定作「夋」，（《上博（二）・子羔》簡2）。季師旭昇先生隸作「夋」，（〈讀郭店、上博簡五題：舜、河瀻、紳而易、牆有茨、宛丘〉《中國文字》新廿七期114頁）。關於字形演變，季師的文章已作了極佳的闡發可以參看。但就本簡字形的嚴式隸定來說，李零先生所隸似可從，「夋」的「火」形可參《郭店・老子甲》簡35的「燹（氣）」、〈語叢二〉簡44的「　叟」。

③．靜：「靜」，可讀作「耕」。「耕」，古音見紐耕部。而「爭」，莊紐耕部；「青」清紐耕部，可見「靜」是雙聲字。「耕」、「靜」疊韻，故可通假。《郭店・窮達以時》「耕」作🔲，李家浩先生以爲「從字形來說，簡文『耕』所從，即『爭』的省變，應該隸寫作『爭（左從田）』。上古音『耕』、『爭』都屬耕部。」引自黃人二〈郭店竹簡〈窮達以時〉考釋〉所載李家浩先生回函，《古文字與古文獻》試刊號122頁。

④．嚞丘：嚞丘，文獻多作「歷山」。如《韓詩外傳・卷七》：「故虞舜耕於歷山之陽」、《史記・五帝本紀》：「舜耕歷山，漁雷澤，陶河濱」、《說苑・雜言》：「故舜耕山，而陶於河畔」，亦見於《郭店・窮達以時》簡2-3「舜耕於歷山，陶拍於河瀻」。李零先生以爲「丘」則可能是「山」字之誤。但《史記・司馬相如列傳》：「以登介丘」，裴駰《集解》引《漢書音義》：「丘，山也。」可知「丘」、「山」義同，此處或許是用同義字來表示。「嚞」，李零先生隸作下從「鬲」，但「鬲」一般作🔲，簡文字形不類。許文獻與筆者討論時指出簡文下部從「啻（即「適」的右偏旁）。建洲按：「帝」作🔲（《郭店・緇衣》37）；「啻」，《包山》154作🔲、《望山》2.49🔲。簡文似結合《包山》、

《望山》的字形，寫法有所省簡。「帝」，端紐錫部；「鬲」，來紐錫部。聲紐同爲舌頭音，疊韻。可參袁國華先生〈江陵望山楚簡「青帝」考釋〉《第一屆中國語言文字國際學術研討會論文》，亦見《華學》第 5 輯 140-142 頁。

⑤　邦子：疑相當於「邦人」，「國人」之意。《詩·邶風·匏有苦葉》：「招招舟子」，毛《傳》：「舟子，舟人，主濟渡者。」《荀子·王霸》：「何法之道，誰子之與也。」楊注：「誰子，猶誰人也。」而《書·金縢》：「二公命邦人，凡大木所偃，盡起而築之。」《史記·魯周公世家》引「邦人」作「國人」。

⑥　旬：即「眅」。「旬」，邪紐真部；「眅」，見紐元部。韻部真元旁轉，古籍常見通假。聲紐見邪互通之例，如《侯馬盟書》「弁改」讀作「變改」、《郭店·尊德勝》簡 1「改慎勅」即「改慎勝」，而「巳」，邪紐之部；「己」，見紐之部，即爲一例，（參李守奎〈《戰國楚竹書·孔子詩論·邦風》釋文訂補〉《古籍整理研究學刊》2002.2 頁 9）。所以簡文「眅」寫作「旬」是可以的。

⑦　孚：讀作「免」。字又見於《郭店·緇衣》簡 24「則民有孚心」。《上博（二）·紂衣》簡 13 作「免心」，可見「孚」的確可釋爲「免」。至於楚簡其他字例及詳細考證，見李家浩先生《九店楚簡》146 頁。

⑧　蓺：即「執」。李零先生以爲與「蓺」形近混用，音近假爲「刈」。陳劍先生〈編連二〉讀作「執」。按：「執」與「蓺」古代確實會相混，可參見裘錫圭先生討論《郭店·老子丙》「蓺大象，天下往」的意見，（《郭店楚墓竹簡》122 頁 注釋七、〈郭店《老子》簡初探〉《道家文化研究》17 輯 頁 53、裘錫圭先生〈簡帛古籍的用字方法是校讀傳世先秦秦漢古籍的重要根據〉《兩岸古籍整理學術研討會論文集》524-528 頁、孟蓬生先生〈字詞〉）。此處似依陳劍先生讀作「執」較好。

⑨　开：即「錢」，古農具，又作「銚」。李零先生隸作從二「主」，讀作「斸」。陳劍先生〈編連二〉、何琳儀先生〈滬二〉均隸作「开」。何琳儀先生說：「《考釋》誤以爲『主』之繁文。按，『开』從二『主』會意，與『主』並非『單複無別』的關係。本簡『开』當讀『肩』。《詩·齊風·還》『並驅從兩肩兮。』《釋文》：『肩，本亦作犿。』……。是其佐證。《書·盤庚》下『朕不肩好貨。』《傳》：『肩，任也。』簡文意謂『肩任耨銚』。建洲按：字釋作「开」應無問題，但讀作「肩」似可商。筆者以爲應讀作「錢」，當作名詞，是一種農具。「开」，見紐元部；「錢」，精紐元部。《儀禮·大射禮》：「挾乘矢」，

鄭注曰：「古文挾（匣葉）皆作接（精葉）。」而「夾」古音見紐葉部，可見「見」、「精」可通。韻部則疊韻。《說文‧金部》：「錢，銚也，古田器。從金戔聲。詩曰：『庤乃錢鎛』」。段注曰：「云古田器者，古謂之錢。今則但謂之銚，謂之臿，不謂之錢。而錢以爲貨泉之名。」《詩‧周頌‧臣工》：「庤乃錢鎛」，毛《傳》：「錢，銚也。」值得注意的是典籍常見「銚」、「鎒」一起出現，如《管子‧輕重乙》：「一農之事，必有一耜、一『銚』、一鎌、一『鎒』……，然後成爲農。」亦有「合言」者，如《莊子‧外物》：「春雨日時，草木怒生，『銚鎒』於是乎始脩，草木之到植者過半而不知其然。」、《戰國策‧齊策三》：「使曹沫釋三尺之劍，而操『銚鎒』與農夫居壠畝之中，則不若農夫。」後者的情況正與簡文相同，「錢」乃「銚」之別名。而下一字「槈」亦可作「鎒」，《說文》曰：「槈，薅器也。鎒，或從金。」以上可證改讀爲「錢」較有根據。

⑩ 价：即「介」，「分」的意思。李零先生隸作「价」，讀作「謁」，拜見之義。何琳儀先生〈滬二〉亦認爲原篆從二「介」，會畫分之意。《說文》：「介，畫也。」簡文「价而坐之」，仍讀「介而坐之」，猶言「分而坐之」。接讀下文「子堯南面，舜北面。」前後貫通，文意符洽。季師旭昇先生以爲何氏分析有其道理，因爲簡文是說堯主動拜訪舜，所以二人見面時直接分兩邊坐下。若釋作「謁」似是舜去求見堯，與簡文不合。

⑪ 子堯南面：李零先生以爲「子」乃尊稱；陳劍先生〈編連二〉則將「子」移至前一句。建洲按：「謁而坐之子」似不辭。但李零先生釋爲「子堯」古籍似未見它證，一般稱「帝堯」。如《尚書‧堯典》：「曰若稽古帝堯，曰放勳。」、《禮記‧樂記》：「未及下車而封黃帝之後於薊，封帝堯之後於祝」、《荀子‧非相》：「蓋帝堯長，帝舜短」、《史記‧五帝本紀》：「帝堯者，放勳。」其次，《論語‧學而》：「學而時習之。」邢昺疏：「後人稱其先師之言，則以子冠氏上，所以明其爲師也，子公羊子、子沈子之類是也。若非己師而稱它有德者，則不以子冠氏上，直言某子，若高子、孟子之類是也。」《公羊傳‧隱公十一年》：「子沈子曰：『君弒，臣不討賊，非臣也。』」何休注：「沈子稱子，冠氏上者，著其爲師也。」但是「堯」舊說以爲「謚號」，非「氏」（《史記‧五帝本紀》：「帝堯者」，《索隱》曰：「堯，謚也。放勳，名。帝嚳之子，姓伊祁氏。」）。以此觀之，釋爲「子堯」亦非沒有疑問，今暫從之。「南面」，

人君聽治之位。如《論語·雍也》：「子曰：『雍也可使南面也。』」，朱熹注曰：「言仲弓寬洪簡量，有人君之度也。」另外，《尸子·明堂》：「故堯從舜於畎畝之中，北面而見之，不爭禮貌」前者與簡文所載相合。但後者說「堯站在北面見舜，不計較君臣之禮」則於簡文相反。

⑫ 陳劍先生〈編連二〉：「原以簡 7、簡 8 相次，則簡 8 開頭的『於是乎始語堯天地人民之道』，主語不明。下文云『與之言禮，悦攺而不逆』，上博簡《子羔》篇第 5 簡正面云『堯之取舜也，從諸艸茅之中，與之言禮，悦尃』，『悦尃』即此處簡文的『悦攺』，也可證明我們此處編連的正確性。」此說亦見於黃德寬〈補正〉。

⑬ 攺柬曰行：即「主張政令簡約才能施行長久」。劉樂賢先生〈容小札〉指出相近句式見於《尸子》：「與之語政，至簡而易行。」亦見於《路史》：「語政，治簡而易行。」建洲按：「攺」，似應釋為「悦」。指的是舜的喜好、主張。「柬」，《郭店》多讀為「簡」。如《郭店·五行》22：「不柬（簡）不行」、〈五行〉35「不以少（小）道害大道，柬（簡）也」。又如《尚書·呂刑》：「五刑不簡」，《岩崎本》「簡」作「柬」，（臧克和《尚書文字校詁》539 頁）。其次，《廣韻·產韻》：「簡，略也。」《易·繫辭上》：「乾以易知，坤以簡能；易則易知，簡則易從。」孔疏：「簡謂簡省。」《管子·桓公問》：「此古聖帝明王所以有而勿失，得而勿忘者也。桓公曰：『吾欲效而為之，其名云何？』對曰：『名曰嘖室之議，曰法簡而易行，刑審而不犯，事約而易從，求寡而易足。……』」《史記·齊太公世家》：「太公至國，脩政，因其俗，簡其禮，……而人民多歸齊，齊為大國。」依上引文，則「簡」應訓為簡單、簡略，也可說明施政簡單易從對政治的幫助。本簡亦可與簡 19「去苛以行柬（簡）」、簡 33「去苛慝」相呼應。

⑭ 攺和曰長：即「主張音聲相應和，對人的教化才能綿延長久」。《禮記·樂記》「禮節民心，樂和民聲」、「大樂與天地同和，大禮與天地同節」、「和故百物皆化」、《郭店·五行》簡 29「『和』則樂，樂則有德，有德則邦家舉」，可見「和」的重要性（參郭梨華〈竹簡《五行》的「五行」研究〉《郭店楚簡國際學術研討會論文集》258 頁）。此外，《郭店·性自命出》簡 36「凡學者求其心為難，從其所為，近得之矣，不如以樂之速也。」《荀子·樂論》：「夫聲樂之入人也深，其化人也速。」可見音樂對人的影響是深遠的，所謂「樂

教」是也。另外，據現有的可靠資料，我國古代的樂教，濫觴於虞舜時代，《尚書‧舜典》：「帝曰：『夔，命汝典樂，教胄子。直而溫，寬而栗，剛而無虐，簡而無傲。』《呂氏春秋‧察傳》云：『孔子曰：昔者，舜欲以樂傳教于天下，乃令重黎舉夔于草莽之中而進之，舜以爲樂正。』」（參李天虹《郭店竹簡性自命出研究》102頁）與簡文背景正合。

⑮ 敚敀呂不逆：即「主張禮要廣施於每一階層，才能使人們的行爲不逆於常道」。李零先生讀「敀」爲「薄」，「薄」有依附之義。按：《左傳‧宣公十二年》：「其君之舉也，內姓選於親，外姓選於舊。舉不失德，賞不失勞。老有加惠，旅有施舍。君子小人，物有服章。貴有常尊，賤有等威，『禮不逆矣』。德立、刑行，政成、事時，典從、『禮順』，若之何敵之？」意爲君上舉拔人才，只要做到上述諸項措施，對禮法便沒有拂逆了。以此觀之，簡文的「敀」似應釋爲「博」。「博」有廣泛、普遍的意思，《玉篇‧十部》：「博，廣也。」

⑯ 劉樂賢先生〈容小札〉以爲由《尸子》、《路史》所載，〈容成氏〉簡末所缺內容可能是講堯以二女妻舜、以九子事舜之類的事情。

⑰ 陳劍先生〈編連二〉：「『堯乃老，視不明』參照後文簡17『舜乃老，視不明，聽不聰』補。第12簡上端殘去約20字，補出『堯乃老，視不明』6字後，還有約14字的位置容納簡8末尾『堯』字下要接的簡文。因此簡8與簡12之間從內容看不大可能還有缺簡，故連讀。」

⑱ 聰：即「聰」。字從「兇」聲，與「聰」同爲東部。字形亦見於〈容成氏〉簡17、《郭店‧五行》簡15等。

⑲ 堯又子九人：李零先生引《史記‧五帝本紀》：「於是堯……使九男與處以觀其外。」證明堯有九子。建洲按：古代傳說不一，一說堯有十子，如《呂氏春秋‧孟春紀‧去私》：「堯有子十人，不與其子而授舜……至公也。」

⑳ 陳劍先生〈編連二〉：「『堯有子九人，不以其子爲後，見舜之賢也，而欲以爲後。舜乃五讓以天下之賢者，不得已，然後敢受之。舜聽政三年』，與後文簡17、18『舜有子七人，不以其子爲後，見禹之賢也，而欲以爲後。禹乃五讓以天下之賢者，不得已，然後敢受之。禹聽政三年』類同。簡33、34『禹有子五人，不以其子爲後，見皋陶之賢也，而欲以爲後。皋陶乃五讓以天下之賢者，遂稱疾不出而死』，亦可參考。此簡上半殘，補出『舜乃五讓以天下之賢者，不得已，然後敢受之』共18字，參考相鄰的整簡如第21

簡，其上半適可容納 18 字。」

㉑ 陞：即「陵」之異體字。戰國文字「陵」一般從土，〈容成氏〉的「陵」字皆改從「壬」。土、壬常見互作，如「經」，容成氏簡 28 從「土」，《璽彙》5485 從「壬」。

㉒ 山陞不尻：即「山陵不疏」，山陵不通之意。李零先生釋作「山陵不序」，意思是山陵沒有秩序。並指出本句或與《子彈庫楚帛書》「山陞（陵）不斌」同，而「斌」疑同「疏」，讀爲「序」。建洲按：山陵的生成乃天然而致，似不可以「秩序」規範之。《楚帛書》的「斌」，饒宗頤原釋爲「疏」，其曰：「斌字從爻從武，爲延之異構。《說文》：『延，通也，從爻從疋，疋亦聲。』武亦步武，與疋爲足，形義正相近。下文『以爲其延』，〈周語〉：『歸物於下，疏爲川谷，以導其氣。』……『疏川導滯』是山陵不斌謂不通也。」（見〈楚繒書疏證〉《中央研究院歷史語言研究所集刊》第四十冊（上））。後改釋爲「榖」，謂「山陵不榖」即山陵各就其所，神民不相雜錯，言禹與冥治水之功。而下句「以爲其榖」，猶言以爲其效，（《楚地出土文獻三種研究》238 頁）。二說當以前說爲是。對於後說，曾憲通先生認爲「同字而異讀」（《長沙楚帛書文字編》84 頁）。劉信芳先生說：「按釋『延』是。《離騷》：『及前王之踵武。』王逸〈章句〉『武，尻也。《詩》曰：履帝武敏歆。』《說文》：『疋，足也。』疋、武古音同在魚部，音近義通（建洲按：「武」（明魚），「疋」（疑魚）韻部疊韻，聲紐「明疑」有互通之例，如《國語·楚語上》：「啓有五觀。」《竹書紀年》「五（疑魚）觀」作「武（明魚）觀」，《墨子·非樂上》同，《會典》855 頁。可見疑、明相通，這是牙音通脣音的現象，參《陸志韋語言學著作集》（一），270-273 頁），此所以從疋與從武無別。《說文》：『延，通也。』延又作疏，《禮記·月令》：『其器疏以達。』《玉篇》引作『其器延以達。』知『山陵不斌』即山陵不通，亦即僅知山陵之籠統，未知山陵有方位彼此之具體劃分。」（《子彈庫楚墓出土文獻研究》27 頁）。馮時亦說：「山陵不疏。《說文·疋部》：『疏，通也。』『不疏』即不通，乃指山陵橫攔阻塞導致水患。故帛書自此以下實述禹平治水土之事，亦即《禹貢》導山導水之內容。……顧頡剛先生認爲，導水必先導山，……故帛書『山陵不疏』即引起下文大禹導山之事。山陵不疏則水之不通，帛書以此爲洪水氾濫之原因。」（《中國天文考古學》21-22 頁）簡文的背景，如同馮時所說，下接「禹治

水」的事情，所以讀作「山陵不疏」應該是較好的。惟劉信芳先生認爲「山陵不通，亦即僅知山陵之籠統，未知山陵有方位彼此之具體劃分。」似較無據。尻（處），昌紐魚部；疏，山紐魚部，舌齒鄰紐疊韻，聲韻可通。其次，簡文「山陸不尻，水潦不潜」意指山陵橫攔阻塞導致積水無法流通。《呂氏春秋·開春論·愛類》：「昔上古，龍門未開，呂梁未發，河出孟門。大溢逆流，無有丘陵、平原、高阜，盡皆滅之，名曰鴻水。」《淮南子·本經》：「龍門未開，呂梁未發，江淮流通，四海溟涬。舜乃使禹疏三江、五湖，闢伊闕，道廛、澗。」《國語·周語下》：「其後伯禹念前之非度，……高高下下，疏川導滯」，韋昭注：「導滯，鑿龍門，闢伊闕也。」皆可見山陵不開通的結果是「大溢逆流」。

㉓ 潦：李零先生分析爲從水從勞省，讀作「潦」。建洲按：「勞」作 𤇾（《郭店·尊德義》24），可見李零先生分析是對的。「勞」、「潦」同爲來紐宵部。《韓非子·外儲說右上》：「天雨，廷中有潦，太子遂驅車至於茆門。」「潦」即「積水」之意。

㉔ 潜：《說文》：「潜，水流潜潜。」、《詩·小雅·鐘鼓》：「淮水潜潜」，毛《傳》：「潜潜猶湯湯。」

㉕ 司工：即「司空」。李零先生說古書多作「司空」，但從西周金文看，「司工」是本來寫法。《書·堯典》說四岳薦禹「作司空」。建洲按：《書·堯典》所載四岳薦禹「作司空」，《十三經注疏本》（台北：藝文）列於〈舜典〉。今文《尚書》有〈堯典〉，無〈舜典〉，〈舜典〉是後世人從〈堯典〉分出去的，（參金景芳、呂紹綱《尚書·虞夏書新解》頁 5）。今仍依今文《尚書》的體例言之。《尚書·堯典》：「舜曰：『咨，四岳！有誰能奮庸熙帝之載，使宅百揆亮采，惠疇？』僉曰：『伯禹作司空。』」亦見於《史記·夏本紀》：「舜謂四岳曰：『有能奮庸美堯之事者，使居官相事？』皆曰：『伯禹爲司空，可美帝功。』」張亞初、劉雨說：「嗣工，文獻上做司空，在西周銘文中均作嗣工。東周銘文有作嗣工或嗣攻的（《三代》10.22；《錄遺》112），但從未見有寫成嗣空的，可見典籍上的司空之空是工字的同音假借。」（《西周金文官制研究》22 頁）關於「司空」的執掌，《周禮·考工記·鄭注》：「司空，掌營城郭，建都邑，立社稷宗廟，造宮室車服器械，監百工者。唐虞以上曰共工。」《禮記·月令》：「季春之月……是月也，令司空曰：『時雨將降，下水上騰，

循行國邑，周視原野，修利隄防，道達溝瀆，開通道路，毋有障塞。』」禹的工作比較接近後者。

㉖ 底下談到「大禹治水」的事蹟，傳統文獻履有提及，如《尙書·禹貢》、《詩經·商頌·長發》、《左傳·襄公四年》、《國語·周語下》、《孟子·滕文公》、《墨子·兼愛》、《莊子·天下》、《韓非子·飾邪》、《呂氏春秋·貴因》、《淮南子·本經訓》、《史記·夏本紀》等。新出西周中期「遂公盨」有「天命禹敷土，隨山濬川」的內容，是「目前所知年代最早也最爲詳實的關於大禹的可靠文字紀錄」（參新生新聞網 www.xinsheng.net/xs/articles/big5/2002/10/24/17778.htm、李學勤先生〈論遂公盨及其重要意義〉《中國歷史文物》2002.6頁5）。《郭店·唐虞之道》簡10亦提到「禹治水」。

㉗ 巳：即「已」。古代無「已」字，均假「巳」爲之。「巳」，古音邪紐之部；「已」，余紐之部，聲爲舌齒鄰紐，疊韻，故可通假。《韻補》：「古巳午之巳，亦讀如已矣之已。」，這種用法亦見《包山》207「少未巳」即「少未已」（《包山楚簡》圖版九二）。又如長沙仰天湖遣策簡於每簡記載器物之末，往往書一「巳」字作爲驗收的標記，此字亦應讀作「已」，（曾憲通先生〈「子」字族群的研究〉）。

㉘ 卉備：即「草服」，大概是「簑衣」一類的東西。《尙書·禹貢》：「島夷卉服」，疏引鄭玄云：「此洲下濕，故衣草服。」《爾雅·釋草》：「卉，草。」

㉙ 陳劍先生〈編連二〉讀作「乃卉服箁箬，帽芺□□足□」，今從李零先生將「帽」字前移。「芺」，由筆劃看來，釋爲「芺」應無問題，但字右下少一筆劃。

㉚ 面旱鯌，脛不生之毛：即「面乾粗，脛不生之毛」。「旱」，李零先生隸作從「早」，不妥，應從孟蓬生先生〈字詞〉隸作「旱」：「旱字寫法與《魯邦大旱》之旱字相同。從旱聲，當讀爲乾或奸。『鯌』當讀皵。『乾皵』指面部皮膚乾燥粗糙；『奸皵』指面部皮膚烏黑粗糙。核之傳世文獻，似以後者更爲近之。」關於簡文的「之」字，孟蓬生先生以爲當爲衍字。整句當讀爲「面奸皵，脛不生毛。」徐在國先生〈雜考〉亦有相似的意見，其將「旱」讀作「乾」，「鯌」讀爲「粗」，並指出第四字右邊偏旁從「坙」，《郭店楚墓竹簡·唐虞之道》19「坙」字作，與此字右旁形近。左邊偏旁是「丩」，此字當分析爲從「丩」「坙」聲，讀爲「脛」，當屬下讀，「脛不生之毛」，

即脛（小腿）不生毛，簡文讀作「……面乾粗，脛不生之毛」。黃錫全先生〈劄記四〉分析「脛」字爲從丩從「髹」，不知何據？何琳儀先生〈滬二〉則以爲：「之」，疑讀「趾」。簡文意謂「腿部不生毛」，典籍也有類似記載，如《莊子·天下》：「腓無胈，脛無毛。」《韓非子·五蠹》：「股無胈，脛不生毛。」建洲按：孟、徐二說可信。何說「之」讀爲「趾」，則簡文讀作「脛不生趾毛」，似不辭。

㉛ 𧷢灖：即「開塞」。簡文「開塞潛流」疑指「開通阻塞使河水大流」。首字李零先生以爲左旁從「豈」，右旁不識。建洲按：由字形看來，此說似可信。字或可讀作「開」，《易·繫辭上》：「夫易開物成務」，《釋文》：「開，王肅作闓。」（《古字通假會典》519頁）。次字「灖」似可讀作「塞」。「瑟」，山紐質部；「塞」，心紐職部，聲紐同爲齒音，韻部「職」、「質」相通如同「之」、「脂」可通，（參蘇建洲〈民1再議〉）。《郭店·緇衣》簡23「毋以嬖御息莊后，毋以嬖士息大夫、卿士」，二個「息」（職）字今本皆作「疾」（質）（參曾昱夫《戰國楚地簡帛音韻研究》頁365）。簡文讀作「開塞」，一詞亦見於《商君書·開塞》，蔣禮鴻曰：「開塞者，謂開已塞之道也。」（《商君書錐指》51頁）黃錫全先生〈劄記四〉：「根據下面文義，『□灖』可能不是專指的水名，而是指水貌漫流不通，……瑟從必聲，灖可讀泌。《說文》：『泌，俠流也。』《詩·衡門》：『泌之洋洋。』泌爲泉水。」建洲按：黃文以爲「□灖」指「水貌漫流不通」大約是對的，但讀「灖」爲「泌」則義與「潛流」重複，而且看不出有「水貌不通」的意思。

㉜ 湰：李零先生讀作「流」。建洲按：此說可信，相關考釋亦參劉釗先生〈讀郭店楚簡字詞札記〉《郭店楚簡國際學術研討會》79頁、曾憲通先生〈「子」字族群的研究〉。

㉝ 枌妃：即「畚耜」。「妃」，《上博（二）》隸作「耜」，孟蓬生先生〈字詞〉以爲由字形應隸作「妃」，簡文從立，巳聲，借爲耜字。可能是整理者一時疏忽，也許是手民之誤。李零先生以爲「枌妃」是「枌耜」之訛並讀爲「耒耜」。陳劍先生〈編連二〉則懷疑應讀爲「畚耜」。劉樂賢先生說：《莊子·天子》：「禹親自操橐耜而雜天下之川」、《韓非子·五蠹》：「禹之王天下也，身執耒臿以爲民先」。從文例看，簡文「枌耜」應與《莊子》的「橐耜」及《韓非子》的「耒臿」相當。橐是盛土之器，耜是掘土之器。《韓非子》的

137

「耒臿」，《淮南子‧要略》作「藥垂」。王念孫已經指出，「藥垂」是「藥臿」之訛，「耒臿」則是「藥臿」之通假。據《集韻》，藥是「盛土籠」，與「蕢」所指實同。臿是鍬，與「耜」都是掘土之器。因此，《莊子》的「蕢耜」，《韓非子》的「耒臿」，以及《淮南子》的「藥臿」，三者用字雖異，其所指實同。比較三種文獻可知，《韓非子》「耒臿」的「耒」用的不是本義，而是「藥」的通假字。因此，這並不能作爲簡文「枌耜」訛作「枌耜」並讀爲「耒耜」的證據。也就是說，將簡文禹所執之器視爲「耒耜」，與傳世文獻不合。值得注意的是，上引《淮南子》的「藥垂」，《太平御覽》引作「畚插（鍤）」。這證明，陳劍先生讀「枌耜」爲「畚耜」的說法是正確的。古書中作爲器物用的「畚」字有兩種含義。一種是指盛土之器，《國語‧周語中》：「其時儆曰：收而場功，待而畚梮，營室之中，土功其始。」注：「畚，器名，土籠也。」另一種是指掘土之器，《廣雅‧釋器》：「畚，臿也。」簡文「畚耜」及《淮南子》「畚插（鍤）」的畚字，顯然用的是第一義。總之，根據傳世文獻記載，可以斷定簡文的「枌耜」應讀爲「畚耜」，畚是盛土之器，耜是掘土之器（〈容小札〉）。

㉞ 波明者之澤：即《書‧禹貢》之「被孟豬」。李零先生以爲「波」當讀爲「陂」，即〈禹貢〉之「九澤既陂」之「陂」，是築堤障塞之義。周秉鈞《尚書易解》解〈禹貢〉「被孟豬」時認爲：「《墨子‧兼愛中》：『古者禹治天下，……防孟諸之澤。』據此，『被』當讀爲『陂』，築堤防的意思。」（引自錢宗武等譯注，周秉鈞審校《尚書》頁93）二者看法相同。「明都」，〈禹貢〉作「孟豬」、《周禮‧職方氏》作「望諸」、《墨子‧尚同》作「孟諸」、《史記‧夏本紀》作「明都」、《漢書‧地理志》作「盟豬」其實一也。

㉟ 決九河之溇：即「決九河之結」。「溇」，李零先生隸作「湡」。許全勝先生〈容補〉以爲字是「渫」之誤，讀爲「泄」。簡文「決九河之泄」，正謂分九河所泄之流。建洲按：字形右旁上部從二直筆，只是在第二直筆添加一斜筆。李家浩先生曾經指出：「戰國文字有在豎畫的頂端左側加一斜畫的情況」，如「陳」作 （《璽彙》1453），亦作 （《璽彙》1454）。（李家浩先生〈傳遽鷹節銘文考釋－戰國符節銘文研究之二〉《海上論叢》第二輯 頁 24。）又如「告」金文作 （盂鼎），《郭店》3.5 作 亦是相同現象。換言之，字形的理解應與簡5的「嵞」相同，但李零隸簡5的字作從「世」，本簡卻隸

作從「乍」，前後不一。而許氏之說有二誤。首先，字形右旁與「世」不類。其次，將簡文讀作「分九河所泄之流」，則「決」字所表示的「開鑿壅塞」字義將湮沒不現。筆者以爲由簡 5 的「殢」及簡 35 的「傑」，可知字應隸作「渫」。亦應分析爲從水桀聲，可讀作「結」，見紐質部，與「桀」，群紐月部，聲同爲見系，韻部旁轉。《管子・樞言》：「先王不約束，不『結紐』」、《靈樞・陰陽二十五人》：「岐伯曰：『結而不通者』」（《黃帝內經靈樞注證發微》323 頁），可見「結」有打結、不通之意。另外，《史記・扁鵲倉公列傳》：「其後扁鵲過虢。……乃割皮解肌，訣脈結筋」，瀧川資言說：「訣，決通用。決通經絡之壅塞；結紐經筋之斷絕。」（《史記會注考證》（六）4742頁），亦可見「決」、「結」可當反義詞用。總之「決九河之結」，就是「決九河之不通」，意謂疏通九河淤結不暢之處，參蘇建洲〈容昔〉。

㊱ 夾州：李零先生說《書・禹貢》所無，但與下「淆（徐）州」鄰近，疑相當〈禹貢〉等書的「兗州」。晏昌貴〈九州〉以爲「夾」意爲夾持、夾輔，夾州當得名於兩河夾持其間地，此與古書釋「冀州」正同。《釋地》：「兩河間曰冀州」。「九河」亦屬夾州。建洲按：《呂氏春秋・有始覽・有始》：「河、濟之間爲兗州，衛也。」又曰「泗上爲徐州，魯也。」「兗」，古音余紐元部；與「夾」，見紐葉部。見余二紐相通并不少見，如「與」，余紐魚部，而從與的「舉」，見紐魚部。「瓜」，見紐魚部；「弧」，余紐魚部。又如「睪」（余鐸），古有「皋」（見幽）音。《左傳・哀公二十六年》所記越大夫皋如，《春秋繁露》卷九作「大夫睪」；《荀子・大略》：「望其壙，皋如也……。」「皋如」，《列子・天瑞》、《家語・困誓》皆作「睪如」。（裴錫圭先生〈談談地下材料在先秦秦漢古籍整理工作中的作用〉《古代文史研究新探》54-56頁）。而韻部「元」、「葉」爲通轉，《說文・弦部》：「娺，不成遂急戾也。從弦省，曷聲，讀若瘞。」上古音「曷」在月部，與元部陽入對轉；瘞，從「夾」聲，古音影紐葉部，可見「元」、「葉」的確可通。《儀禮・士昏禮》：「面葉」，鄭玄注：「古文葉爲擖」，亦爲一證，（參馮時〈柞伯簋銘文剩義〉《古文字研究》24 輯 227 頁）。今從李零先生將「夾州」釋爲「兗州」。

㊲ 淆州：李零先生以爲是〈禹貢〉等書的「徐州」。晏昌貴〈九州〉亦以爲是徐州。建洲按：此說可從，《尚書・禹貢》：「海、岱及惟徐州」、《呂氏春秋・有始覽・有始》：「泗上爲徐州，魯也。」

㊳　忻：即「沂水」。亦見於《左傳·襄公十八年》:「齊侯駕，將走郵棠。……南及沂」。地點在莒國，（參程發軔《春秋左氏傳地名圖考》290 頁）。所以後文「簹州」釋爲「莒州」應該是對的。

㊴　竸州：李零先生以爲〈禹貢〉無竸州，疑相當於〈禹貢〉等書的「青州」或《爾雅·釋地》的「營州」。晏昌貴〈九州〉以爲竸、莒二州約當《禹貢》徐州南境。簡文莒州當偏北偏東，在沂水流域；竸州當偏西偏南，當淮水流域。建洲按：竸，群紐陽部；青，清紐耕部；營，余紐耕部，韻部耕陽古籍常見通假，但聲紐稍遠。另有一州「荆州」，荆，見紐耕部，與「竸」聲紐同爲見系，疊韻，就聲韻條件是比較好的。但考慮到地理位置，沂水在今山東臨朐一帶（《一統志》:「沂水源出今山東臨朐縣南之沂山。」）正好與青州所在「東方爲青州，齊也。」（《呂氏春秋·有始覽·有始》）相差不遠。據學者研究，「青州」相當於今山東的東部，而「荆州」在今湖北、湖南和江西西部地區（引自陳剩勇《中國第一王朝的崛起》400 頁），可見李零先生所釋可信。

㊵　簹州：李零先生以爲春秋莒國銅器以「簹」自稱其國名。莒國之城在沂水一帶。〈禹貢〉無莒州，疑簡文「莒州」即莒國一帶。建洲按：此說就地理位置及聲韻通假來看，應該是對的。換言之，春秋「莒（簹）國」一名，可能是因爲其位於「莒州」而稱此名。

㊶　蓏州：疑相當於「幽州」。李零先生以爲可能是《周禮·夏官·職方氏》的「并州」。「并」、「蓏」簡文寫法相近，或有混淆。晏昌貴〈九州〉引陳偉說以爲字當讀作「藕」，《容成氏》藕州正當《職方》「并州」。建洲按：《周禮·夏官·職方氏》原文作「正北曰并州，其山鎮曰恒山，其澤藪曰昭餘祁，其川虖池、嘔夷，其浸淶、易，其利布帛，其民二男三女，其畜宜五擾，其穀宜五種。」其次，「蓏」所從二「瓜」之形亦見於《包山》174 作 🈂、258 作 🈂，所以字隸作「蓏」應無問題。而「蓏」讀作「藕」應是李家浩先生的意見。（參〈信陽楚簡中的「柿枳」，《簡帛研究》第 2 輯 7 頁）但是「瓜」與「人」的分別大致還算清楚，即「瓜」會加上圓點，而「并」字所從的「人」旁一般會加上二道橫畫，所以二者相混的機會似乎不高。何況「并」字亦見於同簡，則書手寫錯的機會似乎就更小了。所以「蓏州」是否一定就是「并州」尚可保留。筆者以爲「蓏州」或許就是見於《爾雅》、

《周禮》、《呂氏春秋》的「幽州」。「幽」，影紐幽部；「瓜」，見紐魚部；「瓜」，余紐魚部。見影古同爲喉音，聲紐可通，韻部魚、幽爲旁轉例可通假，如「恢」，泥紐幽部；「奴」，泥紐魚部。《爾雅·釋地》：「燕曰幽州。」《呂氏春秋·有始覽·有始》：「北方爲幽州，燕也。」而「瓜州」附近有「湯水」、「蔞水」。前者「湯水」李零先生以爲古燕地的易水，正與「幽州」地望相合。而後者「蔞水」，李零先生以爲即古易水附近的「寇水」，「蔞」，來紐侯部；「寇」，溪紐侯部，聲紐有相通之例，如《說文》「臚」（來魚）字的籀文作「膚」（幫魚），而「膚」、「歔」（溪歌）均從魚部「虍」爲聲，可見來、溪二紐可通（參顏世鉉先生〈散論（三）〉。韻部則同爲侯韻。可見「蔞水」的確有可能是「寇水」。《山海經·北山經》：「又北三百里，曰高是之山……寇水出焉，東流注于河。」郭璞注：「過博陵縣南，又東北入於易水。」亦在燕國境內。總之，簡文「瓜州」釋爲「幽州」可能比較理想。

㊷ 三江五湖：李零先生以爲簡文「三江五湖」所流經的地方包括「揚州」、「荊州」。建洲按：〈禹貢〉：「揚州……『三江』既入，震澤底定」、《周禮·夏官·職方氏》：「東南曰揚州，……其川『三江』，其浸『五湖』，就「揚州」部分與簡文吻合。但「荊州」在〈禹貢〉則是「江、漢朝宗于海，九江孔殷，沱、潛既道」、〈職方氏〉中則是「其川江、漢，其浸潁、湛」似不合。所謂「三江」者，《國語·越語上》：「三江環之，民無所移。」韋昭注：「松江、錢塘江、浦陽江」徐元誥《集解》曰：「三江，宋庠本注作『松江、錢塘江、浦陽江』。《補音》又出『浙江』，是又以宋庠本『錢塘』作『浙江』矣。明道本注作『吳江、錢唐江、浦陽江』。《水經注》引郭璞曰：『三江者，岷江、松江、浙江也。』胡渭謂：『以此當《國語》之三江，則長於韋矣。』今據以訂正。岷江爲長江上游，正環吳境，不得獨遺之。松江首受太湖，經吳江、昆山、嘉定、青浦等縣，至上海縣合黃浦入海，亦名吳松江。浙江又名錢塘江，發源安徽黟縣。浦陽江發源於浙江浦江縣，然合流之後，同至餘姚縣入海。是言浙江已包浦陽，不得分而爲二。」（《國語集解》568-569頁）。所謂「五湖」者，《周禮·職方氏》鄭玄注：「具區、五湖在吳南」。《國語·越語下》：「果興師而伐吳，戰於五湖」，韋注曰：「五湖，今太湖。」徐元誥《集解》曰：「《史記·夏本紀·正義》曰：『五湖者，菱湖、游蝴、莫湖、貢湖、胥湖，皆太湖東岸，五灣爲五湖，蓋古時應別，今并相連。……』

元誥按：五湖皆與太湖連，故韋以太湖統五湖。太湖跨江蘇、浙江二省，號稱三萬六千頃。」（《國語集解》576-577 頁）。再由《呂氏春秋·有始覽·有始》「東南爲揚州，越也」、「南方爲荊州，楚也」，可知簡文以「三江五湖」含括揚、荊二州應可理解。又「三江五湖」常見於傳統文獻，如《呂氏春秋·仲夏紀·古樂》：「禹立，勤勞天下，日夜不懈，通大川，決壅塞，鑿龍門，降通漻水以導河，疏『三江五湖』，注之東海，以利黔首。」《呂氏春秋·慎大覽·貴因》：「禹通『三江五湖』，決伊闕，溝迴陸，注之東海，因水之力也。」《淮南子·本經訓》：「舜乃使禹疏三江五湖。」《漢書·溝洫志》：「（禹）於吳，則通渠三江五湖。」

㊸ 沋：即「伊」，伊水。李零先生說：「『沋』從水從死，與《說文·人部》『伊』字古文從『死』合。」建洲按：《說文》曰：「㲽，古文伊。從古文死。」而《說文》古文「死」作㾓，可證李說可信。

㊹ 里：李零先生以爲「廛」字之誤，即廛水。建洲按：里，來紐之部；廛，定紐元部，韻部遠隔，似無通假之例，李零先生以爲誤字，或可從。

㊺ 虘州：李零先生以爲從文義看，應相當於〈禹貢〉之雍州。建洲按：簡文「涇」、「渭」二水流經「虘州」。而〈禹貢〉原文作：「黑水、西河惟『雍州』：弱水既西，涇屬渭汭」。另外，由《周禮·職方氏》：「正西曰『雍州』，其山鎮曰嶽山，其澤藪曰弦蒲，其川涇、汭，其浸渭、洛」亦可證明其說可從。惟「虘」，楚簡多讀作「且」，如《郭店·緇衣》26「吾大夫恭戲（且）儉」。「且」，清紐魚部與「雍」，影紐東部，韻部旁對轉，聲紐則關係較遠。

㊻ 乃飭叟：即「乃耕食」。「飭」作「🐛」，李零先生說：左半從食，右半不清。何琳儀先生〈滬二〉釋爲「飭」，並說：「《考釋》闕釋。按，其右上較爲糢糊，右下則明確從『力』。《易·雜》『蠱則飭也。』注：『飭，整治也。』《國語·吳語》『周軍飭壘。』注：『飭，治也。』參照下文，簡文大意『謂天下之民安居樂業，於是整治食物，於是樹立后稷以爲榜樣』。」建洲按：「飭」出現於《睡虎地·秦律雜抄》28 飭，年代已屬秦朝，戰國文字似未見「飭」字。但相近字形如《詛楚文》「飾」（書職）作🔲，右上從「弋」聲（余職），（參《曾侯乙墓》514 頁 注 98）另外，〈容成氏〉簡 38 的「戠」（飾）亦從「弋」聲。而「飭」（透職）與「弋」（余職），聲同爲舌頭音，疊韻，可見亦可以「弋」爲聲符。「弋」，《郭店·緇衣》簡 13 作弋，〈容成氏〉簡 50

作[字]。但本字的右上未見與[字]相同的小斜筆，加上所剩的空間似乎容不下「弋」字。其次，楚系文字的「力」幾乎作[字]（《郭店·性自命出》43）、[字]（加，《隨縣》48）、[字]（〈容成氏〉44），餘參《楚系簡帛文字編》985-990頁。而本字右下字形比較接近[字]（力，〈為吏之道〉19），但這種寫法比較晚，且與楚系寫法不類，未必就是「力」字，所以本字是否一定是「飭」似可保留。退一步說，縱使是「飭」（透職）字，依文意應讀作「耕」（見耕）。聲紐見、透互通之例如同從「翏」聲而有瘳（透幽）、膠（見幽）。韻部耕、職旁對轉。至於原因詳下。筆者以為字的右旁可能是「豕」字，如《包山》168「豕」作[字]、《包山》215「豬」作[字]，「豕」字的下方與「飭」右下部件字形相似。至於上半部則已漫漶不清了。從殘存的筆劃看來，似與金文的「豕」頭部類似，如[字]（彔簋），或許本字的上部保留金文時的寫法也未定。依此字可隸作「餕」，從「豕」聲，古音書紐支部，可讀作「耕」見紐耕部，「照三」系字與端系字、見系字的聲母應該有一個共同的上古來源，如收（書）從丩（見）。韻部則是對轉關係，簡文讀作「耕食」。「耕食」一詞亦見於古籍，如《南齊書·王融傳》：「臣亦遭逢，生此嘉運，鑿飲『耕食』，自幸唐年。」《魏書·鄭脩傳》：「不交世俗，『耕食』水飲。」《舊唐書·杜亞傳》：「初，奏請取荒地營田，其苑內地堪『耕食』者……。」至於「乃」，可用於表示動作行為在具備了一定的條件之後才發生、出現，可譯為才、才能、就、這才（見《古代漢語虛詞詞典》380頁）。《書·堯典》：「洪水滔天，浩浩懷山襄陵，下民昏墊。予乘四載，隨山刊木；暨益奏庶鮮食。」屈萬里曰：「鮮，生也；謂魚鱉鳥獸也。時洪水未平，穀物稀少，故以此為民食。」〈堯典〉又曰：「予決九川，距四海；濬畎澮，距川。暨稷播奏庶艱食鮮食，懋遷有無化居。」屈萬里說：「艱，說文重文作囏，與饉同聲通用。炊黍稷為饉；則是『艱食』，謂穀類之食物也。與『鮮食』對文。此句意謂兼食穀物及鳥獸魚鱉也。」（《尚書釋義》22頁）《孟子·滕文公上》：「禹疏九河，……決汝漢，排淮泗，而注之江，然後中國可得而食也。」注曰：「於是水害除，故中國之地可得耕而食也。」正是簡文的背景。蓋禹治水成功之後，九州始可處，並以漢水為界，劃分南北各為名谷五百。天下之民居住之地安定下來之後，才能（乃）耕種農作物並加以食用（耕食）。下接「乃立句（后）禝（稷）吕為緙（畯）」，即立后稷為農官，負責

播時百穀，五年之後穀物豐收，文意通暢。

⑰ 乃立句禝呂爲經：即「乃立后稷以爲畯」。「禝」，李零先生說字的右半是從鬼的變體。《說文·禾部》「稷」字古文從禾從鬼，正與此合。建洲按：字形右旁與《上博（一）·孔子詩論》簡 24「稷」作 圖 同形。《說文》古文「稷」作 圖，從「鬼」作。吳振武說：古文字「圖」形變成成「女」形，是古文字形體演變的通例。如「嬰」，春秋晚期齊叔夷鎛作 圖，而戰國齊系璽印作 圖 《璽彙》195）可以爲證（參《古璽文編校訂》582 條。亦參何琳儀先生《戰典》689、1342 頁、蘇建洲《戰國燕系文字研究》159 頁）。所以楚簡文字寫作從「女」完全是合乎文字發展規則的。另外，簡文作從「示」旁，寫法與《集韻·職韻》所列古文同。

「經」，李零先生讀作「盈」。何琳儀先生〈滬二〉：「《考釋》讀『盈』。按『左糸右呈』當讀『程』。《詩·小雅·小旻》『匪先民是程。』《傳》：『程，法也。』。」建洲按：字形亦見於《郭店·成之聞之》簡 35。相同文例亦見〈容成氏〉簡 29「乃立皋陶以爲李」、簡 30「乃立數以爲樂正」，相同位置的「李」、「樂正」二者均爲官名。所以本簡的「經」字照理說應該也是「官名」。但《尚書·堯典》：「禹拜稽首，讓于稷、契暨皋陶。」《傳》曰：「『居稷官者』，棄也。」又「棄！黎民阻飢。汝后稷，播時百穀。」疏曰：「正義曰……帝呼稷曰：『棄，往者洪水之時，衆民之難，難在於飢，『汝君爲此稷官』，教民布種』。」《詩經·周頌·思文》孔穎達疏引《尚書》注云：「始者洪水時，衆民厄於飢，『汝居稷官』，種蒔五穀，以救活之。」「汝居稷官」與「汝作司徒」文例相同，所以「稷」應該是官名。《國語·周語上》：「昔我先王室后稷」，韋昭注曰：「后，君也；稷，官也。」《史記·五帝本紀》「棄主『稷』，百穀時茂；契主司徒，百姓親和」、《漢書·百官公卿表》「禹作司空，平水土；棄作『后稷』，播百穀；契作司徒，敷五教」，更可證「后稷」是官名。金景芳就認爲「稷」即「后稷」，當是官名（參金景芳、呂紹綱《尚書·虞夏書新解》160 頁）。既然「后稷」已是官名，則本簡「經」似不能再作官名來理解。惟《國語·周語上》：「宣王即位……是故稷爲天官。」《集解》曰：「各本作大官，……汪遠孫曰：大官當爲天官，涉注文『大事』而誤。賈公彥《周禮疏序》：『天官，稷也。』又引〈堯典·鄭注〉：『稷，棄也。初堯天官爲稷。』」《太平御覽·百穀部》四引鄭氏〈婚禮謁文

讚〉曰:『稷爲天官。』《書·舜典·疏》引《國語》作『稷爲天官』。」(《國語集解》16頁)又「後又舉禹掌『天官』;夏官,司馬也,棄掌之;秋官,士也,咎陶掌之;冬官,司空也,垂掌之。」(孫詒讓《周禮正義》第十三冊3104頁)由文例看來,「天官」作「官名」應無問題。以上亦是於「稷」(官名)之後再加「天官」(官名),以此觀之,則「綎」解爲官名亦無不可。考慮到「稷」簡文前面已出現,所以此處可能讀作「畯」。《說文》曰:「畯,農夫。」段注曰:「〈釋言〉曰:『畯,農夫也。』孫(建洲按:指「孫炎」)云:『農夫,田官也。』《詩·七月》:『田畯至喜。』《傳》曰:『畯,田大夫也。』《周禮·籥章》『以樂田畯』,注:『鄭司農云:田畯,古之先教田者。』按田畯,教田之官,亦謂之田月令。命田舍東郊,鄭曰:田謂田畯,主農之官也。」王引之說:「畯,長也。田畯,農之長。……〈周頌·噫嘻〉篇『率時農夫』,鄭《箋》以農夫爲主田之吏,義本《爾雅》。……畯,農夫也,皆出眾之稱,故皆以俊髦連言之。」(《經義述聞》644頁)可知「畯」的身份與「稷」相同,亦是古代掌管農事之官。「畯」,精紐文部;「壬」,透紐耕部、「呈」,定紐耕部。聲紐舌齒鄰紐,例可相通。韻部「耕」、「文」亦有相通之例,如《爾雅·釋魚》:「蜥蝪,蝘蜓。」《釋文》:「蜓(耕部)字或作蝀。」,(《古字通假會典》62頁)。而「殄」,定紐文部,可證韻部「耕」、「文」可通。另外,金文「廷」或說從「㐱」聲,(參《戰典》806頁、《說文新證》122頁)。又如《詩經·衛風·碩人》:「巧笑倩兮,美目盼兮」,「倩(耕)」、「盼(文)」亦屬耕文合韻的現象,(向熹《《詩經》語文論集》208頁)。陸志韋曾說「文部」與「真部」的分界,在《詩》韻本來已經是很勉強的,正像脂部不能再分爲微與脂。《楚辭》中,耕部通真部的例子特別的多,又說先秦韻文的真耕通轉,除了《詩經》,乃是極普遍的現象,(見《陸志韋語言學著作集(二)》365-366頁)。以此觀之,則韻部「耕」、「文」相通或可接受。但是讀作「畯」還有一個問題,《國語·周語上》:「及籍,后稷監之,膳夫、農正陳籍禮。」「乃命其旅曰:『徇。』農師一之,農正再之,后稷三之。」韋昭注曰:「一之,先往也。農師,上士也。農正,后稷之佐,田畯也,故次農師。后稷,農官之君也,故次農正。」若依此說,則釋爲「畯」似有不妥。但《史記·周本紀》:「帝堯聞之,舉棄爲『農師』,天下得其利,有功。」、《左傳·昭公二十九年》:「稷,田正也。」孔

疏：「百穀稷爲其長，遂以稷名爲農官之長。」則所謂「農師」、「農正」的用法，恐未必如《國語》所寫的這般固定。換言之，我們將「綅」釋爲「畯」，訓爲「農官」，或不爲無據。

㊽ 穀：即「穀」。字亦見於《包山》191、《楚帛書》乙 12.4「民則有穀」。《說文》曰：「穀，乳也。從子，殸聲。」而「穀」，《說文》分析爲從禾殸聲，所以以上楚文字讀作「穀」是可以的。

㊾ 豢土：李零先生以爲是「換土」。季師旭昇先生指出依本字解，意思是「養」，指培養地力。建洲按：《左傳．哀公十一年》：「是豢吳也夫。」杜注：「豢，養也。」上引二說均可通。

(51) 壞：李零先生以爲即「穰」，指穀物豐收。按：《廣雅．釋詁四》：「穰，豐也。」、《史記．天官書》：「星色赤黃而沉，所居也大穰。」張守節《正義》：「穰，豐熟也。」

(51) 民乃賽：「賽」，李零先生以爲指爭利競勝。建洲按：「賽」字的早期用法，多指「賽禱」，見簡 6「堯爻貤而旹　（時時）賽（賽）」註腳。在先秦典籍少見「賽」字用作「競賽」的意思。疑本句的「賽」仍應用作「報神福」之意，蓋人民無求而不得，遂祭禱感謝神祇的幫助，可與簡六呼應。而且在「賽」下斷「句號」，底下「驕態始作……」爲皋陶的事蹟，主語「民」承上省略。

(52) 咎𡊸：「咎」，群紐幽部；「皐」，見紐幽部，聲近皆近，故得通假。「𡊸」，何琳儀先生〈滬二〉：「《考釋》隸定爲『左吉右土』，殊誤。按：△之筆畫清楚，從『土』，從『匋』，乃『陶』之異文。『咎陶』當讀『皐陶』。」建洲按：何說似誤。簡 29 第一個「陶」（△1），李零先生隸作「𡊸」，可從，左下的「口」形可能是飾符。而「土」、「口」共用一筆，換言之，字從三「土」。《上博（二）》頁 276 即隸作從三「土」。至於下一個「陶」字（△2），李零先生隸作「𡊸」，左旁從「吉」與《包山》238、《九店》56.21 相比對似乎有理。但參照上下二字，△2 與△1 的左上形體相同，則△2 應該理解爲從二「土」從「口」，隸作「𡊸」，不過，這些「土」形寫得和「士」形非常接近。另外，亦可參〈魯邦大旱〉簡 3 的「圭」字。其次，李零先生以爲這些寫法是「堯」的異體，見《上博（二）》頁 276-277。但古文字的「堯」，其「卩」或「人」旁不見省略，《陶徵》57 字形從三「土」，何琳儀先生以

爲真僞待考，(《戰典》299)。其次「陶」，余紐幽部；「堯」，疑紐宵部，韻部旁轉音近，但聲紐未見證據可通。《會典》742、798 頁亦未見相通之例。是以△1 與△2 理解爲「土」的繁構即可，「土」，透紐魚部與「陶」(余幽)，聲紐同爲舌頭音，韻部旁轉音近。至於簡 34 作「㕣咎」、「㕣秀」均爲「皋陶」的一聲之轉。

(53) 孷：即「李」，又作「理」，法官。字亦見於《包山》80、82 等，(參鄭剛〈戰國文字中的陵與李〉、何琳儀先生〈包山楚簡選釋〉《江漢考古》1993.4 頁 57)。《禮記·月令》:「是月也，……命理瞻傷，察創，視折，審斷。決獄訟，必端平。」孫希旦《集解》:「愚謂理，治獄之官，於《周禮》則士師、鄉士、遂士之屬也。」《史記·天官書》:「左角，李；右角，將。」司馬貞《索隱》:「李即理，法官也。」

(54) 支侌昜之𣱼：即「辨陰陽之氣」。「支」，字亦見於《郭店·成之聞之》簡 32、〈六德〉5、34、39、《望山》2.2 等。上部所從乃是「鞭」字古文作㝷的上部變體。(參《望山》頁 116 注釋 16、季師旭昇先生〈讀郭店楚墓竹簡札記：卡、絕僞棄作、民復季子〉《中國文字》新 24 期 頁 129-134)。「𣱼」，李零先生說:「『氣』字，簡文多從既從火，這裏從而，蓋涉下文『而』字而誤。」《管子·四時》:「管子曰:『令有時。……不知四時，乃失國之基。……是故陰陽者，天地之大理也；四時，陰陽之大經也；刑德者，四時之合也。刑德合於時則生福，詭則生禍。然則春夏秋冬將何行？東方曰星，其時曰春，……其事號令，……解怨赦罪，通四方。然則柔風甘雨乃至，百姓乃壽，百蟲乃蕃，此謂星德。』此外，《周禮·春官宗伯·占夢》:「占夢：掌其歲時，觀天地之會，『辨陰陽之氣』，以日月星辰占六夢之吉凶。」賈公彥疏:「辨陰陽之氣以知吉凶。」另外，《周禮訂義》引李嘉令曰:「(其夢)協於陰陽歲時者吉，背於陰陽歲時者凶。」(引自劉文英《夢的迷信與夢的探索》頁 62)均可與簡文參看。

(55) 䝼：即「均」，公平之意。字見《郭店·唐虞之道》簡 2 作「身窮不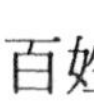」，李零先生隸作「䝼」讀作「均」，可信。又李零先生將此句歸於下一段。陳劍先生〈編連二〉則歸於上一段，筆者從之。

(56) 會天埅之氣而聖甬之：「埅」，即「地」。字常見於楚文字，如《楚帛書》乙 2.6、《郭店·窮達以時》簡 5。簡文「也」旁寫作從「它」。古文字「也」

與「它」本同字，（參于省吾編《甲骨文字詁林》冊二頁 1784，1843 號「它」字條下按語）。如〈忠信之道〉簡 7「君子其它也忠」，「它」讀爲「施」。〈容成氏〉簡 6「貤」，陳劍先生直接隸作「貤」，李零先生先生則釋爲「施」。又如另外「阜」、「土」義近，故可疊加義符。

「天地」疑與上述「陰陽」義近。《國語·越語下》載范蠡之言：「節事者與地。……必有以知『天地之恆制也』，……」，又說「四封之外，敵國之制，立斷之事，『因陰陽之恆，順天地之常』，……」，天地、陰陽互作，可爲其證。又如《呂氏春秋·季夏紀·音律》：「應鐘之樂，陰陽不通」，張雙棣說：「古人認爲孟冬之月，天氣上騰，地氣下降，『天地』不通，所以說『陰陽』不通。」（《呂氏春秋譯注》154 頁）亦是一例。《呂氏春秋·仲夏紀·大樂》：「音樂之所由來遠矣，生於度量，本於太一。凡樂，天地之和，陰陽之調也。」《呂氏春秋·季夏紀·音律》：「大聖至理之世，天地之氣，合而生風，日至則月鐘其風，以生十二律。」《國語·周語下》載伶州鳩向周景王諫曰：「於是乎氣無滯陰，亦無散陽。陰陽序次，風雨時至，嘉生繁祉，人民和利，物備而樂成，上下不罷，故曰樂正。」以上都說明了音樂是由天地陰陽之氣和合而來，可與簡文參看。

㊄ 數：即樂正「質」。字形隸定依陳劍先生〈編連二〉。李零先生以爲字與《包山楚簡》第 120 簡、《郭店楚簡·語叢四》第 8 簡「竊」寫法相同。堯、舜樂正古書多作「夔」，唯《呂氏春秋·古樂》作「質」，從讀音考慮，此字疑讀爲「質」。陳偉〈零釋〉從讀音來考慮，釋作「契」，但是契的職位則是司徒。所以認爲如非傳聞有異，那麼較有可能的是，竹書作者或抄手將樂正夔誤寫成時代相同、地位也大致相當的契。建洲按：陳偉之說證據稍嫌薄弱，茲不取。

㊄ 頪：即「類」，讀作「律」。見《郭店·尊德義》30、〈性自命出〉17 等等。「類」、「律」古音均爲來紐物部，故可通假。

㊄ 郘：即「呂」。簡 30 之下應有「呂」字。李零先生下接簡 31，遂以爲其下有脫簡。陳劍先生〈編連二〉則編連簡 30 下接簡 16，而簡 16 首字是「郘」，陳劍先生以爲是「邵」的誤字，「邵」讀爲「呂」。「六律六呂」即十二律呂，下文又言「五音」，「作爲六律六呂」與「辨爲五音」句式整齊。古書以「六律」與「五聲」或「五音」並舉習見。另外，陳美蘭學姊指出二者有音近

關係，不必釋爲誤字。建洲按：參照上下文，陳劍先生所編連較爲有理。
而「鄣」的左旁實際說來是「毌」而不是「串」，《說文》不見「串」字。
典籍中從「貫」的字多假「串」爲之，如《包山》265「一𦈢耳鼎」，《包山
楚簡》說：「讀如貫」（63頁），詳見簡18「闤市」注釋。「毌」，見元；「呂」，
來魚，聲紐來見屬於複聲母，關係密切，如「京」，古音見紐陽部；從「京」
諸字如「諒」、「涼」、「椋」，古音來紐陽部；呂爲來母、莒爲見母。韻部主
要元音相通，例可相通。如《呂氏春秋·明理》：「烏聞至樂？」注：「烏，
安也。」烏（魚）與安（元）在解做疑問代詞時爲同源詞（《同源字典》120
頁）。其次，六律六呂的名稱，傳世文獻多見，如《國語·周語下》周景王
將鑄無射，問律於伶州鳩。亦見《禮記·月令》、《呂氏春秋》十二月紀。
內容分別是黃鐘、大（太）蔟、姑洗、蕤賓、夷則、無射，以上爲六律，
爲「陽」；大呂、夾鐘、仲呂、林鐘、南呂、應鐘，以上六呂，爲「陰」。「五
音」則是宮、商、角、徵、羽。另外，「六律」與「五音」合言者，如《呂
氏春秋·愼行覽·察傳》：「夔於是正六律，和五聲，以通八風，而天下大
服。」與簡文背景完全吻合，可見陳劍先生的編連是對的。其他例證如：《孟
子·離婁上》：「師曠之聰，不以六律，不能正五音。」《晏子春秋·景公謂
梁丘據與己和晏子諫第五》：「聲亦如味：一氣，二體，三類，四物，五聲，
六律，七音，八風，九歌，以相成也。」《莊子·駢拇》：「亂五聲，淫六律」

⑥ 以定男女之聖：李零先生以爲「聖」即「聲」。古人認爲音樂有別男女之用。
建洲按：李零先生所釋與上下文文意似不連貫。況簡文是說「定」男女「之
聲」，並非「別」男女「之用」。此處「男女之聲」疑指六律所代表的「陽」
及六呂所代表的「陰」二者合起來的「陰陽之聲」。黃老帛書〈稱〉曰：「凡
論必以陰陽□大義。……男陽〔女陰，父〕陽〔子〕陰。」即以男、女分
屬陽、陰。《周禮·春官·大師》：「大師：掌六律、六同，以合『陰陽之聲』。
陽聲：黃鐘、大蔟、姑洗、蕤賓、夷則、無射；陰聲：大呂、應鐘、南呂、
函鐘、小呂、夾鐘。皆文之以五聲：宮、商、角、徵、羽。……」鄭注曰：
「以合陰陽之聲者，聲之陰陽各有合。……同位者象夫妻，異位者象子母，
所謂律取妻而呂生子也。」《周禮正義》曰：「『掌六律六同以合陰陽之聲』
者，此著審音調樂之通義……，云『皆文之以五聲，宮商角徵羽』者，凡
調樂以五聲十二律爲本。」（第七冊1833頁）與簡文可參看。

⑥ 㓖役：即癘疫。「㓖」，李零先生以爲楚簡或用爲「列」，疑是古「烈」字。建洲按：此說不知何據？字常見於《包山》，（見《楚系簡帛文字編》871-872頁）。字左上一筆爲「火」的筆劃，應從李運富隸作「㓖」，釋爲「剡」，（參《楚國簡帛文字構形系統研究》105-106頁）。其他學者說法的不足處，亦見此文。所以本字應隸作「㓖」，通讀爲「癘」。剡，古音有禪談、余談二音；「癘」，來紐月部。聲同爲舌音，韻部月談爲通轉，李家浩先生曾對此二韻部的通假關係加以論述，（參《容庚先生百年誕辰紀念文集》664-665頁）。又「癘疫」一詞見於古籍，如《左傳·昭公元年》：「山川之神，則水旱『癘疫』之災於是乎禜之。」楊伯峻說「癘疫」即「傳染病」。《墨子·兼愛下》：「今歲有『癘疫』。」《說文》：「禜，設綿蕝爲營，以禳風雨、雪霜、水旱、『癘疫』于日月、星辰、山川也。」

⑥ 祡：即「禍」。字亦見於《郭店·尊德義》簡2。「化」（曉歌）與「禍」（匣歌），聲韻俱近，故得通假。

⑥ 晉長：李零先生以爲即「蓁長」。孟蓬生先生〈字詞〉：「晉長即進長，同義複合詞。古音晉、進聲通。」何琳儀先生〈滬二〉：「按，《說文》：『晉，進也。日出而萬物進。從日，從臸。』《易》曰：明出地上，晉。』」建洲按：可見原簡按本字讀即可，不需改釋。《呂氏春秋·季夏紀·明理》：「故眾正之所積，其福無不及也；眾邪之所積，其禍無不逮也。其風雨則不適，其甘雨則不降，其霜雪則不時，寒暑則不當，陰陽失次，四時易節，人民淫爍不固，禽獸胎消不殖，草木庫小不滋，五穀萎敗不成，其以爲樂也，若之何哉？……故子華子曰：『夫亂世之民，長短頡牾百疾，民多疾癘，道多褯襁，盲禿傴尪，萬怪皆生。』故亂世之主，烏聞至樂？不聞至樂，其樂不樂。」反言之，只有純善盡美、正六律、和五聲的音樂，才能「天下大服」，才能「癘疫不至，祆祥不行，禍災去亡，禽獸肥大，草木晉長」。

⑥ 𩠐：即「狀」。字亦見《郭店·老子甲》簡21、〈五行〉簡36。裘錫圭先生分析作從百（首）「爿」聲，〈老子〉讀作「狀」；〈五行〉讀作「莊」。參〈初探〉頁46。

⑥ 坴又子七人：或曰「九人」。如《呂氏春秋·孟春紀·去私》：「舜有子九人，不與其子而授禹：至公也。」

⑥ 肰：「然」字本從「肉」，故應隸作「肰」。原書隸作從「勹」從「犬」，可能

是印刷之誤。

# 【原文】

　　墨（禹）聖（聽）正（政）三年，不斬（製）①革，不釛（刃）金，不鉻（略）矢②，田無數（蔡），庀（宅）不工（空），闍（關）市③無賦。墨（禹）乃因山隆（陵）坪（平）徑（隒）④之可垺（封）⑤邑【十八】者而繇（繁）實之，乃因迆（？）以智（知）遠，迲（去）蟲（苛）而行柬（簡）⑥，因民之欲，會天墮（地）之利，夫是已逮（近）⑦者敓（悅）紿（治），而遠者自至。四海（海）之內圣（及），【十九】四海（海）之外皆青（請）玒（貢）。墨（禹）肰（然）句（後）始爲之虖（號）羿（旗），已支（辨）亓（其）左右，思民毋愙（惑）⑧。東方之羿（旗）已日，西方之羿（旗）已月⑨，南方之羿（旗）已蛇⑩，【二十】申（中）正之羿（旗）以澳（熊）⑪，北方之羿（旗）以鳥⑫。墨（禹）肰（然）句（後）訋（始）行已僉（儉）：衣不裂（鮮）婏（美），飤（食）不童（重）昚（味）⑬，朝不車逆⑭，穜（春）不粴（穀）米⑮，盬（饗）不斬（折）骨⑯。槧（製）⑰【二一】孝脣（辰）⑱，方爲三佸⑲，救⑳聖（聲）之絽：東方爲三佸，西方爲三佸，南方爲三佸，北方爲三佸，已壅㉑（衛）於溪浴（谷），淒（濟）㉒於生（廣）川，高山隆（登）㉓，秦林【三一】內（入），安（焉）以行正（政）㉔。於是於（乎）訋（治）箬（爵）而行彔（祿），已壤（讓）於來（？），亦 =迵 =，曰悳速蓑……【三二】表鞁（皮）㉕尃。墨（禹）乃畫（建）鼓㉖於廷㉗，已（以）爲民之又（有）詿（謁）告㉘者訐（鼓）㉙安（焉）。撞鼓，墨（禹）必速出，冬不敢已蒼（寒）㉚訋（辭），頾（夏）不敢以智（暑）訋（辭）。身言【二二】……□淵所曰聖人，亓（其）生賜羕（養）也，亓（其）死賜牀（葬）㉛，迲（去）蟲（苛）匿（慝），是已爲名㉜。墨（禹）又（有）子五人，不曰亓（其）子爲後，見【三三】咎（皋）咎（陶）之臤（賢）也，而欲已爲後。咎（皋）秀（陶）乃五壤（讓）已天下之臤（賢）者，述（遂）㉝耳（稱）疾不出而死。墨（禹）於是虖（乎）壤（讓）益，啓於是虖（乎）攻益自取㉞。【三四】

## 【語譯】

　　禹治理國家三年，不製作兵甲，不砥礪兵刃、弓箭，田邊沒有荒廢的野草，宅第沒有空虛廢棄，關市不收賦稅。禹又順著山陵平坦低濕而可以居住之地，移植人口來繁榮充實。於是因近知遠，去除煩苛推行簡約的政令，因應人民的需求，會聚天地之利，於是鄰近的人民很高興接受治理，而遠方的人民也自動前來，四海之內的諸侯前來朝覲，四海之外的外族請求朝貢。禹然後開始製作號旗，讓他們能分辨左右方向，使人民無所疑惑。而號旗的圖案，東方之旗用太陽，西方之旗用月亮，南方之旗用蛇，中央之旗用熊，北方之旗用鳥。然後禹開始力行節儉：衣服不穿色彩艷麗，飲食不要求多種口味，會見賓客不以車迎接，杵舂稻米不要求精米，設宴殺牲不節解其骨、肉。製孝辰（？），每個方向為三佸，救聲之紀：東方為三佸，西方為三佸，南方為三佸，北方為三佸，以守衛溪谷，渡過廣川。登上高山，進入蓁林，於是開始施政。於是乎開始授爵封官，以讓於來，亦 =逈 =，曰德速衰……禹於是在門與宮室之間的區域立了一個鼓，讓想謁見並提供諫言的人民來敲擊。若有人撞鼓，禹一定馬上出去接見。冬天不敢以寒冷來推辭，夏天亦不敢以溽暑來推託。身言……淵所，曰聖人。如果在世者，就提供安養的協助；如果已經過世了，就提供喪葬的協助。並且去除煩苛暴虐的政令，這些作為成就他的聲名。禹有五個兒子，但禹不以他的兒子為繼位人，他看到皋陶這麼賢能，反而想要立皋陶為繼位者。於是皋陶乃五次禮讓天下之賢者，最後不得已，於是稱病不出而死。禹於是乎讓位予益，啟又起兵攻打益來奪取帝位。

## 【注釋】

① 斬：字亦見於〈容成氏〉簡 21、《郭店・緇衣》簡 26，字作 🔲。何琳儀先
　　生〈郭店竹簡選釋〉以為左旁從「專」，「顓」為「專」之異文，而「顓」又
　　與「制」可通假，（《簡帛研究 2001》161 頁）。建洲按：《包山》270「敷」
　　作 🔲，又《璽彙》559 作 🔲，其左旁朱德熙、李家浩先生釋為「重」（〈鄂
　　君啟節考釋（八篇）〉《朱德熙古文字論集》199 頁）。可見簡文左旁嚴格來
　　說應從「重」。而專（章元）與制（章月）雙聲，韻部章月對轉，所以簡文
　　可讀作「制（製）」。

② 《尸子・君治》提到周武王結束與商紂的戰爭之後，「三革不累，五刃不砥」
可與簡文參看。

③ 闡市：「闡」，亦見於「鄂君啓舟節」、《上博（一）・孔子詩論》簡10「關雎」
的「關」。《說文》無「串」字。而於「患」字下段注曰：「患字上從毌，或
橫之作串，而又析爲二中之形，蓋恐類爲申也。……古毌多作串，《廣韻》
曰：『串，穿也。』親串即親毌。貫，習也。〈大雅〉：『串夷載路』，《傳》曰：
『串，習也。』蓋其字本作毌，爲慣、摜之假借。」換言之，「患」應分析
爲從心「毌」聲，後訛作「串」，故典籍中從「貫」的字多假「串」爲之。
何琳儀先生《戰典》1001頁謂「闡，從門、串聲」，又於1000頁謂：「或說：
串、毌本一字。」顏世鉉先生分析楚簡「闡」當是從「門」從「毌」，「毌」
亦聲。可從。(〈考古資料與文字考釋、詞義訓詁之關係舉隅〉《楚簡綜合研
究第二次學術研討會》4頁）。「市」的釋讀則參裘錫圭先生〈戰國文字中的
「市」〉《古文字論集》463-464頁。《呂氏春秋・仲夏紀・仲夏》：「關市無
索」，高誘注：「關，要塞也。市，人聚也。無索，不征稅。」

④ 徑：即「隔」。「絲」（聯）與「絲」二字用作表意偏旁時往往可以通用。如
「隔」所從的「絲」旁，金文往往作「絲」，（參裘錫圭先生〈戰國璽印文字
考釋三篇〉《古文字論集》479頁）。

⑤ 坴：即「封」。《說文》「封」籀文作埿，與簡文同形。

⑥ 法蠱而行柬：即「去苛而行簡」。《左傳・昭公十三年》：「苛慝不作」，楊伯
峻《春秋左傳注》曰：「苛，瑣細煩細；慝，邪惡污穢」。則簡文「去苛以行
柬（簡）」可與簡8「與之言正（政），敓（悅）柬（簡）呂行」相呼應。

⑦ 逮：李零隸作從「聿」，讀作「近」。建洲按：從文意看來是對的，但筆劃不
類。字似作𣢸，除去右上三直筆，字與「逮」作𨽍（《郭店・語叢一》75）、
𣢸（《成之聞之》簡31）相似。至於右上三筆可能是誤筆，如「陞」除作𨸐
（《包山》23）亦作𨽍（《包山》85）（參李守奎〈古文字辨析三組〉《吉林
大學古籍整理研究所紀念文集》83頁）。換言之，𣢸可能是「逮」字，字與
「聿」作𦘒一方面形近而誤；另一方面亦不能排除變形音化的可能，因爲
「𦘒」，段《注》「將鄰切」，古音是精紐眞部。而「逮」，古音定紐月部。聲
紐屬舌齒鄰紐，韻部眞、月爲旁對轉。

⑧ 壐狀句始爲虡羿，呂支亓左右，思民毌悫：「虡羿」，即號旗，李零先生說：

153

古人圖繪群物於旌旗，作爲徽號，是爲「號旗」。「思民毋惑」，即「使民毋惑」。建洲案：《孫子兵法·軍爭》：「視不相見故爲之旌旗。」亦見於《銀雀山漢簡·孫子兵法》76「視不相見，故爲旌旗。」

⑨ 東方之羿（旗）吕日，西方之羿（旗）吕月：李零先生說古人朝日於東，故東方之旗以日；夕月於西，故西方之旗以月。建洲按：這種「日東月西」的觀念亦見於 1960 年湖北荊門市彰河車橋戰國墓出土的「兵闌（避）太歲」戈（參李零先生《中國方術續考》219-221 頁、胡文輝《中國早期方術與文獻叢考》306 頁）。另亦，《曾侯乙墓》出土「衣箱與蓋上青龍相應的一側繪有一日狀物，圓面向下；與白虎相應的一側繪一蟾蜍，表示月亮，象徵日、月居於東西地平線偏下之處」（劉信芳先生〈曾侯乙墓衣箱禮俗試探〉《考古》1992.10 頁 937）亦是一例。

⑩ 南方之羿吕它：「它」，即「蛇」。李零先生以爲「蛇於十二屬當巳位，在南，蕭吉《五行大義·論禽獸》：《式經》云：『巳有騰蛇之將，因而配之。蛇，陽也，本在南……』」。建洲按：《睡虎地·日甲盜者篇》提到十二地支與十二禽相對的內容，這是目前所知關於十二生肖最早的記錄。其中「巳，蟲也」（〈日甲·74 背〉），于豪亮先生說：「因此，『巳，蟲也』，實際上是巳爲蛇。」（《于豪亮學術文存》162 頁）劉樂賢先生說：「簡文巳爲蟲，《說文》段注云：『古虫、蟲不分。』而《說文》云：『虫，一名蝮。』因此巳爲蟲就是蛇。」（《睡虎地秦簡日書研究》272 頁，亦參氏著《簡帛數術文獻探論》323 頁）另外，新出土的孔家坡《日書》58.438 亦曰：「巳，虫也。盜者長而黑，蛇目而黃，卵藏瓦器下。其盜深目而鳥口輕足。」（張昌平〈隨州孔家坡墓地出土簡牘概述〉《新出簡帛國際學術研討會論文》，北京大學，2000.8）不過，若依照出土式盤的「地盤」所列方位，則「巳」屬於東南，如安徽阜陽雙古堆漢墓 M1（參《中國方術考》92、133 頁）。《吳越春秋·闔閭內傳》亦提到：「越在東南，故立蛇門，以制敵國。」這是以詳分「十二度」而言，若簡單分爲「四方」或「五位」，則仍歸於南方應無問題。如《吳越春秋·闔閭內傳》：「越在巳地，其位蛇也，故『南』大門上有木蛇，北向首內，示越屬於吳也。」亦可說明「巳」位是「蛇」，在「南」方。

⑪ 北方之羿吕鳥：李零先生說：古四象有「朱鳥」，亦名「朱雀」，在南方，與此不同。建洲按：簡文東西南北方位所代表的圖像皆與傳統所謂的「四象」

一青龍、白虎、朱雀、玄武不同。本簡所謂「北方」以「鳥」，不知是否與「南方」以「蛇」有關？由文獻資料來看，蛇、鳥常見一起出現，如曾侯乙墓「墓主內棺上頭足兩擋和東西兩側，繪了一組組的圖案，其中有不少鳥、龍共軀（連軀）的形象」（郭德維〈曾侯乙墓五弦琴上伏羲和女媧圖像考釋〉《江漢考古》2000.1 頁 67）。吳榮曾說：「除銅器花紋外，在有的絲織品或繪畫上也有鳥銜蛇或是操蛇神怪的圖像。如湖北隨縣曾侯乙墓所出木棺上的彩畫，就是一個重要的例子。全部棺畫是由若干動物、神怪的圖案所組成，動物以鳥和龍蛇為主。而且和銅器花紋一樣，如鳥蛇在一起，蛇成為被鳥所制服的對象。……湖北江陵馬山楚墓出土的大量絲織物，上面以龍鳳圖案為最多，而其中也有張開雙翼銜蛇和踐蛇的鳳鳥，和常見於銅器上者並無差異。……〈海外北經〉提到的禺強，即為『人面鳥身，珥兩青蛇，踐兩青蛇』的神怪。據郭璞注，禺強即水神玄冥。《莊子‧大宗師》說：『禺強得以立於北極。』則禺強主北方又主水」（〈戰國漢代的操蛇神怪及有關神話迷信的變異〉《文物》1989.10 頁 49-50，又見《先秦兩漢史研究》353、355-356 頁）。以「踐蛇」的動作而言，則「鳥」、「蛇」的方位正好是相對的。若以上述〈海外北經〉的「禺強」而言，其軀體為「鳥身」，主「北方」。若「踐兩青蛇」，則「蛇」的位置當在「南方」，或可與簡文互參。

⑫ 审正之羿呂澳：「澳」（曉蒸），讀作「熊」（匣蒸）。《國語‧吳語》：「王親秉鉞，載白旗以中陣而立。」韋昭注：「熊虎為旗。此王所帥中軍。」

⑬ 飤不童香：即「食不重味」。「味」字下似從「甘」，不從「日」。《荀子‧王霸》：「夫貴為天子，富有天下，名為聖王，兼制人，人莫得而制也，是人情之所同欲也，而王者兼而有是者也。重色而衣之，重味而食之，重財物而制之。」王先謙《集解》曰：「重，多也。」另外，《藝文類聚》八十二、《太平御覽》九百九十六引《尹文子》：「堯為天子，……，『食不兼味』。」《呂氏春秋‧季春紀‧先己》亦提到夏后相（張雙棣以為是「夏后啟」之訛）「食不貳味」。

⑭ 車逆：《周禮‧秋官‧司儀》：「主君郊勞，交擯，三辭；車逆，拜辱……」鄭玄注引鄭司農說：「車逆，主人以車迎賓於館也。」

⑮ 穜不粳米：即「舂不糳米」。李零先生說「粳」即「糳」，是一種精米。建洲按：《淮南子‧主術》：「太羹不和，粢食不糳。」高誘注：「糳，細也。」

⑯ 齋不斬骨：即「饗不折骨」。「斬」（章元）讀作「折」（章月），聲韻俱近。「齋」，李零先生以爲從「采」聲，疑讀作「宰」。陳劍先生〈編連二〉讀作「饗」。建洲按：陳劍先生讀作「饗」，義頗可采。但沒有解釋字形，「齋」爲什麼可以讀「饗」，還需要更進一步的字形說明。《國語‧晉語四》：「君其饗之」，注：「饗，食也」。《穀梁傳‧莊公四年》：「夫人齊氏饗齊侯」，注曰：「饗，食也，兩君相見之禮。」《淮南子‧說山》：「先祭而後饗」，注：「饗，猶食也。」

其次，《左傳‧哀公二年》：「敢告無絕筋，無折骨，無面傷，以集大事，無作三祖羞。」疏：「《正義》曰：『上言無絕筋、無折骨，謂君之士眾無令損傷，以成大事。』此「折骨」應爲「斷骨」之意，但於簡文中不適用。《左傳‧宣公十六年》：「原襄公相禮。殽烝。武季私問其故。王聞之，召武子曰：「季氏！而弗聞乎？王享有體薦，宴有折俎。公當享，卿當宴。王室之禮也。」杜注曰：「享則半解其體而薦之，所以示共儉」；孔穎達疏曰：「王爲公侯設享則半解其體而薦之。爲不食故不解折，所以示其儉也。」楊伯峻曰：「古代祭祀、宴會，殺牲以置於俎（載牲之器）曰烝。……若將半個牲體置於俎，曰房烝，亦曰體薦。若節解其牲體，連肉帶骨置之於俎，則曰殽烝，亦曰折俎。……殽烝，賓主可食，至全烝、房烝則只是虛設，不能食。……因折斷其骨節而後置之俎上，故亦曰折俎。享即饗，享與宴有時義同，此則意義有別。享有體薦者，徒具形式，而賓主並不飲食之。成十二年《傳》杜注所謂『設几而不倚，爵盈而不飲，肴乾而不食』是也。宴則以折俎，相與共食之。」（《春秋左傳注》頁769-770）尤其，凌廷堪《禮經釋例‧儀禮釋牲上》曰：「節解謂之折骨，折謂之殽肴」及《國語‧周語中》：「體解節折而共飲食之」。可見簡文「折骨」可能相當於這裡的「折俎」、「殽烝」。綜合以上，簡文讀作「饗不折骨」即《左傳》的「享（饗）有體薦」。設宴殺牲，不節解其骨、肉，徒具形式，所以不能食用，比喻節儉之意。

⑰ 李零先生以爲「㡀」下有脫簡，疑接「不□□」。陳劍先生〈編連二〉則將簡21下接簡31，讀作「㡀孝辰，方爲三佶……」，但說「其義待考」。建洲按：李零先生的「脫簡」說屬於不可預期者，此暫從陳劍先生之說。

⑱ 唇：李零先生以爲是「君」。陳劍先生〈編連二〉以爲是「唇」，字形同簡52「唇（辰）」，應即「辰」之繁體，與嘴唇之唇無關。

⑲ 俈：《玉篇·人部》：「俈，或嚳字。」《史記·五帝本紀》「帝嚳」，《正義》引《帝王世紀》「俈」作「嚳」。但簡文的「俈」顯然不作如此用法，不知是否與甲骨文的「某告」有關？黃錫全先生以爲「告」有「示」義。二告、小告之告似爲「示」義。（黃錫全先生〈「告」、「吉」辨〉《古文字論叢》26-27頁）。而《史記·殷本紀》：「作《帝誥》」，《索隱》：「誥一作俈。」，所以「誥」、「俈」可通。「誥」正有「示」義，如《尚書·序》「雅誥奧義」，《釋文》：「誥，示也。」可與黃氏之說對應。

⑳ 救：李零先生釋爲從「尋」從「攴」。陳劍先生〈編連二〉釋爲「救」、徐在國先生〈雜考〉則分析爲從「攴」從「求」聲，釋爲「救」。建洲按：後說可信。

㉑ 墼：疑有「守衛」之意。《國語·齊語》：「以衛諸夏之地」，韋昭注曰：「衛，蔽扞也。」

㉒ 淒：字亦見於《郭店·成之聞之》25「允币淒惪」，「淒」，裘錫圭先生讀作「濟」，釋爲「成」（《郭店楚墓竹簡》頁170）。簡文似亦當讀作「濟」，《廣韻·霽韻》：「濟，渡也。」「廣川」，廣大的河川，《管子·乘馬》：「凡立國都，非於大川之下，必於廣川之上。」

㉓ 隡：讀作「登」。字形常見於楚簡文字，如《包山》128「陞門有敗」。一般隸作從「升」，但目前楚系文字並無確鑿無疑的「升」字。嚴格說來應從「㞢」，與《包山》137反「徵驗」之「徵」作 䇶、《說文》古文「徵」作 𢽠 形近。所以字應隸作「隡」，可依李零先生讀作「登」，徵、登二者聲韻皆爲端紐蒸部，（參李守奎〈古文字辨析三組〉《吉林大學古籍整理研究所紀念文集》83頁），簡文作「高山登」。或是將字釋爲「阩」，徵（端蒸）、升（書蒸），聲同爲舌音，疊韻。《集韻·蒸韻》：「阩，登也。」亦是同義。

㉔ 安以行政：即「焉以行政」。季師旭昇先生以爲此處的「焉」應釋爲「乃」。建洲按：如同《禮記·祭法》：「壇墠有禱，焉祭之；無禱，乃止。」《國語·晉語二》：「晉逐群公子，乃立奚齊。『焉』始爲令，國無公族焉。」王引之說：「焉，猶於是也。焉始爲令，言於是始爲令也。」（《國語集解》281頁）。

㉕ 鞁：即「皮」。陳劍先生〈編連二〉讀作「皮」。建洲按：字見於楚簡，如《隨縣》11「鞁轡」，亦作「鞁轡」，《說文》：「鞁，車駕具也。」亦見《包山》259「一魚鞁之縷（履）」，「鞁」釋爲「皮」。

㉖ 畫鼓：典籍常見「建鼓」一詞，如《左傳·哀公十三年》：「日旰矣，大事未成，二臣之罪也。建鼓整列，二臣死之，長幼必可知也。」孔疏曰：「建，立也。立鼓擊之與戰也。」《國語·吳語》：「十旌一將軍，載常建鼓，挾經秉枹。」韋昭注曰：「鼓，晉鼓也。《周禮》：『將軍執晉鼓。』建，謂爲之楹而樹之。」但簡文的用法可能與上述文獻不同，比較偏向《呂氏春秋·不苟覽·自知》：「堯有欲諫之鼓」的「鼓」意。

㉗ 廷：「廷」是「庭」的初文，指門與宮室之間的區域。《詩經·唐風·山有樞》：「子有廷內，弗洒弗掃」，王引之《經義述聞》：「廷與庭通，庭謂中庭。內，謂堂與室也。」至於詳細的位置圖可參楊鴻勛〈西周岐邑建築遺址初步考察〉《文物》1981.3 頁 24 圖二。

㉘ 訣告：即「謁告」。「訣」，李零先生以爲「訟」異體字；陳劍先生〈編連二〉則以爲「謁」。按：「去」，溪紐魚部；「訟」，邪紐東部，聲紐看似稍遠，但「訟」從「公」聲，「公」聲屬舌根音，與溪紐近；韻部則楚國方言東、陽二部互通，而陽部是魚部的陽聲，所以去、訟古音可通。「謁」，影紐月部。與「去」，聲紐古同爲舌音，韻部則是通轉關係，如曾侯乙編鐘「姑洗」的「姑（見魚）」寫作從「割（見月）」，（參《曾侯乙墓》頁 554 注 4）。又如中山王鼎「吳人併雩」，學者以爲「雩」（魚部）通「越」（月部）。楚帛書：「風雨是於」，學者根據《山海經·大荒北經》：「風雨是謁」，「於」（魚部）通「謁」（月部），故去、謁古音也可通。衡文文義，「謁」有稟告的意思，《說文》：「謁，告也。」《戰國策·燕策一》：「臣請謁王之過。」《論衡·紀妖》：「吾欲有謁於主君。」另外《睡虎地·封診式》44「乙令甲謁黥劓丙」、〈封診式〉50「甲親子同里士伍丙不孝，謁殺，敢告」。可見釋爲「謁」較合文意。而「告」有「揭發」的意思。如《韓非子·姦劫弒臣》：「商君說秦孝公以變法易俗，……，賞『告』姦，因末作而利本事。」

㉙ 鼓：即「鼓」。李零先生隸作从「壴」从「干」。建洲按：字的右旁明顯從「千」。以「千」代替「攴」，可能是整體代替部分的現象。「攴」象手拿棍狀類東西（鼓字右旁本從又持鼓棒，與「攴」字近，不從「支」），與「又」、「手」旁均可相通，如「得」，克鼎作 𢔩（從「手」）；余贎逐兒鐘作 𢔡（從「攴」）；陳章壺作 𢔧（從「又」）。又如「扶」，扶卣作 𢱺（從「又」）；《說文》古文作 𢴩 從「攴」；《說文》小篆的「扶」作 𢸶 從「手」。而「千」是「人」的分

化字，所以「千」可用來取代「攴」。

㉚. 蒼：簡文「寒」多作「倉」或「蒼」。字應釋爲倉，訓爲滄，寒也，見曾憲通先生《楚帛書文字編》27 頁，69 號上註解。

㉛. 牂：即「葬」。字亦見於中山王兆域圖、《郭店・六德》簡 16，黃德寬、徐在國先生〈郭店楚簡文字續考〉第 8 條釋爲「葬」(《江漢考古》1999.2 頁 76)。

㉜. 名：《禮記・中庸》：「故大德必得其位，必得其祿，必得其名，必得其壽。」鄭注：「名，令聞也。」

㉝. 述：讀爲「遂」。述，船紐物部；遂，邪紐物部，古籍常見通假，如《老子》九章「功遂身退」，漢帛書甲本「遂」作「述」，見《古字通假會典》頁 555。

㉞. 啓於是虐攻益自取：李零先生所引《史記・夏本紀》的記載，與簡文不同。《古本竹書紀年・啓》：「益干啓位，啓殺之。」《韓非子・外儲說右上》：「古者禹死，將傳天下於益，啓之人因相與攻益而立啓。」《戰國策・燕策一》：「禹授益，而以啓爲吏。及老，而以啓爲不足任天下，傳之益也。啓與支黨攻益而奪之天下。是禹名傳天下於益，其實令啓自取之。」此段記載，亦見於《史記・燕召公世家》。以上所錄，與簡文所述較爲接近。參李存山〈啓攻益〉。

## 【原文】

……啓①王天下十又六年(世)②而桀复(作)。桀不述③元(其)先王之道，自爲芭(改)爲④……【三五 A】⑤𡵘(當)是甚(時)，弲(強)溺(弱)⑥不緺(辭)諤(聽)⑦，衆寡⑧不聖(聽)訟⑨，天堕(地)四甚(時)之事⑩不攸(修)⑪。湯(桀？)⑫乃⑬專(博)⑭爲正(征)复(籍)⑮，㠯正(征)闈(關)市。民乃宜⑯肎(怨)，虗(虐)⑰疾訋(始)生，於是【三六】虗(乎)又(有)詺(喑)、聾、皮(跛)、 (眇)⑱、瘈(瘺)、寠(府)⑲、婁(瘻)訋(始)㠔(起)。湯乃惎(謀)戒求臤(賢)，乃立泗(伊)尹㠯爲差(佐)。泗(伊)尹既巳(已)受命，乃執兵欽(禁)暴⑳。羕(佯)㝷(得)于民㉑，述(遂)迷，而【三七】不量㉒元(其)力之不足，㠔(起)帀(師)㠯伐昏(岷)山是(氏)，取元(其)兩女晉(琰)、𤩰(琬)㉓，㛠㉔北迲(去)元(其)邦，

□爲旨宮㉕，篁（築）爲璿室㉖，玟（飾）爲柔（瑤）臺（臺）㉗，立爲玉閨，亓（其）喬（驕）【三八】大（泰）㉘女（如）是湎（狀）。湯暗（聞）之，於是虐（乎）斳（慎）戒隆（徵）臤（賢）㉙，悳（德）惠而不賀（恃）㉚，秖三十巳（年？）而能之㉛，如是而不可㉜，肰（然）句（後）從而攻之。隆（升）自戎遂㉝，內（入）自北【三九】門㉞，立於中□㉟，傑（桀）乃逃之鬻（歷）山氏㊱。湯或（又）㊲從而攻之，隆（降）㊳自鳴攸（條）之遂㊴，㠯伐高神之門，傑（桀）乃逃之南藁（巢）是（氏）。湯或（又）從而攻之，【四十】逃（遂）逃法（去），之桑（蒼）虐（梧）之坣（野）㊵。湯於是虐（乎）誟（徵）九州之帀（師），㠯震㊶四海（海）之內，於是虐（乎）天下之兵大记（起），於是虐（乎）羿（亡）㊷宗鹿（戮）族戔（殘）群安（焉）㊸備（服）。【四一】……惻（賊）逃（盜），夫是㠯尋（得）衆而王天下。湯王天下卅＝（三十）又（有）一傑（世）㊹而受（紂）㊺复（作）。

## 【語譯】

（啓）稱王天下到了十六世桀繼位。桀不遵循先王的治國之道，反而自行更改前人的德政。……在這個時候，諸侯國不論國力強弱、國人多寡都不依民情聽斷訟獄，不諦聽兩造之辭來斷獄，致使人民的真實情況無法上達，而且不遵行天地四時的常理。桀（不但不制止）竟又廣爲向通過關市的人民征稅，難怪人民會怨恨，癘疾也在這時產生，於是乎啞巴、聾子、腳瘸、一目小或一目失明、大脖子、駝背、脖子腫起的人開始多了起來。於是湯謹慎持戒，徵求賢人，所以請伊尹來輔佐他。伊尹既然已經接受命令，乃拿起兵器禁止殘暴的行爲。其後伊尹又以苦肉計取信於夏桀，進而潛入夏國，蒙蔽桀的耳目，使他自以爲頗得民心，於是沉迷在其中而不自覺。桀不考慮己身力量的不足，起兵攻打岷山氏，並娶了兩個女子叫琰與琬，之後一起前往北邊的安邑，並建造了華麗的丹宮、瑤臺、玉門，這是他驕傲放肆的情形。湯聽到這個消息，於是謹慎持戒，徵求賢人，同時廣施德惠而不驕傲自恃，累積三十年才得見仁政的成效。但還是無法影響夏桀，他不行仁政，導致全國民不聊生，於是商湯只好從而攻之。湯登上陑地的山間通道，再進入北向之門，最後駐紮於中寁，桀只好逃往歷山。湯又從而攻之，從鳴條的山間通道下去，來討伐高神之門，桀只好逃往

南巢。湯再次從而攻之，於是桀逃往蒼梧之野。湯於是乎徵調九州之師，讓他們分布在四海之內，這時天下之兵也群起響應，於是乎滅亡夏朝的宗族，這時才服從湯的領導。……盜賊，所以得到人民的擁戴才算是稱王天下。湯稱王天下經過三十一世換成紂即位。

## 【注釋】

① 李銳先生〈初札〉以爲據文意當補「啓」。

② 年：李銳先生〈初札〉以爲「年」當爲「世」之訛。「十六世」爲自啓至桀總共十六世。據《史記·夏本紀》，啓之後有太康、中康、相、少康、予、槐、芒、泄、不降、扃、厪、孔甲、皋、發、履癸（桀），正爲十六世。《太平御覽》卷八十二皇王部引《紀年》：「自禹至桀十七世。」《史記·夏本紀》集解、索隱等說法相同，是包括禹在内。

③ 述：《說文》：「述，循也。」《禮記·中庸》：「父作之，子述之。」

④ 李零先生根據 42 簡，於此補了（芑爲於）三字。陳劍先生〈編連二〉亦是參照簡 42，但僅補（芑爲）二字。因爲 42 簡下接 44 簡，讀作「自爲『芑爲』。於 42 是乎……44」，「芑」讀作「改」。見簡 42 注釋。

⑤ 李零先生的拼合是 35～42。陳劍先生〈編連二〉將簡 35 分爲 A、B 兩段，其下的拼合是 35A+38～41+36～37+42，並說「從簡 40 以後至此處，大意是說湯雖然攻滅夏桀，但隨後天下大亂，且湯行政事不善，故尚未得以王天下。湯乃立賢人伊尹以爲佐，天下遂得治，湯終於得眾而王天下。」筆者以爲似有不妥。首先，若照這樣的順序，則夏桀逃之鳴條、南巢（40），殘群爲服（41）在前，而「乃立伊尹爲佐」（37）在後，與史實不符。《史記·殷本紀》：「湯乃興師伐諸侯，伊尹從湯，湯自把鉞以伐昆吾，遂伐桀。……桀奔于鳴條，夏師敗績。」《呂氏春秋·慎大覽·慎大》：「民心積怨，皆曰：『上天弗恤，夏命其卒。』……湯與伊尹盟，以示必滅夏。……未接刃而桀走，逐之至大沙（南巢）。」其中《呂氏春秋·慎大覽·慎大》一條，亦說明夏朝民怨四起，湯乃起而攻桀。但按〈編連二〉則「民乃宜怨，虐疾始生」（36）在夏桀逃之鳴條、南巢（40）之後，此不妥之二。其三，35A 下、42 上均是殘簡，並無證據支持〈編連二〉的拼合。以此之故，筆者同意李零先生的

拼接，但簡 35 則從陳劍先生分為 A、B。亦即本文的拼合是 35A～42。

⑥ 弫溺：即「強弱」，指強或弱。如《管子‧侈靡》：「國雖強，令必忠以義，國雖弱，令必敬以哀。強弱不犯，則人欲聽矣。」

⑦ 絀喝：李零先生讀作「辭揚」。建洲按：疑讀作「辭聽」。易，余紐陽部；聽，透紐耕部，聲紐同為舌頭音，韻部則為旁轉。《左傳‧哀公二十三年》：「越諸鞅來聘」，《吳越春秋‧句踐入臣傳》諸「鞅」作諸稽「郢」（余耕）。《禮記‧月令》：「民殃於疫」，《後漢書‧魯恭傳》引「殃」作「傷」（參《古字通假古字通假會典》頁 61、270）。可證「易」、「聽」音近可通。《周禮‧秋官‧小司寇》：「以五聲聽獄訟，求民情。一曰辭聽。」鄭玄注：「觀其出言，不直則煩。」其次，李零先生以為「強弱不辭揚……天地之事不修」是說夏桀失政。但是以上三句主語應該相同，皆指「諸侯國」。而「天地之事不修」屬於反面論述，則所謂「不絀喝」、「不聖頌」也應從反面來理解。所以筆者以為應讀作「不辭聽」、「不聽訟」（詳下）。

⑧ 眾寡：指多或少。《論語‧堯曰》：「君子無眾寡，無小大，無敢慢，斯不亦泰而不驕乎。」《左傳‧襄公二四年》：「（國）無有眾寡，其上一也。」楊伯峻注：「言國之與國不在兵眾多少，我為御，自在車左、車右之上，各國相同。」（1091 頁）。

⑨ 聖訟：李零先生讀作「聲頌」。陳劍先生〈編連二〉讀作「聽訟」。建洲按：《論語‧顏淵》：「聽訟，吾猶人也，必也使無訟乎。」孔疏釋聽訟為：「聽斷訟獄」。簡文「眾寡不聽訟」與上句「強弱不辭聽」意思相近，互文可通。「辭聽」即「聽訟」；而《韓非子‧安危》曰：「安危在是非，不在於『強弱』。存亡在虛實，不在於『眾寡』。」可說明「強弱」、「眾寡」應可互用。簡文疑指諸侯之國不論強或弱、大或小都不依民情聽斷訟獄，不諦聽兩造之辭來斷獄，致使人民的真實情況無法上達。《呂氏春秋‧慎大覽‧慎大》：「桀為無道，暴戾頑貪，天下顫恐而患之，言者不同，紛紛介介（建洲按：「介介」，王念孫說，怨恨之意）其情難得。」陳奇猷曰：「情讀為誠，實也，猶今語『真實情況』」、《禮記‧大學》：「子曰：『聽訟，吾猶人也，必也使無訟乎。』無情者不得盡其辭。」朱熹注曰：「猶人，不異於人也。情，實也。引夫子之言，而言聖人能使無實之人不敢盡其虛誕之辭。」《荀子‧王霸》：「質律禁止而不偏。」王先謙《集解》曰：「質律，質劑也，可以為法，故言質律

也。禁止而不偏，謂禁止姦人，不偏聽也。」蓋爲「理」者，惟需「聽微決疑」，《韓詩外傳・卷二》：「聽獄執中者，皋陶也。」可爲證。另外，《說苑・指武》：「文王先伐崇，先宣言曰：余聞崇侯虎蔑侮父兄，不敬長老，『聽獄不中』……乃伐崇。」可見，聽斷獄訟若立場不公正，亦是一種嚴重的過失。

⑩ 天堕四岂之事：天地四時的運作。《晏子春秋・卷一・景公欲使楚巫致五帝以明德晏子諫第十四》：「古之王者……是故天地四時合而不失，星辰日月順而不亂。」《莊子・至樂》：「死，无君於上，無臣於下；亦無四時之事，從然以天地爲春秋，雖南面王樂，不能過也。」疏曰：「既無四時炎涼之事，寧有君臣上下之累乎！從容不復死生，故與二儀同其年壽」。

⑪ 攸：讀作「修」。「修」有「遵循」的意思。《史記・殷本紀》：「昔高后成湯與爾之先祖俱定天下，法則可修。」《漢書・藝文志》：「祖述堯舜，憲章文武。」顏師古注曰：「述，修也。言以堯舜爲本始而遵修之。」簡文意謂不遵行天地四時的常理。《左傳・昭公二十五年》：「夫禮，天之經也，地之義也，民之行也。天地之經，而民實則之。」可與簡文互參。

⑫ 湯：此處的「湯」似爲「桀」的誤寫。如同《郭店・窮達以時》簡 3-4 提到「呂繇……靱（釋）板箸（築）而差（佐）天子，睪（遇）武丁也」，學者多已指出此處的「呂繇（皋陶）」應該是「傅說」之誤寫。此外，〈容成氏〉簡文他處亦有誤寫之例，如簡 4「邦無食人」，「食」，陳劍先生以爲是「飢」之誤寫、簡 47「夏臺」是「羑里」之誤寫、簡 48「陛文王」是「降文王」之誤寫。換言之，此處釋爲「桀」的誤寫並非特例。倘若釋爲「湯」，依李零先生讀作「當是時，強弱不辭揚，衆寡不聖頌，天地四時之事不修。湯乃輔爲征籍，以征關市」，即「在當時，諸侯國不論國力強弱或人民衆寡，都不稱頌夏桀」但是下卻接「湯幫助來收取稅款」，如此湯豈不是不辨是非、助「桀」爲虐了嗎？這種「衆人皆醒我獨醉」的事情，以常理判斷，不會發生在湯身上。古代治國者莫不以弛關市之征爲德，如《韓非子・外儲說右上》：「吾弛關市之征而緩刑罰，其足以戰民乎？」《管子・五輔》：「薄徵斂，輕征賦，弛刑罰，赦罪戾，宥小過，此謂寬其政。……凡此六者，德之興也。」《荀子・王霸》：「關市幾而不征，質律禁止而不偏。」另外簡 18 提到禹的德政是「關市無賦」……等，均可爲證。《荀子・王霸》：「用國者，得百姓之力者富，得百姓之死者彊，得百姓之譽者榮。……湯、武者，循其道，行

163

其義，興天下同利，除天下同害，天下歸之。」亦可說明此處的「湯」應爲誤寫。

⑬. 乃：卻。王引之《經傳釋詞》：「乃，異之之詞也。《書·盤庚》曰：『女不憂朕心之攸困，乃咸大不宣乃心。』《詩·山有扶蘇》曰：『不見子都，乃見狂且。』是也。亦常語也。」楊樹達《詞詮》：「『乃』，與口語『卻』同。王引之云：異之之詞。『然則鬥與不鬥，亡於辱之與不辱也，乃在於惡之與不惡也。』（《荀子·正論》）」（參《虛詞詁林》6、11 頁）。意思是說夏朝的諸侯國不依民實來聽訟，但夏桀不但不制止，卻又向人民大規模的徵稅。或是有「竟然」的意思。裴學海《古書虛字集釋》卷六：「乃，猶竟也。《列子·湯問》：『穆王始悅而嘆曰：人之巧乃可與造化者同功乎？』」（參《虛詞詁林》10 頁）。後說於文意亦可通。

⑭. 尃：李零先生釋爲「輔」。建洲按：依文意，此處的「尃」應釋爲「博」，即範圍廣大之意。

⑮. 正复：李零先生引中山王方壺「籍斂中則庶民附」，「籍」作「复」。簡文即「征籍」，抽稅之意。建洲按：此說可信，《詩·大雅·韓奕》：「實墉實壑，實畝實籍」，鄭玄《箋》曰：「籍，稅也。」

⑯. 宜：簡文的用法是「表示所述的事實正當如此。可譯爲『難怪』、『怪不得』等。《左傳·襄公二十八年》：『車甚澤，人必瘁，宜其亡也。』」參《古代漢語虛詞詞典》710 頁。

⑰. 虐：釋爲「虐」。《說文》古文「虐」作𠌶，與簡文同形。

⑱. ⧫：即「眇」。李零先生以爲從位置看，似相當於上文的「罣」字，但字形難以隸定，也可能是寫壞的字。何琳儀先生以爲：原篆以黑白相間表示迷惑之意，疑爲「幻」之異體。「幻」通作「眩」，簡文「幻（眩）」應指神經系統的疾病（〈滬二〉）。劉釗先生以爲此字是個會意字，即「眇」字的本字，本像「目」一邊明亮一邊暗昧形，「眇」則爲後起的形聲字。「眇」本義爲「一目小」或「一目失明」，一目失明則自然比正常之目要小。《韓詩外傳·卷三》：「太平之時，無痼、癃、跛、眇、尪、蹇、侏儒、折短。」前四種四種殘疾與《容成氏》簡文中「喑、聾、跛、⧫」順序完全相同（〈容釋二〉）。建洲按：劉文有文獻例證，應可信從。

⑲. 寀：疑讀作「府」。李零先生隸作从「呆」。何琳儀先生〈滬二〉則釋作「痏」。

164

建洲按：李零先生依形隸定當無問題，但與通行字「呆」並不相同。《說文》未見「呆」字，《說文》古文「保」作𤿍，與從「木」的「呆」沒有關係。「呆」字應即「某」之古文，《包山》255 作𣐔、《說文》古文「某」作𣏂，上皆從口，簡文字形是將「口」形填實。亦可與同簡的「悉」對比。其次，若與簡 3 對照，則「寠」相當於「亶」，應釋爲「禿」（透屋），韻部旁對轉，聲紐則較遠。若依李零先生將「亶」釋爲「疣」（匣之），疊韻，但聲紐同樣較遠。〈滬二〉釋爲「痗」。「某」，明紐之部；「痗」，明紐之部，雙聲疊韻。但《爾雅·釋詁下》：「痗，病也。」《詩·衛風·伯兮》：「顧言思伯，使我心痗。」《毛傳》：「痗，病也。」似是泛稱，與其他所列「喑」、「聾」、「跛」等是具體病症並不相同，可見亦是有問題。筆者以爲疑讀作「疛」（並紐侯部），與「某」（明紐之部）聲紐同爲唇音，韻部旁轉音近。《說文》曰：「疛，俛病也。」徐鍇《繫傳》曰：「《爾雅》注：『戚施之疾，俯而不能使仰也。』」（頁 631）可見「疛」應該相當於「戚施」，指駝背的人。則其下的「婁」不論依李零先生先生釋爲「僂」，指駝背之人；或從簡 2 孟蓬生先生先生釋爲「瘻」，指脖子腫起的人，均無害文意。因爲在《國語·晉語四》：「僬僥不可使舉，侏儒不可使援」，其中「僬僥」，宋庠曰：「人長三尺，短之極也。」與「侏儒」屬於身體有同一種殘缺的人。換言之，簡文「寠」釋爲「疛」，雖與李零先生先生釋「婁」爲「僂」病症相近；或是我們改釋「婁」爲「瘻」則與「瘺」並指脖子毛病的人，均不妨害全文的通讀。

⑳ 欽暴：陳劍先生〈編連二〉引董珊之說讀作「禁暴」。「暴」亦見《郭店·性自命出》簡 64、《上博（二）·從政甲》簡 15，說見周鳳五先生〈郭店〈性自命出〉「怒欲盈而毋暴」說〉，《新出土文獻與古代文明研究國際學術研討會會議論文》（陳劍先生〈編連二〉引）。

㉑ 兼寻于民：即「佯得於民」。《孟子·告子下》：「五就湯五就桀者，伊尹也。」《呂氏春秋·慎大覽·慎大》：「國人大崩。湯乃惕懼，憂天下之不寧，欲令伊尹往視曠夏，恐其不信，湯由親自射伊尹。伊尹奔夏三年，反報於亳，曰……」《孫子兵法·用間》：「昔殷之興也，伊摯在夏」，李零先生譯說：「從前殷國的興起，是因爲伊摯在夏國」（《吳孫子發微》130 頁）。當時伊尹曾以苦肉計取信於夏桀，進而潛入夏國，除了收集敵情外，可能也蒙蔽夏桀的耳目，使「桀愈自賢，矜過善非。」

㉒　量：字形亦見於《說文》古文作𣅃、《包山》73 作𣅀。

㉓　𣌞：即「琬」。《古本竹書紀年・桀》曰：「后桀伐岷山，進女於桀二人，曰琬、曰琰。」字形從「肙」，可讀作「宛」，參季師旭昇先生〈由上博詩論「小宛」談楚簡中幾個特殊的從肙的字〉《漢學研究》第 20 卷第 2 期（2002.12）377-397 頁。

㉔　李零先生隸作「妷」，陳劍先生〈編連二〉則以為不識字。建洲按：李釋可從。

㉕　咠宮：《古本竹書紀年》：「築傾宮。」《今本竹書紀年》：「三年，築傾宮。」以此觀之，簡文「咠宮」可能是「傾宮」。「傾」，溪紐耕部；「丹」，端紐元部，韻部「耕元」裘錫圭、李家浩二先生以為關係密切，如楚系文字常見以「晏」（元部）代替「嬰」（耕部）；《左傳・僖公元年》：「公敗邾師于偃」之「偃」（元部），《公羊傳》引作「纓」（耕部）。（參《曾侯乙墓》頁 517 注 127）。其他又如〈大雅・大明〉：「大邦有子，俔天之妹」，《毛傳》：「俔，磬也。」《釋文》：「俔（元），《韓詩》作磬（耕）。磬，譬也。」〈齊風・雞鳴〉：「子之還（元）兮」，《漢書・地理志》引作「子之營（耕）兮」。聲紐「溪」、「端」可通，「照三」系字與端系字、見系字的聲母應該有一個共同的上古來源相通之例，如從甚（禪母）聲的字或屬端系端母（如湛、椹），或屬見系溪母（如堪、勘）。（參陳劍〈據郭店簡釋讀西周金文一例〉，《北京大學中國古文獻研究中心集刊》第二輯頁 392）以此觀之，簡文「咠宮」，的確有可能就是文獻的「傾宮」。

㉖　璿室：李零先生引《竹書紀年》有桀「作璿室」。建洲按：經查今本及古本《竹書紀年》，似未見「作璿室」一句。惟《太平御覽》八十二引《竹書紀年》「桀傾宮，飾瑤臺，『作瓊室』，立玉門。」但《竹書紀年》亦載「紂」作瓊室，如《古本竹書紀年》：「殷紂『作瓊室』，立玉門。」《今本竹書紀年》：「（帝辛）九年……『作瓊室』，立玉門。」幸而在《晏子春秋・卷二・景公登路寢臺不終不說晏子諫第十八》：「及夏之衰也，其王桀背棄德行，作為『璿室』玉門。」《淮南子・本經訓》：「晚世之時，帝有桀紂，為琁室、瑤臺、象廊、玉床。」高誘注：「琁、瑤，石之似玉，以飾室臺也。」「琁」即「璿」，正可與簡文互參。而所謂「瓊室」、「璿室」意義相近，均指玉飾的豪華宮室。

㉗　玫為柔臺：即「飾為瑤臺」。李零先生指出「玫」亦見於《曾侯》遣冊，讀

作「飾」，參《曾侯乙墓》頁 510 注。而「糸臺」即「瑤臺」。建洲按：「玆」見於《曾侯》頁 514 注 98，文例是「黃金是玆。」（簡 42）。裘錫圭、李家浩先生注釋說：「『玆』，77 號簡作『釱』，並從『弋』聲；據义意當讀爲『飾』。『弋』、『飾』古音相近可通。」飾，書紐職部；弋，余紐職部，二字的確音近可通。其次，「臺」，即「臺」，李零先生隸作從「止」作「臺」，不確。可與《郭店》11.28「武」作 、《容成氏》簡 31「衛（從「止」）」作 相比對，應隸作從「之」。戰國文字從之與從止截然不亂，參季師旭昇〈從戰國文字的「𡳩」字談詩經中「之」字誤爲「止」字的現象〉、〈古璽二題〉。另外，此字亦見於《郭店·老子甲》簡 26「九成之 」。《說文》曰：「𡄕，觀四方而高者。從至，從之，從高省，與室屋同意。」段玉裁認爲從「之」聲（十二上三）。「臺」，定紐之部；「之」，章紐之部，聲紐同爲舌音，韻部疊韻，可見爲聲符是可以的。《詩·靈臺》：「經始靈臺。」毛《傳》：「四方而高曰臺。」《爾雅·釋宮》：「闍謂之臺。」注：「積土四方。」疏：「積土四方而高者名臺，即下云四方而高者也，一名闍。李巡云：積土爲之所以觀望。」

㉘. 大：讀爲「泰」，大（定月）、泰（透月），聲韻俱近，故得通假。《禮記·大學》：「是故君子有大道，必忠信以得之，驕泰以失之。」朱熹注曰：「驕者矜高，泰者侈肆。」

㉙. 隍皍：李零先生讀作「登賢」。陳劍先生〈編連二〉讀作「徵賢」。建洲按：二釋皆可通，但字本從「𡵉（徵的初文）」，參簡 31「高山隍（阤）」注釋，讀作「徵賢」更直接。

㉚. 悳惠而不貿：即「德惠而不恃」。「貿」，字亦見於〈語叢四〉簡 26「一豪（家）事乃又（有）貿」，林素清先生讀爲「石」，引《國語·周語》：「大不出鈞，重不過石」，韋昭注：「百二十爲斤」，連接上下句，其翻譯爲「治理國家其實不像舉起一百二十斤重物那般困難，只要把握住原則，好比一雌帶三雄，一樹開眾花，都是自然容易的事情。」尤其解「乃」爲「寧」，並說：「這裡用反詰語氣表示否定，意思是說治理一個諸侯之國，難道有一百二十公斤重嗎？」（參〈郭店竹簡《語叢四》箋釋〉《郭店楚簡國際學術研討會論文集》394 頁）。正與本簡「貿」同樣用於否定語氣相同。另外，〈容成氏〉簡 45 提到「九邦」之一有「䂖」，李零先生讀作「石」，以爲是戰國時期的「石邑」。

「臺」與「貿」字形結構形似，前者以「石」為聲，後者當亦有可能以「石」為聲。本簡應讀作「恃」。「石」，古音禪紐鐸部；「恃」，禪紐之部，雙聲，韻部「之」、「魚」常見相通，而「鐸」是魚部的入聲，則之、鐸亦可相通。如金文「其」（之部）字繁構作「期」（秦公鐘），而「釬」是「鐸」部（參王輝《古文字通假釋例》8頁）又《禮記·王制》：「執左道以亂政殺。」《孔子家語·刑政》引「與」（魚部）作「以」（之部）。《書·微子》：「若（鐸部）之何其？」《史記·宋微子世家》作「如（魚部）之何其？」（參《會典》391、888頁）以上可證「之」、「鐸」音近可通。《管子·五輔》曰：「舉賢良，務功勞，布德惠，則賢人進。」《史記·夏本紀》：「湯修德，諸侯皆歸湯，湯遂率兵以伐夏桀。」可見君王施政以德惠，自然能吸引賢人貢獻心力。而《呂氏春秋·用民》曰：「湯、武因夏商之民也，得所以用之也。……民之用也有故，得其故，民無所不用。……威愈多，民愈不用。亡國之主，多以多威使其民矣。故威不可無有，而不足專恃。」《呂氏春秋·孝行覽·本味》：「士有孤而『自恃』，人主有奮而好獨者，則名號必廢熄，社稷必危殆。」由上下文來看，「自恃」相當於「有奮」。俞樾曰：「奮猶矜也。」（《呂氏春秋校釋》746頁）張雙棣先生亦以為「恃」、「奮」均有「矜、自負、驕傲」之義。（《呂氏春秋譯注》381、386頁）換言之，在上位者應該不自恃，不傲慢，才不會導致社稷危殆。簡文「湯聞之，於是乎慎戒徵賢，德惠而不恃」，是說湯聽到夏桀荒淫無度，「驕泰如是狀」，於是乎謹慎持戒，徵求賢才，廣施德惠而不驕傲自恃，為「從而攻之」作準備。其中「不驕傲自恃」正與夏桀「驕泰如是狀」的行為相對，可說明我們的釋讀應可成立。

㉛ 秕三十巳而能之：疑即「積三十年而能之」。「秕」，何琳儀先生謂：「△三十夷而能之」。△，原篆左從「矛」，右從「此」。疑「上此下手」之異文。《說文》：「上此下手，積也。」（引按：見於 12 上 38，字作🈳）至於「能」似讀若「柔遠能邇」之「能」（〈滬二〉）。建洲按：「秕」疑從「此」（清支）得聲，則字可讀作「積」（精錫）。如《周禮·夏官·羊人》：「凡沈辜，侯禳，釁積，共其羊牲。」鄭注：「『積』故書為『秕』」可證。「巳」，何琳儀先生釋為「夷」，陳劍先生〈編連二〉釋「仁」。由字形來說，皆有根據。如《說文》：「巳，古文仁」、《玉篇》：「巳，古文夷」，仁（日真）與夷（余脂）聲紐同為舌音，韻部則陰陽對轉，聲韻關係還算密切。筆者以為簡文可能讀為

「年」，泥紐真部，與上述仁（日真）與夷（余脂）聲韻俱近。「能」，大概是「成」、「實行」的意思，如《周禮·天官·小宰》：「小宰之職……以聽官府之六計，弊群吏之治：一曰廉善，二曰廉能。」鄭注：「能，政令行也。」「之」，指前一句的「德惠」，即「仁政」。總和以上，簡文意謂累積三十年而後仁政才能實行成功。《論語·子路》：「如有王者，必世而後仁。」何晏《集解》：「如有受命王者，必三十年仁政乃成。」另外，《禮記·表記》：「子曰：『仁之難成久矣，惟君子能之。』」亦可與簡文參看。

㉜ 如是而不可：「如是」疑指前文所指的「三十年」，意即商湯經過三十年的施行德惠，仍無法使夏桀受其影響。夏桀依然不行仁政，導致全國民不聊生，於是商湯只好從而攻之。《今本竹書紀年》紀錄夏桀三年「築傾宮」，意即桀即位初年已有侈靡的現象。而且他在位時間正好是「三十一年」，與簡文所說商湯推行仁政三十年嘗試影響他的時間是相近的。《今本竹書紀年》曰：「殷商成湯……二十九年，陟。」王國維《疏證》曰：「《御覽》八十三引《韓詩內傳》：『湯為天子十三年，百歲而崩。』」（24頁）換言之，以商湯的歲數，在他未登基之前，在自己的領地先行三十年的德政是可能的。

㉝ 戎遂：李零先生以為「戎」或是「武」字的訛寫。「述」同「遂」。武遂，地名，可能相當於《尚書·湯誓序》的「陑」。建洲按：李零先生於簡40「鳴攸（條）之述（遂）」注釋曰：「此『遂』字並上『武遂』之『遂』，可能都是指山陘即山間通道。」此說可參。《史記·蘇秦列傳》：「越王句踐戰敝卒三千人，禽夫差於干遂。」《索隱》曰：「干遂，地名，不知所在。然按干是水旁之高地，故有『江干』、『河干』是也。又左思〈吳都賦〉云『長干延屬』，是干為江旁之地。遂者，道也。於干有道，因為地名。」所以本簡「戎遂」的構詞如同「干遂」、「鳴條之遂」，指的是「陑」地。「戎」，日紐東部；「而」，日紐之部，雙聲旁對轉。《史記·高祖本紀》：「此後亦非而所知也。」《漢書·高帝紀》「而」作「乃」。而《左傳·昭公四年》：「夏桀為仍之會。」《韓非子·十過》「仍」作「戎」，參《古字通假古字通假會典》頁 20、36。可見「戎」與「而」音近可通。換言之，李零先生將「戎遂」改成「武遂」，應該是不必要的。

㉞ 北門：可能指北向之門。《詩·邶風·北門》：「出自北門，憂心殷殷。」

㉟ 中□：李零先生以為不識。何琳儀先生〈滬二〉：「△，《考釋》不識。按，

△上從『宀』，下從『束』。其義待考。」

㊱ 鬲山氏：即「鬲山氏」，應該就是「歷山」。如同簡文其下的「南巢氏」，典籍多作「南巢」。《說苑·權謀》：「湯乃興師伐而殘之，遷桀『南巢氏』焉。」《太平御覽》四百五十無「氏」字，《藝文類聚》作「遷於南巢」，參《說苑校證》頁329。《淮南子·脩務訓》：「（湯）百姓親附，政令流行，乃整兵鳴條，困夏南巢，譙以其過，放之歷山。」《史記·律書·正義》引《淮南子》曰：「湯伐桀，放之歷山，與末喜同舟浮江，奔南巢之山而死。」《太平御覽·皇王部》七引《尸子》曰：「桀放於歷山。」簡文的「鬲山氏」可能就是這裡的「歷山」。

㊲ 或：陳偉指出「在楚簡中，『或』除如字讀外，往往用作『又』。如包山121號簡『邟拳竊馬於下蔡而價之於易城，或殺下蔡人余罼』；郭店《老子》乙3、4號簡『損之或損，以至亡爲也』」（〈魯邦剳記〉）。

㊳ 隆：即「降」。《詩·大雅·公劉》：「陟則在巘，復降在原。」鄭《箋》：「陟，升；降，下也。」

㊴ 鳴攸之遂：即「鳴條之遂」。湯與桀戰於「鳴條之野」，除見於李零先生所列古籍，亦見《呂氏春秋·仲秋紀·簡選》：「殷湯良車七十乘，必死六千人，……登自鳴條，乃入巢門，遂有夏。」

㊵ 桑虡之坴：即「蒼梧之野」。桑，心紐陽部；蒼，清紐陽部，聲近韻同，故得通假。「蒼梧之野」地望說法有二：其一，《山海經·海內經》：「南方蒼梧之丘，蒼梧之淵，其中有九嶷山，舜之所葬，在長沙零陵界中。」〈海內南經〉：「蒼梧山帝舜葬於陽」，郭璞注：「（蒼梧），即九疑山也。《禮記》亦曰：『舜葬蒼梧之野』。」〈大荒南經〉：「赤水之東，有蒼梧之野，舜與叔均之所葬也。」其二，《孟子·離婁下》：「舜生於諸馮，遷於負夏，卒於鳴條。」《今本竹書紀年》：「四十九年，帝居于鳴條。五十年，帝陟。義均封於商，是謂商均。后育，娥皇也。鳴條有蒼梧之山，帝崩，遂葬焉。」錢穆曰：「則舊說舜葬地本近安邑。」（《古史地理論叢》25頁）。

㊶ 霝：李零先生隸作「雹」，讀作「批」。何琳儀先生〈滬二〉則分析字爲從「雨」，「瓜」聲。《五音篇海》「霝，下也。」有降落之意。簡文意謂「湯徵九州之師，以降四方。」建洲按：何說可參，簡文「瓜」形與《包山》259「狐」作𤟭，右旁形近。字亦見於《龍龕手鑑·雨部》：「霝，下也。正從穴。」

換言之，字與「宨」應爲一字。《說文》「宨」下，段注曰：「凡下皆得謂之宨。」《廣韻・禡韻》：「宨，下處也。」附帶一提，黃錫全先生〈劄記四〉改釋「�」上一字爲「亡」，是沒有必要的。字與簡 10、24、30 的「㠯」形似，仍應從李零先生釋爲「㠯」。

㊷. 羿：李零先生讀作「亡」。何琳儀先生分析原篆上從「网」，下從「廾」，是殷周文字中的習見偏旁。（引按：見何琳儀先生〈莒縣出土東周銅器銘文彙釋，《文史》50 輯，2000 年 1 輯，頁 29）如   （頌壺）、（嗣馬南弔匜）、（昊生鐘）等（《金文編》頁 1206）），疑即字書之「搁」。《集韻》：「搁，舉也。或作抗、扛。」簡文「△宗」讀「亢宗」。《左傳・昭公元年》：「吉不能亢身，焉能亢宗。」注：「亢，蔽也。」（〈滬二〉）黃錫全先生指出簡文「羿」字亦見於《甲骨文合集》10759、10760（〈劄記四〉）。建洲按：金文的字形從上下二手，即「受」的偏旁。或省成上面一手，如「昊生鐘」。但簡文是從「廾」象左右兩手，二者是否能完全等同，不無疑問。其次，引《左傳》以爲簡文讀作「亢宗」，但杜預注曰：「亢，蔽也。」楊伯峻注曰：「即扞蔽、保護之義。游吉爲宗子，任卿大夫，有『保卒宜家』之責。」文意與簡文正好相反，故不取何說。李零先生釋爲「亡宗戮族」應可信，《左傳・文公十六年》：「雖亡子，猶不亡族。」「亡族」、「亡宗」、「戮族」義皆相近。另外，「羿」似同於《璽彙》265、312、334、336 等，字從「网」從「又」，曹錦炎先生釋「冢」（〈戰國古璽考釋（三篇）〉《第二屆國際中國古文字學研討會論文集》397 頁），可再討論。

㊸. 安：讀作「焉」，李零先生釋爲「乃」。建洲按：如同《史記・秦始皇本紀》：「二十七年，始皇巡隴西、北地，出雞頭山，過回中。焉作信宮渭南，已更命信宮爲極廟，象天極。」《國語・吳語》：「若不戰而結成，王安厚取名而去之。」王引之說：「安，猶乃也。」（《國語集解》556）。

㊹. 傑：右旁乍看從「桀」，但仔細觀察上面從三直筆，如同《上博（二）・子羔》簡 8「殡」作  ，與「桀」並不相同。

㊺. 受：「紂」，定紐幽部；「受」，禪紐幽部。聲紐同爲舌音，疊韻，故得通假。另外，《尚書》、今古本《竹書紀年》皆稱「受」。

## 【原文】

　　受（紂）不述亓（其）先王之道，自爲芑（改）爲①，於【四二】是虖（乎）复（作）爲九城（成）之臺（臺）②。視（寘）盂炎③（炭）亓（其）下，加鸞（圜）木於亓（其）上，思（使）民道（蹈）之，能述（遂）④者述（遂），不能述（遂）者，内（入）而死⑤。不從命者，從而桎拲（梏）⑥之，於是【四四】虖（乎）复（作）爲金桎三千。既爲金桎，或（又）爲酉（酒）池⑦，詗（厚）樂於酒，専（溥）⑧亦（夜）𠙴（以）爲㵎（淫），不聖（聽）亓（其）邦之正（政）。於是虖（乎）九邦畔（叛）之，豐、翯（鎬）、邠（舟）⑨、䣈⑩、于、鹿、【四五】夰（黎）⑪、宗（崇）、畬（密）須是（氏）⑫。文王暜（聞）之，曰：「唯（雖）君亡道，臣敢勿事虖（乎）？唯（雖）父亡道，子敢勿事虖（乎）？箮（孰）天子而可反？」⑬受（紂）暜（聞）之，乃出⑭文王於【四六】虘（夏）臺（臺）⑮之下而暜（問）安（焉），曰：「九邦者亓（其）可逨（來）⑯虖（乎）？」文王曰：「可。」文王於是虖（乎）素耑（端）⑰𦐇（？）⑱裳𠙴行九邦，七邦逨（來）備（服），豐、喬（鎬）不備（服）。文王乃记（起）帀（師）𠙴鄉（嚮）【四七】豐、喬（鎬），三鼓而進之，三鼓而退之，曰：「虞（吾）所智（知）多鷹（矜）⑲：一人爲亡道，百眚（姓）⑳亓（其）可（何）辠（罪）？」豐、喬（鎬）之民暜（聞）之，乃隓（降）㉑文＝王＝（文王。文王）時（持）故時而孝（教）民【四八】時㉒，高下肥毳（磽）㉓之利聿（盡）智（知）之，智（知）天之道，智（知）墜（地）之利，思（使）民不疾。昔者文王之差（佐）受（紂）也，如是殆（狀）也。文王塴（崩），武王即立（位）。

## 【語譯】

　　紂不遵循先王的治國之道，反而自行更改前人的德政，於是乎建造了九層的高臺。並且對人民實施炮格之刑：將炭火置於盂中，在火焰之上搭起圜木，使人民踏在上面走，僥倖能通過者就過，若不幸失足，將會墜入烈火之中而亡。如果有違背命令，不從圜木上面走過去者，就把他的手腳用刑具銬起來，所以紂又製作了三千個銅質的足械。既然已作了銅質的足械，紂又建造了酒池，沉湎於酒中無法自拔，經常徹夜飲酒作樂，不聽國家朝政。於是乎豐、鎬、舟、䣈、于、鹿、黎、崇、密須氏等西方九國群起叛變。文王聽到這件事情，說：「雖

然君上無道，作臣下的怎敢不服事他呢？作父親的雖然無道，作兒子的怎敢不服事他呢？有哪個國君可以背叛呢？」紂聽到了，便從羑里之下將文王釋放出來，並問他說：「西方九國可以來歸服嗎？」文王說：「可以。」於是乎文王戴縞冠，穿白布衣、素裳、素屨等象徵凶事用兵之服前往九國，結果有七國來歸服，只有豐、鎬不順服。於是文王興師向豐、鎬二國，擊鼓三聲然後前進，擊鼓三聲然後退兵，文王說：「我所知道的大多是令人哀憐之事：只有君王一人胡作非為，不守正道，百姓是無辜的，怎麼會有罪呢？」豐、鎬二國的人民聽到文王說的話，便向文王投降了。文王遵循古老的曆法來教授人民，而且教導人民辨別地形高或低、土地肥沃或磽薄，這就是了解天時、地利，使人民不疾苦，以前文王輔佐紂是這樣的情形。文王崩殂之後，武王即位。

# 【注釋】

①. 自為芑為：「芑」，陳劍先生〈編連二〉釋為「改」。並將「於」字歸於下一段，連簡 44 讀作「於是乎」。劉釗先生〈容釋一〉則以為此字與鄂君啓節的「芸」字寫法相同，也應該釋為「芸」。「芸」字在簡文疑讀為「溷」或「昏」。而「於」字在簡文中應該讀為「汙」或「惡」。古音「於」、「汙」、「惡」皆在影紐魚部，三者於音可通。所以簡文就應讀為「受不述其先王之道，自為溷（昏）為汙（惡）。」建洲按：鄂君啓節「芸」作![字]，本簡「芑」作![字]，黃錫全先生〈劄記四〉指出：「芑字與鄂君啓節或釋作『芸』的字類同，但筆意有別。所以，陳劍先生、楊澤生先生以為從已。我們反復比較所從的偏旁，雖有混淆之例，但從『已』似乎更為合理。『已』字多先寫上一小彎筆，再寫下一長勾筆；鄂君啓節則是上筆轉折後大筆豎下右彎勾，區別較明顯。因此，我們傾向將此字釋從『已』」。此說似較合理，但亦非絕對，如《集成》9.4694 楚系青銅器「鴋陵君豆」，其「祀」作![字]，「已」旁筆法與上述鄂君啓節「芸」作![字]的下部同形。其次，字應從「巳」，不從「已」。古文字本無「已」字，均假「巳」為之。上述黃文所引楊澤生的文章亦是說從「巳」，黃氏誤植為「已」。但是，我們就簡序編連而言，仍可證明劉釗先生之說可保留。首先單獨從本簡來看，則劉釗先生所釋似乎可行。但考慮到簡 42 的「於」接簡 44 的「是乎」的拼合，簡文應讀作

「自爲芭爲」，但「昏爲」似不見典籍。相反的，《詩·鄭風·緇衣》：「緇衣之宜兮，敝，予又『改爲』兮。」《傳》：「改，更也。」《墨子·經下》：「景不徙，說在『改爲』。」可知「改爲」是較常見的。「改」，古文字多從「巳」，如《侯馬盟書》「弁改」讀作「變改」、《郭店·尊德勝》簡1「改愼勑」即「改愼勝」、《上博（一）·孔子詩論》簡10「關雎之攺」即「關雎之改」，（參李守奎〈《戰國楚竹書·孔子詩論·邦風》釋文訂補〉《古籍整理研究學刊》2002.2 頁9）。「改」，《說文》曰：「更也。」所以本句是說：紂不遵循先王的治國之道，反而自行更改作爲禍國殃民。

② 九城之臺：即九成之臺、九重之臺、九層之臺。原考釋指出《郭店·老子甲》簡26「九城之臺」、馬王堆本帛書《老子》和傅奕本作「九成之臺」、王弼本作「九層之臺」。《尸子·君治》：「人之言君天下者瑤臺九纍，而堯白屋」、《呂氏春秋·季夏紀·音初》：「有娀氏二佚女，爲之九成之臺。」高誘注：「成猶重。」城，通「成」。簡文「城」是把「土」旁寫在「成」旁之下，並把「土」與「丁」的筆劃共用。（參李家浩先生〈讀《郭店楚墓竹簡》瑣議〉《中國哲學》第20輯 頁349）。

③ 炇：即「炭」。字形上部與《郭店·五行》簡32「顏色」合文作 ❀ 的「彥」旁形似。炭，透元；彥，疑元，疊韻。字亦見於《信陽》2.28「苔（烙）炇（炭）罏」，中山大學楚簡小組指出「炇」應釋「炭」（中山大學古文字研究室《戰國楚簡研究》（二）頁26），可謂卓見。

④ 述：讀作「遂」。《廣雅·釋詁一》：「遂，行也。」

⑤ 《太公·六韜·武韜》：「紂患刑輕，乃更爲銅柱，以膏塗之，加於炭之上，使有罪者緣焉，滑跌火中，紂與姐己，笑以爲樂，名曰炮烙之刑。」（見嚴可均《全上古三代文》卷六）此文記行刑過程詳細可參，惟「炮烙」似應易爲「炮格」，參王念孫《讀書雜誌·史記殷本紀·炮烙》頁72、〈漢書谷永杜鄴傳·炮烙〉頁361。但簡文以「圜木」加其上，似不同傳統文獻所說「銅柱」。

⑥ 桎辠：即「桎梏」。「桎」，《說文》：「桎，足械也。」「辠」，李零先生釋爲「梏」。建洲按：字亦見於《郭店·成之聞之》簡36「言語辠之」（參李零先生《郭店楚簡校讀記－增訂本》124頁、趙平安〈釋虧及相關諸字〉《第一屆中國語言文字國際學術研討會論文》）。《說文》：「梏，手械也。」《周禮·秋官·

大司寇》：「凡萬民之有罪過，……桎梏而坐諸嘉石」，鄭玄注：「木在足曰桎，在手曰梏」。

⑦ 酉池：即「酒池」。《史記·殷本紀》：「(紂)以酒爲池，懸肉爲林。」《說苑·反質》：「紂爲鹿台糟池，酒池肉林。」

⑧ 尃：讀作「溥」。《詩·小雅·北山》：「溥天之下，莫非王土。」毛《傳》曰：「大也。」《孟子·萬章》引作「普」，趙注曰：「遍也。」

⑨ 邿：李零先生以爲即見於《國語·鄭語》的「舟人」。何琳儀先生〈滬二〉指出「邿」，亦見邢丘所出陶文「邿公」（建洲按：又見《陶彙》6.30）。裘錫圭先生《古文字論集》頁 396-397）。又見於典籍，如「邿州」（《水經·溓水》）等等。

⑩ 䂫：李零先生釋作「石」。相近字亦見於《郭店·語叢四》簡26、〈容成氏〉簡 39 作「䂦」。「䂫」字可分析爲從邑，從弓，「石」聲，讀作「石邑」應是對的。

⑪ 来：即「來」，讀作「黎」。李零先生隸作「耆」。建洲按：字不從「耆」，可與簡17「老」字相比對，字似从「來」，來紐之部；「黎」，來紐脂部，雙聲，韻部之、脂可通。如《馬王堆·五十二病方》的「治加（痂）方」中有「蛇床實（船質）」，《注釋》說即「蛇床子（精之）」，「質」爲「脂」的入聲。此外，《左傳·隱公十一年經》：「公會鄭伯于時來。」《公羊傳》「時來」作「祁黎」（參《古字通假會典》402 頁）。可以說明「來」、「黎」確可相通。

⑫ 宷須是：李零先生讀作「密須氏」。徐在國先生〈雜考〉分析「宷」爲從宀、甘，米聲，釋爲「蜜」。

⑬ 本句幾乎完全同於《呂氏春秋·恃君覽·行論》：「文王曰：『父雖無道，子敢不事父乎？君雖不惠，臣敢不事君乎？孰王而可畔也？』」

⑭ 出：《正字通》：「出，宥罪曰出。」

⑮ 虘臺：即「夏臺」。李零先生以爲簡文「夏臺」應是「羑里」之誤寫。建洲按：《淮南子·本經》：「於是湯乃以革車三百乘伐桀於南巢，放之夏臺。」《意林》引《風俗通》曰：「自三王制肉刑而始有獄。夏曰夏臺，殷曰羑里，周曰囹圄。」《史記·周本紀》：「(西伯)其囚羑里」，以上可證李零先生所說可能是對的。

⑯ 逨：即「來」，「壬」爲繁文。字從「辵」，會行動之意，與「陵」作「隆」

從「阜」不同。李零先生釋為「來服」，可信。

⑰. 素嵩：即「素端」。《周禮·春官·司服》：「其齊服有玄端、素端。」鄭注曰：「士齊有素端者，亦為札荒有所禱請。變素服言素端者，明異制。」《禮記·雜記上》：「素端一，皮弁一，爵弁一，玄冕一。」孫希旦《集解》曰：「素端制若玄端，而用素為之，蓋凶札祈禱致齊之服也。」總之，「素端」指凶事齋戒時所服，其服縞冠，白布衣，素裳，素屨。（參錢玄《三禮辭典》671頁）。

⑱. 覽：李零先生隸作下部从「衣」。建洲按：字的下方似不從「衣」，應從「宀」從「父」，「父」旁與《郭店》10.7 作 ✦ 形近。△字的下部即是「府」，「宀」與「广」當作偏旁可互通，如「庴」作 ▦（農卣）、▦（長囟盉），亦作 ▦（師虎簋）。其次，《集成》5697 象尊「廙」作 ▦，字聲化從「父」（見蘇建洲《戰國燕系文字研究》頁 134、161）。此外，字形中間李零先生隸作「弅」，但「弅」上部一般從「△」，如《隨縣》31 作 ▦，但是簡文似乎作「∧」，這可能有「共筆」的現象。換言之，△可分析為從「畾」從「弅」從「府」。李零先生讀作「襄」（溪元）但與△的三個偏旁韻部較遠，如「畾」（魚）、「弅」（侵）、「府」（侯）。所以是否讀作「襄」似可保留，以不識字處理可能比較好。旭昇案：下似從穴、從又。

⑲. 廌：簡文疑讀作「矜」。廌（精文）、矜（群真），精從為旁紐，聲紐「從」、「群」楚系有相通之例，如《上博（二）·民之父母》簡 11「日述月將」，今本作「日就月將」。「述」（群幽）；「就」（從幽）可證。可見「矜」、「廌」音近可通。《書·多士》：「予惟率肆矜爾。」《論衡》引「矜」作「憐」、《詩·小雅·鴻雁》：「爰及矜人。」毛《傳》：「矜，憐也。」《爾雅·釋詁》：「矜，苦也。」《方言》卷一：「矜，哀也。」簡文似說：我所知道的大多是令人哀憐的事：只有君王一人胡作非為，不守正道，百姓是無辜的，怎麼會有罪呢？

⑳. 百眚：《論語·顏淵》：「百姓足，君孰與不足？百姓不足，君孰與足？」此「百姓」指人民。

㉑. 陞：李零先生隸定作「陞」，以為是「降」的誤寫。

㉒. 時故時而孝民時：持故時，而教民時。如同《大戴禮記·五帝德》：「羲和掌麻，敬授民時」。

㉓ 高下肥毳：《說文》古文「脆」作𣫊，从三毛。字亦見於《郭店・老子甲》
25，字从二毛，讀作「脆」。另外，〈子羔〉簡 1 亦有此字，馬承源讀作「肥
磽」。本簡李零先生認爲「毳」有二音，一同「脆」，月部。一同「撬」，宵
部，簡文似讀後者，當讀作「肥磽」。何琳儀先生〈滬二〉則以爲「脆」、「橇」
與「磽」聲韻均不合。「肥脆」應讀「肥脼」。按：讀作「肥磽」應該可從。
「磽」是宵部；「毛」及从毛的「旄」、「芼」等字古音均爲明紐宵部（參郭
錫良《漢字古音手冊》頁 160），故不用改釋。此外，《荀子・王制》：「相『高
下』，視『肥磽』，序五種」、《淮南子・修務訓》：「宜燥濕『肥磽高下』」，「磽」
即「磽」，文句正與簡文相同，亦可證釋爲「肥磽」是對的。

## 【原文】

武王【四九】曰：「成悳（德）者①，虗（吾）敓（說）而弋（代）②之。
其即（次）③，虗（吾）伐而弋（代）之。含（今）受（紂）爲無道，暋（泯）
者（捨）④百眚（姓），杢（桎）約⑤諸侯，天牷（將）戕（誅）安（焉），虗（吾）
斁（勖）⑥天畏（威）⑦之。」武王於【五十】是虖（乎）复（作）爲革車⑧千
輮（乘），紒（帶）麏（甲）⑨墇（萬）人，戊午晵 ＝（之日），涉於孟瀘（津）
⑩，至於共、滕⑪之閑（間），三軍大軋（範）⑫。武王乃出革車五百輮（乘），
紒（帶）甲三千，【五一】㠯少（小？宵？）會⑬者（諸）侯之帀（師）於畾（牧）
之埜（野）⑭。受（紂）不智（知）亓（其）未又（有）成正（政）⑮，而尋（得）
遊（失）行於民之唇（辰）⑯也，或亦记（起）帀（師）㠯逆之⑰。武王於是虖
（乎）素晃（冠）臱（弁）⑱，㠯告【五二】吝（閔）于天，曰：「受（紂）爲
亡道，暋（泯）者（捨）百眚（姓），杢（桎）約諸侯，丝（絕）穜（種）悉（侮）
眚（姓）⑲，土玉水酉（酒），天牷（將）戕（誅）安（焉），吾斁（勖）天畏（威）
之。」武王素麏（甲）⑳㠯申（陳）於營㉑（殷）蒿（郊）㉒，而營（殷）【五
三正】……。〈訟（容）城（成）氏（氏）。〉【五三背】

## 【語譯】

武王說：「修成聖德者，我以言語說服來取代他；次一等者，我以兵力來討

伐取代他。現在紂所作所為盡是無道之事，泯捨百姓，制約諸侯。老天將要滅掉紂，我將助上天來處罰他。」於是武王準備了戰車千輛，披帶鎧甲的戰士萬人，於戊午之時渡過孟津，直到共、滕二地之間，三軍將士都表現的很有紀律準備出擊。武王乃派出戰車五百輛，披帶鎧甲的戰士三千人，與諸侯之師在牧邑之野（夜半？）集會。紂不知道自己沒有成功的政績，又不能讓百姓過正常的日子，卻也起兵迎戰。武王於是乎帶上象徵凶事戰爭的素白冠冕，以向老天告祭，請求垂憐，他說：「紂所作所為盡是無道之事，泯捨百姓，制約諸侯，滅絕欺侮宗族，視玉如土，視酒如水，老天將要滅掉紂，我將助上天來處罰他。」武王穿上素甲並陳列士兵於殷都的郊區，而殷都……。〈容成氏〉。

## 【注釋】

① 成悳者：《管子·內業》：「敬守勿失，是謂成德。」「成德」，謂修成聖德，陳麗桂先生《新編管子》頁1069。

② 敓而弋之：楚簡「敓」多假借為「說」或「悅」，如《郭店·語叢四》：「凡敓之道」，裘錫圭先生按語以為讀作「說」、《郭店·緇衣》11：「則民至（致）行貞（己）以敓（悅）上」。另外，《包山》常見的「以其故敓之」，學者多指出「敓」即見於《周禮·春官·大祝》「六祈」之一的「說」，參《望山楚簡》頁93考釋38、頁95考釋52。則本簡的「敓」亦應釋為「說」。《呂氏春秋·孟冬紀·禁塞》：「凡救守者，太上以『說』，其次以『兵』。」高誘注：「說，說言也。」陳奇猷案：「注當作『說，言說也。』……『太上以說』者，謂太上以言說服他人使之罷兵也。」《呂覽》所論述的順序（先說後兵）與簡文相似，則本簡的「說」亦指游說之意。其次，「弋」讀「代」。《說文》：「代，更也。」段注曰：「凡以此易彼謂之代。」

③ 其即：讀「其次」。「即」，精紐質部；「次」，清紐脂部，聲韻俱近，故得通假。意即次「成德者」。

④ 睯者：即「泯捨」。李零先生以為「睯」讀「昏」，疑同《書·牧誓》的「昏棄」。「者」，或讀為「捨」。建洲按：《玉篇·日部》：「睯，同昏。」王引之《經義述聞》卷三〈牧誓〉「昏棄」條：「昏，蔑也，讀若泯。昏棄，即泯棄也。……《傳》以昏為亂，失之。」（85頁）。「泯」明紐真部與「昏」曉紐

178

文部，韻部真文關係密切，古籍常見通假。聲紐亦常見互諧，如每（明之）與悔（曉之）；勿（明物）與忽（曉物）；湣（明真）與昏（曉文）（參李方桂《上古音研究》99頁）。而「捨」（書魚）與「者」（章魚），聲近韻同。《尚書·泰誓中》：「今商王受，……播棄犁老。」《史記·周本紀》：「今殷王紂維婦人言是用……昏棄其家國。」則簡文讀作「泯捨百姓」應可從。

⑤ 至約：即「桎約」。李零先生讀作「制約」。孟蓬生先生〈字詞〉：「至當讀爲質。質約爲同義連文，即訂立攻守同盟之義。」建洲按：孟說似可商。簡文是述說商紂無道之處，若按孟說，則成爲商紂與諸侯訂立攻守同盟，與文意不合。李零先生讀作「制約」，大概有限制約束的意思，與文意較合，惟古籍少見此詞。季師旭昇先生則認爲讀作「桎約」，有箝制諸侯的意思，今從之。

⑥ 戲：李零先生以爲「戲」即「勴」。建洲按：「膚」，幫魚；「慮」，來魚，疊韻，聲紐「來」、「明」常見相通，如「客」（來文），《說文》謂從口「文」聲（明文）（參裘錫圭先生〈關於《孔子詩論》〉《中國哲學》24輯140-141頁）。《爾雅·釋詁上》：「導、助，勴也。」郭璞注曰：「勴謂贊勉。」郝懿行《義疏》：「勴者，叝字之省也……教導所以爲贊助，故又爲勴也。」《說文》：「叝，助也。」

⑦ 畏：讀「威」。畏、威常見通用，如《集成》2837大盂鼎「畏天畏（威）」、《郭店·緇衣》30「敬尒悓（威）義（儀）」。簡文的「威」有「刑罰」之義。《尚書·洪範》：「惟辟作威。」孫星衍疏引鄭玄曰：「作威，專刑罰也。」則簡文意謂「我助上天來處罰紂。」如同《書·牧誓》：「今予發惟恭行天之罰。」

⑧ 革車：《左傳·閔公二年》：「元年，革車三十乘。」杜預注：「革車，兵車。」

⑨ 紮虜：「紮」，左旁楚簡讀如「竊」（清質）或「察」（初月）。與「帶」，端紐月部，舌齒鄰紐，韻部疊韻或旁轉，故可通假。「虜」讀作「甲」，學者多已述及（參李零先生〈古文字雜釋兩篇〉《于省吾》270頁、李家浩先生〈讀《郭店楚墓竹簡》瑣議〉《中國哲學》第20輯351頁）。《國語·越語上》：「有帶甲五千人將以致死。」《銀雀山·孫臏兵法》234正「使將軍龐涓、帶甲八萬至於茌丘。」「帶甲」，指披甲的將士。

⑩ 孟瀘：即「孟津」。《尚書·泰誓》：「惟十有三年春，大會于『孟津』。」《史

記·殷本紀》：「西伯既卒，周武王之東伐，至『盟津』，諸侯叛殷會周者八百。」楊伯峻說：「孟津即盟津，在今河南孟縣南十八里。」《春秋左傳注》頁 1251。簡文意謂「渡過孟津」。

⑪ 滕：李零先生隸作「絆」。字讀爲「滕」（陳劍先生〈編連二〉隸爲「滕」，可從）。

⑫ 三軍大軌：即「三軍大範」。「軌」，李零先生釋爲「範」，指合於規矩。何琳儀先生〈滬二〉：「範，指祭祀。《說文》：『範，範軷也。』『軷，出將有事於道，必先告其神。立壇四通，樹茅以依神爲軷，既祭軷轢於牲而行爲範。《詩》曰，取羝以軷。』簡文特指三軍出行前的祭祀。」建洲按：何說似可商。《史記·周本紀》：「九年，武王上祭于畢。東觀兵，至于盟津。」《索隱》：「按，文云『上祭于畢』，則畢，天星之名。畢星主兵，故師出而祭畢星也。」可見當時武王出行前是祭「畢星」，並非如何文所說是行「範軷」，祭道路之神（參錢玄《三禮辭典》頁 301-302）。而且簡文「大範」的背景是武王已經出師了，並已渡過孟津了，與何文所說「三軍出行前的祭祀」不合。《史記·周本紀》：「十一年十二月戊午，師畢渡盟津，諸侯咸會。曰：『孳孳無怠！』」《史記》所載「戊午」之日與簡文相合，而諸侯會合所表現出的群策群力與李零先生所說「合於規矩」是一致的。這種說法是由《爾雅·釋詁上》：「範，常也」引申出來。

⑬ 少會：李零先生讀「小會」。建洲按：《史記·匈奴列傳》：「歲正月，諸長『小會』單于庭，祠。」簡文特別指出「『小』會諸侯之師」，此「會」應該有會合、聚會的意思。即除了諸侯帶領自己的兵馬來會合，同時也與武王聚會，由常理判斷也應該是如此。這裡是說武王與各地的諸侯作小規模的集會，交換彼此所掌握的情報，並討論進攻前的諸項事情。下接「受不知其未有成政」等等，正是諸侯向武王報告商紂失政的情況。陳偉先生則讀作「宵會」：「宵，字本作“少”，原釋文讀爲“小”，未作解釋。“小會諸侯”似無說。少、宵皆從小得聲，疑當讀爲“宵”。《說文》：“宵，夜也。”《國語·周語下》：“王以二月癸亥夜陳，未畢而雨。……王以黃鍾之下宮，布戎於牧之野，故謂之厲，所以厲六師也。”韋昭注：“二月，周二月。四日癸亥，至牧野之日。夜陳師，陳師未畢而雨。”《禮記·祭統》：“夫祭有三重焉：獻之屬，莫重於祼，聲莫重於升歌，舞莫重于《武宿夜》，此周道也。”孔疏引皇侃

所述《書傳》云："武王伐紂，至於商郊，停止宿夜，士卒皆歡樂歌舞以待旦，因名焉。"這與讀"少"爲"宵"可以相合。」同文注 xxv：「《書·牧誓》："時甲子昧爽，王朝至於商效牧野，乃誓。"鄭注引馬融云："昧，未旦也。"依馬說，此條並不與上引二書衝突。」(〈零釋〉)建洲案：據《史記·周本紀》，武王伐紂的行程：「十一年十二月戊午，師畢渡盟津，諸侯咸會，曰：『孳孳無怠。』……二月甲子昧爽，武王朝至于商郊牧野，乃誓。」是武王會諸侯於盟津，此後當即一同前進，未聞至牧野有「宵會諸侯」之事。然史缺有間，難以定論。姑並存。

⑭ 畮之埜：即「牧之野」。「畮」，《說文》：「坶，朝歌南七十里地。《周書》曰：『武王與紂戰于坶野』。」王國維說：「牧野，《說文》引作坶，乃真古文。」(《古史新證》267 頁)。今由楚簡「牧」亦從「母」，而「土」、「田」作偏旁可互用(參高明《中國古文字學通論》154-155 頁)，可證王說之確。《尚書·牧誓》：「武王戎車三百乘，虎賁三百人，與受戰于牧野作牧誓。」《淮南子·本經》：「武王甲卒三千，破紂牧野，殺之於宣室。」

⑮ 成正：「成」，有成功、成就之意。《論語·子路》：「苟有用我者，朞月而已可也，三年有成。」朱熹注：「有成，治功成也。」

⑯ 尋遊行於民之唇：施政不能讓百姓過正常的日子。「遊」，字常見于楚系文字，如《郭店·緇衣》簡18「教此以遊（失）」、《楚帛書》乙 1.30「經絀遊襄」。但對字形的來源未有定論(參李家浩先生〈讀《郭店楚墓竹簡》瑣議〉《中國哲學》第 20 輯 344 頁、趙平安《古文字研究》22 輯 275 頁)。《韓非子·難一》：「今管仲不務尊主明法，……故曰：管仲有『失行』。」《晏子春秋·卷五·景公慚刖跪之辱不朝晏子稱直請賞之第十一》：「古者明君在上，下多直辭；君上好善，民無諱言。今君有『失行』，刖跪直辭禁之，是君之福也。」則「失行」是指一種錯誤或失禮的行爲。一說「得失」應連讀，成一偏義複詞，重點在「失」。旭昇案：本句不是很好講，可能文字有點問題。唇，即辰的繁體。民之辰，可以解成百姓的日子，《毛詩·小雅·小弁》：「天之生我，我辰安在。」毛傳：「辰，時也。」李零先生把「唇」字括號讀爲「朕」，其義待考。

⑰ 或亦记帀呂逆之：即「或亦起師以逆之」。「记」，即「起」；「帀」即「師」，「起師」即發動軍隊之意。「逆」，其字形與《郭店·性自命出》17「逆」作

形近。《孫子·軍爭》：「故用兵之法，高陵勿向，背丘勿逆」，李零先生說：「逆，簡本、《通典》卷一五六、《御覽》卷二七〇、三〇六引作『迎』。杜牧注：『逆者，迎也。』意義相通。」（參《吳孫子發微》83頁注44）紂王不知道自己施政失敗，不得民心，卻仍然發動軍隊迎戰武王。

⑱. 素晃覍：「晃覍」，李零先生讀作「冠冕」、黃德寬〈補正〉以爲第一字讀「冠」是，第二字當讀「弁」，從「元」乃蒙「冠」字而類化訛變。按：李零先生「冠」字隸定有誤，應從「曰」。至於「覍」上部的確從「弁」，下從「冠」省。不過，《說文》認爲「弁」是「冕也」，加上「弁」（並元）、「冕」（明元）古音相近，而且「冠冕」或「冠弁」俱見於古籍，是以二說可以並存，此處依黃德寬先生讀作「冠弁」。《禮記·曲禮下》：「大夫、士去國，踰竟，爲壇位，鄉國而哭，素衣、素裳、素冠。」孔疏：「素衣、素裳、素冠者，今既離君，故其衣、裳、冠皆素，爲凶飾也。」

⑲. 幽（絕）穜（種）悉（侮）眚：「幽」，讀「絕」。字常見於《郭店》，（參張光裕先生《郭編》81頁）。「悉」，《說文·力部》「務」從「敄」聲；《說文·攴部》「敄」從「矛」聲。而「侮」、「務」古音同爲明紐侯部，所以本簡「悉」可分析爲從心柔聲，柔也從矛聲，所以「悉」可以讀作「侮」。《詩·大雅·烝民》：「不侮矜寡，不畏彊禦。」孔疏：「不欺侮於鰥寡孤獨之人。」「眚」，即「種姓」，《史記·匈奴列傳》：「父子兄弟死，取其妻妻之，惡『種姓』之失也。故匈奴雖亂，必立宗種。」

⑳. 素犀：《戰國策·秦策一》：「武王將素甲三千領，戰一日，破紂之國。」鮑彪注：「絹素爲之，非金革也。」

㉑. 醫：李零先生隸作「醫」，徐在國先生〈雜考〉贊同其說，並分析此字爲從邑、殷聲，且改釋《包山》182及古璽相關字。建洲按：二說皆可商。字形上部從「攴」（啓），應隸作「醫」。與「殷」的關係是聲旁互換（參蘇建洲〈考四〉）。趙彤〈隸定〉贊同拙說，並指出「殷」古音或爲影紐微部，如此與「啓」（溪紐脂部）關係更爲密切。

㉒. 蒿：從「高」與從「交」的字，古籍常見通假，（見《古字通假會典》786頁）。《周禮·載師·注》更明云：「故書……『郊』或爲『蒿』。」依照禮家的傳統說法，「郊」指圜丘，是用以祭天的所在，因位於國之南郊故名。（參李學勤先生〈釋郊〉《綴古集》191頁，亦見《文史》36輯。）

一·〈民之父母〉隸定及摹字

子 皀聞於孔子詩曰幾佛君子民之父母

孔＝倉曰民 【一】

敢聞可女而可胃民之父母孔

之 父母虎必達於豐樂之籥曰至五至曰行

三 亡吕皇於天下四方又敗必先智之亓

【二】

可 胃民之父母矣子皂曰敢聞可胃五

【三】

所 至孔二曰五至虎勿之所至者志亦至安志之

至者豐亦至安豐之所至者樂亦至

安樂之所至者惡亦至安惡樂相生君子

【四】

曰正此之胃五至子皂曰五至既聞之

矣敢聞可胃三亡孔二曰三亡虎亡聖之樂亡

體【五】之 豐亡備之喪君子已此皇于天下

奚耳而聖之不可旻而聞也明目而視之不

可【六】旻而視也而旻既塞於四海矣此之

胃三亡子皂曰亡聖之樂亡體之豐亡備之

喪可志【七】是迌孔=曰善才商也牺可孝

時矣城王不敢康迺夜詧命又寶亡聖之樂

禔我尼=

不可選也無體之禮凡民有喪匍

齊矣墜王辛瓡羹迴杪畬令人會此臺止緤

匐救之無服之喪也子皂曰丌才誃也敗矣

左矣大矣聿【九】

於此而已乎孔=曰猶有

186

五起焉子昬曰所謂五起

可旻而聞算孔=

亡聖之樂嫨志不惪【十】亡

體之豊槐我邑=

亡聖之樂塞辛

備之喪內虞悲亡聖之樂塞于四方亡

體之豊日述月相亡體之【十一】喪屯旻同

體之豊述月相亡體之【十一】喪屯旻同

明亡聖之樂它返孫=亡體之豊塞于四海亡

187

備 之 喪 爲 民 父 母 亡 聖 之 樂 熭 【十二】志既

夏 亡 體 之 豊 禔 我 異二 亡 備 囗之 喪 它 逨 四 國 亡

聖 之 樂 熭 志 既 從 亡 體 之 豊 上 下 禾 同 亡 備

【十三】囗之 喪 呂 畜 萬 邦

二·〈子羔〉 隸定及摹字

( 舜 )

……

又吳是之樂正瞽㬅之子

也 子羔曰可古曰尋為帝孔二曰昔者而弗殤

也 善與善相受也古能給天下坪萬邦吏亡

又 少大忌竄吏虜 【一】 尋开社稷百眚而奉

守之堯見堃之憝敗古讓之子羔曰堯之辱

堃也堃之憝則城善【六】堃伊堯之憝則甚

盟堃孔=曰鈞也堃嗇於童土之田則【二】……

之童土之莉民也孔=曰……【三】虗昏夫堃

丌幼也每昌□寺丌言……【四】……或昌夏

而遠堯之取奎也從者卉茅之中與之言豐

猷□……【五】〔正〕子羔〔背〕亦紹先王

之游道不奉王則亦不大溲孔=曰奎丌可

胃受命之民矣奎人子也……【七】……而

和古夫奎之惠丌城叝矣采者䎩嘼之中而

吏君天下而燮子羔曰女奎才合之殜則可

若孔＝曰【八】子羔昏於孔＝曰㝅王者之乍

也虜人子也而爪父㦷而不足燮也與啟亦

城天子也與孔＝曰善而昏之也舊矣爪莫……

【九】【禹之母又莘是之女】也觀於伊而辱

之□

【十一上】愳而畫於怀而生二而能言

是□也离之母又洒是之女

【十】也遊於央

□髮監卵而階者开前取而軟之□

臺□之上又

□上□

【十一下】三愳而畫於□生乃呼曰【中文

大學藏簡·戰國3】……

欽是离也句稷之□

193

母又訇是之女也遊於玄咎之內多見芺孜

而薦之乃見人武履吕懲禱曰帝之武尚吏

【十二】……是后稷【之母】也厶王者之

乍也如是子羔曰然則厶王者孰爲【十

三】……□厶（參）天子事之【十四】

## 三·〈魯邦大旱〉 隸定及摹字

魯邦大旱哀公胃孔=子不爲我圖之孔=

會曰邦大旱毋乃遊者型與惠虐唯……

〔哀公曰……〕之可才孔=曰㝵民智敚之事

鬼也不智型與惠女毋悉珪璧帚帛於山川

【一】

195

政坙與〔德〕……【二】出遇子贛曰賜而

必遑子贛曰貧於

昏箎逾之言毋乃胃丘之含非與子贛曰否

戲虡子女運命亓與女夫政坙與惠曰事上

戥遑子民遑命亓坙民夫政坙坙坙曰莫上

天此是才女天毋悉珪璧【三】

天必是中民天民夳至璽

希帛於山川

毋乃不可夫山石曰爲膚木曰爲民女天不

毋乃不可夫卜后白照臺米白照民民天不

雨
石牺籲木牺死刀欲雨或甚於我或必寺

虐名虐夫川水曰為膚魚曰
【四】
為民女天

不雨水牲沽魚牲死刀欲雨或甚於我或必

寺虐名虐孔二曰於虐……
【五】
公劃不飤杸

飤肉才殴亡女㝅民可
【六】

197

## 四·〈從政〉隸定及摹字

睹之曰：昔三弋（代）之明王之又（有）天下者，莫

之舍也，而□取之，民皆吕（以）為義，夫是則獸之

吕（以）信誊【甲一】之，吕（以）義行之，吕（以）豊也，其嬰王

舍人邦豪（家）土堕（地）而民或弗義，□……【甲二】豊

則募而為息諮之呂型則逐瑨之曰善二人二也

是呂導學士一二人二讚……【甲三】四雯遊學

是白受鷙士一一个

士一人方亦坂是二故孝二斳言而不斳事【甲

上一个才炎辰是古屌訕音夵爾新妥

四】毋舞毋禧毋悋毋恰不攸不武胃之必城

民舞民禧民曌民舁承伇承㦤多义屶蜒

則舞不蚤而殺則褅命亡時事必又羿則惻

為利桂【甲十五】事則賠瘠之曰從正章五

德匜三折斂十情五德一曰慢二曰共三曰

惠四曰慈五曰敬孝＝不惓則亡【甲五】曰

頌百眚不共則亡曰斂辱不惠則亡曰聚民

不悬【甲六】則亡曰行正不敬則事亡城三

折時行視上卒飲【甲七】曰軺人之矛十日曰

口惠而不繇興邦豪綢正蕃從命則正不袋

奢戒先遷則自异司聂訪懂信則憍【乙一】

不章毋占民贍則同不膚瀆贏亞則民不惰

而不智則奉爭害瞎之曰從

瞎之曰【乙二】

正又七幾獄則興懥則民不道滷則遊眾悟

則亡新罰則民逃好〔型〕【甲八】……則

民復嬰台此七者正斎＝忌也瞔之曰志歟

不旨其事不……【甲九】曰從正所矛三敬

誄信＝則尋眾誄則遠＝戾＝所已……【甲十】

202

狀句能立道睹之曰孝=之相讓也不必才近

然句絕企復韻止曰尿=止相靜乜矛也中返

遲藥……【甲十三】又所又舍而不敢書之

延幾……又所又患矛矛敢尹止

又所不足而不敢弗……【甲十四】曰衻贖

又所矛足矛矛敢甡 乙軺斎

聰見不訓行曰出之睹之曰孝=藥則綱正惪

輙見矛亂行乙乥止韻止曰尿=藥則編正臭

則【甲十六】遑少人藥則悉惠則睹妾則勅

閏 復少亻幾昌羍昌韻莊昌桨

愿則懷恥則靶賠之曰從正不絅則雙絅巳

至則……【乙三】【……君子先】人則啟道之

逡人則奉相之是巳曰孝=難得而惕叟也亓

逡人器之少人先=則……敬之【甲十七】

【後人】則纕毀之是巳曰少人惕辱而難叟

也亓叀人必求備安暚之曰行在异而名在

人名難靜也 【甲十八】 章行不佚時善不獸

唯殜不儀必或智之是古 【甲十二】 孝=弱

行已時名之至也孝=暚善言吕敀亓 【乙五】

言見善行內亓息安可胃學矣暚之曰可言

而不可行君子不言而不可言君子不

行 【甲十一】 …… 之人可也睹之曰行陰至

命餡滄而毋皲從事而毋說君子不曰流言

戠人 【甲十九】 也睹之曰譴医而共孫蒭之 不武

纏也恩良而忠敬悫之宗 [也] …… 【乙四】

則
志
不
達
急
而
不
智
則
……

【
乙
六
】

盟芇芇逡耎禾乔智盟

207

五·〈昔者君老〉隸定及摹字

君子曰昔者君老大子朝君=之母佛是

相大子晨聖庶醋=進大子前之母=佛=送退

前之大子再三狀句竝聖之大子母佛 【一】

梦止介尹雩三豻句坔蘁止介介尹民俴

至命於闇=呂告迭=人=內告于君=曰邵之大

並命於蘭=乙告逡=夕矣吿于君=曰卲止介

子內見女祭祀之事……

【二】 能事元(亓)嫠君

子曰子告割意於內不見於外意於外不見於內

於內盈於外不見 ＝言不曰出外言不曰

內譽敚嬖亞……

【三】 ……【各敬】介司各共介

事發命不夜君宰大子乃亡睹亡聖不睹不

209

命唯恣悲是思唯邦之大務是敬【四】

令尾愁堡是思尾陸立介學尾義

# 六·〈容成氏〉隸定及摹字

昔者訟成氏大庭氏伯皇氏中央氏栗

陸氏驪畜氏祝融氏昊英氏有巢氏葛天氏

陰康氏朱襄氏、無懷氏尊盧是莙定是喬結

是倉頡是軒緩是斬戎是樟～是墉遷是之有

天下也皆不受元子而受敆元惠酓清而上

悉【一】下而一元志而戚元兵而官元才於

是虖唫聾執燭楣戈鼓慾𡈼堥獸門牧需爲

受𥾝䌛哭戈㦰葦戰門𢾺𡉈

矢長者酥尾婁者坟𡥚瘞【二】者煮盧尾重

辛矢𥝢尾䙏坟𤯍脈

者鮁澤濂棄不□凡民俾敂者孝而慙之歈而

臥之思遷百官而月青之古堂是皆也亡并

【三】……□是之有天下厚悉而泊會安身

力吕袋百售【三五B】……□於是虐不賞不

罰不型不殺邦無飢人道逄無殤【四】死者

上下貴戔各尋其殊四海之外宇四海之內

上下桌姓各昼六殊罕洲止外今罕洲止尖

貞聆戰朝魚蟲獻有吳迵坒天下之正十又

九年而王天下卅二又七

【五】年而奴多昔

堯尻於丹府與藋陵之閒堯羑馳而旹二實不

夫須於旹而民

勸而民力不刑殺而無盜賊甚緩而民服於

【六】百里之申衡天下之人遠奉而

是虜方

立之吕爲天子於是虖方圜千里於是

板正立四向陈禾裹以來天下之民【七一】其

政絀而不賞官而不箟無萬於民而絀闕不

□古曰叝及□……【四三】是吕視叝顉堕

歆天竺義與信會才天堕之闢而棄在四海

之內遷能其事而立爲天子堯乃爲之教曰

自 【九】內安余穴覡安以求叞者而壞安堯

曰天下壞於叞者天下之叞者莫之能受也

萬邦之君皆曰元邦壞於叞【十】……□□

□叞者而叞者莫之能受也於是虞天下之

人曰【十一】堯爲善興臤而窆立之昔□窆

靜於醫丘匋於河賓魚於靈澤孝義父母以

善其新乃及邦子堯睯之【十三】而美其行

善元薪乃爰辨于夫舐止

堯於是虔爲車十又五輚曰三從窆於旬昏

夫於是粢然車十又五輦乙三從窆於龍昏

止□窆於是孝□□□而坐之子

之中窆於是虔矜季埶开耤姜爪而坐之子

堯南面舜北面舜【十四】於是唇始語堯天

墬人民之道與之言正敓柬曰行與之言樂

敓和曰長與之言豊敓敀曰不逆堯乃悅堯

【八】……

堯乃老視不明聖

不憨堯又子九

人不曰亓子爲遂見堥之叙也而欲曰爲遂

【十二】

舜乃五讓以天下之臤者不尋已然

後敢受之

盒聖正三年山陵不尻水澩不潜

乃立墨吕爲司工墨既巳 【二三】

受命乃卉

備薔若帽芙埶□疋□…… 【十五】……面旞

鰌墾不生之毛凱濫渚澧墨親執粉杞吕波

明者之澤決九河【二四】之灤於是虖夾州

淦州訇可尻壂迵淮與忻東鼓之海於是虖

競州箮州訇可尻也壂乃迵夔與湯東鼓之

【二五】海於是虖蓏州訇可尻也壂乃迵三

江五沽東鼓之海於是虖鄖州訇可

尻也塺乃迵沭洛并里干東 【二六】

須弋塺乃迵梨絲淊并里干東

於是於敓州始可尻也塺乃迵經與渭北敓

乍弋乍敘以与可須弋塺乃復經辕濿北跥

之河於是虜慶州訏可尻也塺乃從灘以南

止迥於弋祭篓以与可須弋塺乃從難乙舉

爲名浴五百從 【二七】 灘以北爲名浴五百

天下之民居奠乃飤臥乃立句裸呂爲經句

221

禩既已受命乃食於埜宿於埜復穀豢土五

年乃

【二八】壞民又余臥無求不尋民乃賽

喬能旳復乃立咎曰爲㝗咎壮既已受命

裔妶与癹乃企剏壮乙囩拳剏壮遅乙叟會

乃支會昜之䌓而聖元訟獄三【二九】年而

3叏勹昜业㷉老聖六訟癢三

天下之人亡訟獄者天下大和㺜壑乃欲會

不下业个止訟癢耑不下木祢叀夆3斿會

天墜之燹而聖甬之乃立數旦爲樂正數既

受命复爲六頪六【三十】

郪支爲五音以定

男女之聖堂是時也劉遷不至袄不行祟

才迖亡胗獸肥大卉木晉長昔者天墜之差

舜而【十六】右善女是䢱也䂁乃老視不明

聖不聰叕又子七人不吕亓子爲逡見墨之

殹也而欲以爲逡墨乃五壤吕天下之敔【十

七】者不尋已狀句敢受之墨聖正三年不斬

革不釛金不鉻矢田無數氒不工闡市無賦

墨乃因山陸坪徑之可垺邑【十八】者而緑

實之乃因逑以智遠法蟲而行柬因民之欲

會天墜之利夫是吕逮者敓絀而遠者自至

會不墜之物

四海之內戔【十九】四海之外皆青紅墨狀

句始爲之虐吕支亓左右思民毋懘東方

之吕日西方之吕月南方之吕蛇【二

十一 審正之羿以澳北方之羿以鳥墨狀句的

行曰會衣不襲娩臥不童香朝不車逆種不

粗米鹽不斬骨製【二一】孝唇方為三告救

聖之紹東方為三告西方為三告南方為三

告北方為三告曰竈於溪浴凄於生川高山

226

隆蒸林【三一】內安以行政於是於邲箄而

行彔呂壤於來亦=週=曰惠速蓑……【三二】

表鞭專壐乃畫鼓於廷呂爲民之又誥告

者釬安撞鼓壐必速出夛不敢呂蒼呂顗不

敢以賢邲身言【二二】……□淵所曰聖人

敢乙賢□牛言

元生賜羕也 元死賜胙法蛊匪是曰爲名壑

又子五人不曰元子爲後見 【三三】咎剖之

啟也而欲曰爲後咎秀乃五壤曰天下之啟

者述再疾不出而死壑於是虖壤益啓於是

虖攻益自取 【三四】……

【啟】王天下十又六

王天下十又六

年而桀复桀不述亓先王之道自爲

芭 爲 ……

【三五A】登是昔耶溺不絕謁衆寡不聖訟

天墜四昔之事不攸湯乃專爲正复已正聞

市民乃宜肯虐疾釕生於是【三六】虐又諲

聾皮 瘦寠釕起湯乃惹戒求政乃立泗

尹曰爲差泗尹既巳受命乃執兵欽暴兼尋
于民迷迷而
【三七】不量亓力之不足起帀
呂伐昏山是取亓兩女晉妖北法亓邦□
乙伐昏……是取亓寧民
爲咎宮簋爲璿室戔爲条臺立爲玉閨亓喬
臣昌含……戈臣象羕企臣玉埜亓裔
【三八】大女是稐湯眡之於是虐斳戒隆攺

憲惠而不賀虪三十臣而能之如是而不可

本可民是本可

狀句從而攻之陞自我遂內自北【三九】門

立於中□傑乃逃之鬲山氏湯或從而攻之

陞自鳴攸之遂呂伐高神之門傑乃逃之南

藁是湯或從而攻之【四十】述逃法之桑虞

之埜湯於是虐諆九州之市呂霽四海之內

於是虐天下之兵大起於是虐羿宗鹿族戔

群安備【四一】……側逃夫是呂尋衆而王

天下湯王天下卅＝又一傑而受复受不述亓

先王之道自爲芭爲於【四二】是虐复爲九

城之臺視盂羕元下加儽木於元上思民道

之能述者述不能述者內而死不從命者從

而桎皋之於是

【四四】

虐复為金桎三千既

為金桎或為酉池譔樂於酒專亦曰為權不

聖元邦之正於是虐九邦畔之豐橋郞曹于

鹿 【四五】坅宗會須是文王睹之曰唯君亡

道臣敢勿事虖唯父亡道子敢勿事虖管天

子而可反受睹之乃出文王於【四六】雖臺

之下而睹安曰九邦者亓可逢虖文王曰可

文王於是虐素耑襞裳曰行九邦七邦逢備

豐喬不備文王乃起帀呂鄉 【四七】豐喬三

鼓而進之三鼓而退之曰虞所智多廌一人

爲亡道百眚元可舉豐喬之民貼之乃隆文=王=

時故時而孚民 【四八】時高下肥毳之利書

時之智天之道智陛之利思民不疾昔者文

王之差受也如是栖也文王即立武

王

【四九】曰成憙者虐敓而弋之其即虐伐

而弋之含受爲無道睧者百售至約諸侯天

牲戏安虐戲天畏之武王於【五十】是虐复

爲革車千輛縢牽壃人戊午旨＝涉於孟瀘至

236

於共滕之閒三軍大赶武王乃出革車五百

輮燊甲三千【五一】吕少會者侯之帀於畱

之堲受不暂亓未又成正而尋遊行於民之

唇也或亦记帀吕逆之武王於是虖素晃虎

吕或炅㲋乙建之走王於㞋㞋㞋㞋㞋

吕告【五二】各于天曰受爲亡道暓者百售

至約諸侯壓種悉告土玉水酉天牲戔安吾

戲天畏之武王素尃呂申於醬蒿而醬【五三

正 ……訟城氏【五三背】

# 參考書目及簡稱

見於簡帛研究網站首發者,以後加注(年/月/日)來表示

漢·司馬遷《史記》,北京:中華書局,1964.4 四刷

漢·許慎著;宋·徐鉉校定《說文解字》,北京:中華書局,2002.10 第 20 刷

晉·皇甫謐《帝王世紀》,瀋陽:遼寧教育出版社,1997.3

宋·徐鍇《說文繫傳》,台北:華文書局,1971.5

宋·李昉等奉敕撰《太平御覽》,台北:台灣商務印書館,民 81.1 台一版六刷

宋·朱熹《詩集傳》,臺北:臺灣中華書局,1970

宋·朱熹《四書集註》,台北:學海出版社,1991.3

明·馬蒔《黃帝內經靈樞注證發微》,北京:科學技術文獻出版社,2000.12 二刷

清·段玉裁注《說文解字注》,台北:漢京文化,1985.10

清·朱駿聲《說文通訓定聲》,臺北:宏業書局,1974

清·張琦著王洪圖點校《素問釋義》,北京:科學技術文獻出版社,1998.8

清·王先謙《荀子集解》,北京:中華書局,1997.10 四刷

清·孫詒讓《周禮正義》,北京:中華書局,2000.3 二刷

清·阮元勘訂《十三經注疏》,台北:藝文印書館,1989


于省吾《釋林》:《甲骨文字釋林》,北京:中華書局,1979

于省吾《澤螺居詩經新證》,北京:中華書局,1982

于省吾《甲骨文字釋林》,北京:中華書局,1993.4 三刷

中山大學古文字研究室《戰國楚簡研究》(二),廣州:中山大學,1977

中國社會科學院考古研究所《曾侯乙墓》,北京:文物出版社,1989.7

中國社會科學院語言研究所古代漢語研究室編《古代漢語虛詞詞典》,北京:商務印書館,
　　2000.1 二刷

王力《同源字典》,北京:商務印書館,1999.9 五刷

王中江(試編):〈上博館藏戰國楚竹二《從政》試編〉(03/01/11)

王中江(重校):〈《從政》重編校注〉(03/01/16)

王引之《經義述聞》,台北:廣文書局,民 52.5

王健文《戰國諸子的古聖王傳說及其思想史意義》，台北：台灣大學文學院，民 76.6

王國維《古本竹書紀年輯校・今本竹書紀年疏證》，台北：世界書局，民 66.12 再版

史儀（拾遺）：〈《從政》篇編連拾遺〉（03/01/17）

白於藍〈釋包山楚簡中的"巷"字〉《殷都學刊》，1997.03

白於藍（商榷）：〈上博簡釋注商榷〉（02/01/11）

白於藍（玄咎）：〈釋"玄咎"〉（03/01/19）

向宗魯《說苑校證》，北京：中華書局，2000.3 三刷

朱淵清（三制）：〈"三制"解〉（03/01/13）

朱德熙《朱德熙古文字論集》，北京：中華書局，1995.2

何琳儀（石曉）〈有 A 其 N 句式淺析〉，《松遼學刊》1988 年 2 期

何琳儀（戰典）：《戰國古文字典》，北京：中華書局，1998

何琳儀〈莒縣出土東周銅器銘文彙釋〉，《文史》50 輯，2000 年 1 輯

何琳儀、徐在國〈釋塞〉，《中國錢幣》，2002.2

何琳儀（滬二）：〈滬簡二冊選釋〉（03/01/14）

吳振武〈燕國銘刻中的泉字〉，《華學》第二輯 47-51 頁，廣州：中山大學出版社，1996.12

吳榮曾〈戰國漢代的操蛇神怪及有關神話迷信的變異〉，《文物》1989.10

李天虹〈釋楚簡文字夏〉，《華學》第四輯 85-88 頁，紫禁城出版社，2000.8

李天虹《郭店竹簡〈性自命出〉研究》，武漢：湖北教育出版社，2003.1

李存山（啓攻益）：〈反思經史關係：從"啓攻益"說起〉（03/01/20）

李守奎〈《戰國楚竹書・孔子詩論・邦風》釋文訂補〉，《古籍整理研究學刊》2002.2 頁 9

李守奎〈古文字辨析三組〉《吉林大學古籍整理研究所紀念文集》（長春：吉林大學出版社，1998.12）

李家浩〈信陽楚簡中的「柿枳」〉，《簡帛研究》第 2 輯，北京：法律出版社，1996.9

李家浩〈傳遽鷹節銘文考釋－戰國符節銘文研究之二〉，《海上論叢》第二輯，上海：復旦大學出版社，1998.7

李家浩〈釋弁〉，《古文字研究》第一輯，391-395 頁

李家浩〈讀郭店楚墓竹簡瑣議〉，《中國哲學》第 20 輯，遼寧：教育，1999

李零〈"太一"崇拜的考古研究〉，《北京大學百年國學文粹・語言文學卷》，1998.04

李零《長沙子彈庫戰國楚帛書研究》，北京：中華書局，1985.7

李零《吳孫子發微》，北京：中華書局，1997.6

李零〈讀《楚系簡帛文字編》〉，《出土文獻研究（第五集）》，北京：科學出版社，1999 年，頁 139-162

李零《中國方術考》，北京：東方出版社，2000.4

李零《中國方術續考》，北京：東方出版社，2000.10

李零（上博校讀一）：上博楚簡校讀記（之一）－子羔篇孔子詩論部分（02/01/04）

李零《郭店楚簡校讀記－增訂本》，北京：北京大學出版社，2002.3

李銳（子羔劄記a）：〈讀上博簡（二）《子羔》劄記〉（03/01/10）

李銳（初劄）：〈上博館藏楚簡（二）初劄〉（03/01/06）

李學勤〈史惠鼎與史學淵源〉，《文博》1985 年第 6 期

李學勤〈釋戰國玉銘篋銘〉，《于省吾教授百年誕辰紀念文集》159-161 頁，吉林大學出版社，
　　　1996.9

李學勤《綴古集》，上海：上海古籍出版社，1998.10

沈培《上博簡〈緇衣〉篇"惢"字解》，廖名春編：《新出楚簡與儒學思想國際學術研討會》，
　　　北京清華大學思想文化研究所・臺北輔仁大學文學院聯合主辦，2002.3.31-4.2

周鳳五（從甲）：〈讀上博楚竹書《從政（甲篇）》劄記〉（03/01/10）

周鳳五（楚零）：〈楚簡文字零釋〉，第一屆應用出土資料國際學術研討會，苗栗・育達商業技
　　　術學院應用中文系，2003.4.26

周曉陸、路東之、龐睿〈秦代封泥的重大發現〉，《考古與文物》1997.01

孟蓬生（字詞）：〈上博竹書(二)字詞劄記〉（03/01/14）

季旭昇〈說皇〉，第六屆中國文字學學術研討會論文，臺中：中興大學中文系所，1995.4.30

季旭昇〈讀郭店楚墓竹簡札記：卡、絕偽棄作、民復季子〉《中國文字》新 24 期（台北：藝
　　　文印書館，1998.12）

季旭昇〈從戰國文字的「㞢」字談詩經中「之」字誤為「止」字的現象〉，《中國詩經學會會
　　　務通訊》第 18 期 2000.5.15

季旭昇〈古璽二題〉，中國文字學會第十一屆全國學術研討會發表論，臺南師院，2000.10.22；
　　　又見《中國學術年刊》第廿期，2001.5

季旭昇〈讀郭店、上博簡五題：舜、河滸、紳而易、牆有茨、宛丘〉，《中國文字》新 27 期，
　　　台北：藝文印書館，2001.12

季旭昇《說文新證》，台北：藝文印書館，2002.10

季旭昇（小議一）：〈讀《上博（二）》小議〉（03/01/12）

季旭昇（小議二）：〈《上博二》小議（二）：《民之父母》「五至」解〉（03/03/19）

季旭昇（小議三）：〈上博二小議（三）：魯邦大旱・發命不夜〉（03/05/21）

季旭昇（小議四）：〈上博二小議(四)〈昔者君老〉中的「母弟送退」及君老禮〉（03/06/16）

屈守元《韓詩外傳箋疏》，成都：巴蜀書社，1996.3

屈萬里《尚書釋義》，台北：華岡出版部，民 61.4 增訂版

屈萬里《詩經詮釋》，臺北：聯經出版事業公司，1983

杭世駿《續禮記集說》，臺北：明文出版社出版，1992

林素清〈郭店竹簡《語叢四》箋釋〉《郭店楚簡國際學術研討會論文集》（武漢：武漢大學出

版社，2000.5）

林素清（疑釋）:〈上博（二）《民之父母》幾個疑難字的釋讀〉（03/01/17）

林素清（君老釋讀）:〈上博楚竹書《昔者君老》釋讀〉，第一屆應用出土料國際學術研討會，
　　　苗栗・私立育達商業技術學院，2003.4.23

林義光《詩經通解》，北京大學，1936，臺灣中華書局 1971 臺一版

林澐《林澐學術文集》，北京：中國大百科全書出版社，1998.12

金景芳等《尚書・虞夏書新解》，瀋陽：遼寧古籍出版社，1996.6

邴尚白（君老注釋）:〈上博〈昔者君老〉注釋〉，第一屆應用出土料國際學術研討會，苗栗・
　　　私立育達商業技術學院，2003.4.23

俞志慧（句讀）:〈《魯邦大旱》句讀獻疑〉（03/01/27）

徐元誥《國語集解》，北京：中華書局，2002.6

徐在國（瑣記）:〈上博竹書《子羔》瑣記〉（03/01/11）

徐在國（雜考）:〈上博竹書（二）文字雜考〉（03/01/14）

晏昌貴（九州）:〈上博簡《容成氏》九州柬釋〉（03/04/06）

秦樺林（虛詞）:〈上博簡《魯邦大旱》虛詞劄記〉（03/02/15）

荊門市博物館《郭店》:《郭店楚墓竹簡》，北京：文物出版社，1998.5

袁國華〈江陵望山楚簡「青帝」考釋〉《第一屆中國語言文字國際學術研討會論文》，香港：
　　　香港大學，2002.3

袁國華〈《郭店楚簡・唐虞之道》「弓爲天子而不驕」句「弓」字考釋〉，《郭店楚簡國際學術
　　　研討會論文集》頁 273-276，武漢大學中國文化研究院編，武漢：湖北人民出版社，
　　　2000.5

馬承源主編《上海博物館藏戰國楚竹書（一）》，上海：上海古籍出版社，2001.11

馬承源主編《上海博物館藏戰國楚竹書（二）》，上海：上海古籍出版社，2002.12

馬繼興《馬王堆古醫書考釋》，長沙：湖南科學技術出版社，1992.11

高大倫《張家山漢簡〈脈書〉校釋》，成都：成都出版社，1992

高明《古陶文彙編》，北京：中華書局，1990

商承祚《石刻篆文編》，北京：中華書局，1996.10

張玉金《甲骨卜辭語法研究》，廣州：廣東高等教育出版社，2002.6

張光裕主編、袁國華合編《郭店楚簡研究・第一卷・文字編》，台北：藝文印書館，1999

張守中（包編）:《包山楚簡文字編》，北京：文物出版社，1996.8

張春龍〈湖南省近年出土簡牘文獻資料略論〉，《第一屆中國語言文字國際學術研討會論文》，
　　　香港：香港大學，2002.3

張家山二四七號漢墓竹簡整理小組《張家山漢墓竹簡（二四七號墓）》，北京：文物出版社，
　　　2001.11

張富海（后稷之母）：〈上博簡《子羔》篇 "后稷之母" 節考釋〉（03/01/17）

張豐乾（得氣）：〈《民之父母》 "得氣" 說〉（03/02/25）

張雙棣《呂氏春秋譯注》，北京：北京大學出版社，2000.9

張雙棣《淮南子校釋》，北京：北京大學出版社，1997.8

張顯成《先秦兩漢醫學用語匯釋》，成都：巴蜀書社，2002.10

曹建國（子羔劄記b）：〈讀上博簡《子羔》劄記〉（03/01/12）

許全勝（容補）：〈《容成氏》補釋〉（03/01/14）

郭梨華〈竹簡《五行》的「五行」研究〉，《郭店楚簡國際學術研討會論文集》，武漢：武漢大
學出版社，2000.5

郭德維〈曾侯乙墓五弦琴上伏羲和女媧圖像考釋〉《江漢考古》2000.1

郭錫良《漢字古音手冊》，北京：北京大學出版社，1986

陳子展《詩經直解》，上海：復旦大學，1983

陳奇猷《呂氏春秋校釋》，台北：華正書局，1988.7

陳初生《金文常用字典》，高雄：復文書局，1992.5

陳美蘭〈上博簡讞字芻議〉，《中國學術年刊》第廿四期（2003年，待刊）

陳美蘭〈從政斷代(摘要)〉：〈從〈從政〉「王予人邦家土地」談上博簡的斷代(摘要)〉，（03/06/08）

陳偉《郭店竹書別釋》，武漢：湖北教育出版社，2003.1

陳偉（從政校讀）：〈上海博物館藏楚竹書《從政》校讀〉（03/01/10）

陳偉（魯邦劄記）：〈讀《魯邦大旱》劄記〉（03/01/27）

陳偉（零釋）：〈《上海博物館藏戰國楚竹書（二）》零釋〉（03/03/17）

陳劍（四海）：〈上博簡《民之父母》 "而得既塞於四海矣" 句解釋〉（03/01/18）

陳劍（編連一）：〈上博簡《子羔》、《從政》篇的拼合與編連問題小議〉（03/01/08）

陳劍（編連二）：〈上博簡《容成氏》的拼合與編連問題小議〉（03/01/09）

陳劍〈說慎〉，《簡帛研究二〇〇一（上冊）》，頁207-214，廣西師範大學出版社，2001.9

陳劍〈據郭店簡釋讀西周金文一例〉，《北京大學中國古文獻研究中心集刊》第二輯，北京：
燕山出版社，2001

陳劍〈釋《忠信之道》的「配」字〉，《國際簡帛研究通訊》2002.12

陳劍〈釋西周金文中的厷字〉，《漢字與文化國際學術研討會論文集》，1998

陳麗桂（句法）：〈由上博〈民之父母〉的句法形式與義理結構論《禮記·孔子閒居》與《孔
子家語·論禮》之誤〉，第一屆應用出土資料國際學術研討會論文，苗栗·私立育達商
業技術學院應用中文系，2003.4.13

陳麗桂等校注《新編管子》，台北：國立編譯館，2002.2

陸志韋《陸志韋語言學著作集》（一），北京：中華書局，1985.5

陸志韋《陸志韋語言學著作集》（二），北京：中華書局，1999.3

單周堯・黎廣基（亡新）：〈讀上博楚竹書《從政》甲篇 "惽則亡新" 劄記〉（03/01/22）

曾昱夫《戰國楚地簡帛音韻研究》，台北：台灣大學中文所碩士論文，2001.6

曾憲通〈「子」字族群的研究〉《第一屆中國語言文字國際學術研討會論文》，香港：香港大學，
　　2002.3

曾憲通〈楚帛書文字新訂〉，《中國古文字研究》第一輯 90 頁，長春：吉林大學出版社，1999.6

湖北省文物考古研究所等《望山楚簡》（北京：中華書局，1995.6）

湖北省荊沙鐵路考古隊《包山》：《包山楚簡》，北京：文物出版社，1991.10

湯餘惠（戰編）：《戰國文字編》，福州：福建人民出版社，2001.12

程發軔《春秋左氏傳地名圖考》，台北：廣文書局，民 56.11

程發軔《戰國策地名考釋》，台北：國立編譯館，民 89.1

程燕（研讀）：〈上海楚竹書（二）研讀記〉(03/01/13)

逸齋《詩補傳》，漢京・《通志堂經解》第十七冊

馮時〈柞伯簋銘文剩義〉，《古文字研究》24 輯，北京：中華書局，2002.7

馮時《中國天文考古學》，北京：社會科學文獻出版社，2001.11

黃德寬〈郭店楚簡文字續考〉，《江漢考古》1999.2

黃德寬（補正）：〈《戰國楚竹書》（二）釋文補正〉(03/01/21)

黃錫全〈包山楚簡部分釋文校釋〉，《湖北出土商周文字輯證》附錄四，武漢大學出版社，1992

黃錫全（劄記一）：〈讀上博楚簡（二）劄記（壹）〉(03/02/25)

黃錫全（劄記二）：〈讀上博藏楚竹書（二）劄記（貳）〉(03/03/06)

黃錫全（劄記三）：〈讀上博簡（二）劄記（三）〉(03/03/23)

黃錫全（劄記四）：〈讀上博簡（二）劄記（四）〉(03/05/16)

楊伯峻《春秋左傳注》，台北：洪葉書局，1993.5

楊伯峻《列子集釋》，北京：中華書局，1997.10 五刷

楊伯峻等《古漢語語法及其發展》，北京：語文出版社，2003.1 三刷

楊澤生（補釋）：〈《上海博物館所藏竹書（二）》補釋〉(02/02/15)

裘錫圭《古文字論集》，北京：中華書局，1992.8

裘錫圭〈戰國文字釋讀二則〉，《于省吾教授百年誕辰紀念文集》154-158 頁，吉林大學出版
　　社，1996.9

裘錫圭〈甲骨文中的見與視〉，《甲骨文發現一百周年學術研討會論文集》，臺灣師大國文系、
　　中研院歷史語言研究所合辦，文史哲出版社出版，1998.5

裘錫圭〈郭店《老子》簡初探〉，《道家文化研究》17 輯，北京：三聯書局，1999.8

裘錫圭《古代文史研究新探》，南京：江蘇古籍出版社，2000.1 二刷

廖名春（容劄）：〈讀上博簡《容成氏》劄記（一）〉（02/12/27）

廖名春（郭字）：〈郭店簡從 "朱" 之字考釋〉（03/03/08）

臧克和《尚書文字校詁》，上海：上海教育出版社，1999.5

趙平安〈戰國文字的"遊"與甲骨文"羍"為一字說〉，《古文字研究》第 22 輯，北京：中華 2000

趙平安〈釋包山楚簡中的「葡」和「遞」〉，《考古》1998.05

趙平安〈釋靳及相關諸字〉，《第一屆中國語言文字國際學術研討會論文》，香港：香港大學，2002.3

趙彤（隸定）：〈對楚簡𠬞𡗗二字隸定的一點意見〉（03/03/21）

劉文英《夢的迷信與夢的探索》，北京：中國社會科學出版社，2000.1 二刷

劉信芳〈曾侯乙墓衣箱禮俗試探〉《考古》1992.10

劉信芳《子彈庫楚墓出土文獻研究》，台北：藝文印書館，2002.1

劉信芳《包山楚簡解詁》，台北：藝文印書館，2003.1

劉信芳（試讀）：〈上博藏竹書試讀〉（03/01/09）

劉信芳（四毋）：〈上博藏楚簡《從政》 "四毋" 補釋〉（03/02/03）

劉起釪〈各種不同組合的五帝說〉，《古史續辨》，北京：中國社會科學出版社，1997.4 二刷

劉釗〈讀郭店楚簡字詞札記〉，《郭店楚簡國際學術研討會》，武漢：武漢大學出版社，2000.5

劉釗（容釋一）：〈《容成氏》釋讀一則〉（03/03/15）

劉釗（容釋二）：〈容成氏釋讀一則（二）〉（03/04/06）

劉樂賢《睡虎地秦簡日書研究》，台北：文津出版社，1994.7

劉樂賢（民劄）：〈讀上博簡《民之父母》等三篇劄記〉（03/01/10）

劉樂賢（容小劄）：〈讀上博簡《容成氏》小劄〉（03/01/13）

劉樂賢《簡帛數術文獻探論》，武漢：湖北教育出版社，2003.2

劉樂賢（簡論）：〈上博簡《魯邦大旱》簡論〉，《文物》2003.5

滕壬生《楚系簡帛文字編》，武漢：湖北教育出版社，1995

蔣禮鴻《商君書錐指》，北京：中華書局，2001.8 三刷

衛湜《禮記集說》，漢京文化事業有限公司《通志堂經解》第 32 冊

錢玄等《三禮辭典》，南京：江蘇古籍，1998.3 二刷

謝紀鋒編纂《虛詞詁林》，哈爾濱：黑龍江人民出版社，1993.1 三刷

龐樸（五至一）：〈喜讀"五至三無"——初讀《上博藏簡（二）》〉（03/01/12）

龐樸（五至二）：〈試說"五至三無"〉（03/01/15）

龐樸（五至三）：〈再說"五至三無"〉（03/03/12）

瀧川資言《史記會注考證》，台北：天工書局，1989.9

蘇建洲（上郭）：〈《上博》、《郭店》文字考釋三則〉（03/02/11）

蘇建洲（民1再議）：〈《民之父母》簡1「𢌳」字再議〉（03/02/27）

蘇建洲（民2再議）：〈《上博·民之父母》簡2「𥁕」字再議〉（03/01/20）

蘇建洲（考四）:〈上博楚竹書（二）考釋四則〉（03/01/18）

蘇建洲（紀郢）:〈說楚文字中的「紀郢」〉（03/03/06）

蘇建洲（容昔）:〈上博楚竹書《容成氏》、《昔者君老》考釋四則〉（03/01/15）

蘇建洲〈上郭三則〉:〈《上博》、《郭店》文字考釋三則〉（03/02/11）

饒宗頤等《楚地出土文獻三種研究》，北京：中華書局，1993.8

顏世鉉（散論三）:〈上博楚竹書散論（三）〉（03/01/19）

顏世鉉（散論四）:〈上博楚竹書散論（四）〉(03/02/20)

國家圖書館出版品預行編目資料

《上海博物館藏戰國楚竹書（二）》讀本／季旭
昇主編；陳美蘭，蘇建洲，陳嘉凌合撰. --初版.
--臺北市：萬卷樓, 民 92
　　面；　　　公分

　　參考書目：面
　　ISBN 957-739-449-3(平裝)
　　1.簡牘 - 研究與考訂

796.8　　　　　　　　　　　92011006

## 《上海博物館藏戰國楚竹書（二）》讀本

主　　　編：季旭昇
合　　　撰：陳美蘭 蘇建洲 陳嘉凌
發 行 人：楊愛民
出 版 者：萬卷樓圖書股份有限公司
　　　　　　臺北市羅斯福路二段 41 號 6 樓之 3
　　　　　　電話(02)23216565 · 23952992
　　　　　　傳真(02)23944113
　　　　　　劃撥帳號 15624015
出版登記證：新聞局局版臺業字第 5655 號
網　　　址：http://www.wanjuan.com.tw
E-mail　：wanjuan@tpts5.seed.net.tw
經 銷 代 理：紅螞蟻圖書有限公司
　　　　　　臺北市內湖區舊宗路二段 121 巷 28 號 4F
　　　　　　電話(02)27953656(代表號)　傳真(02)27954100
E-mail　：red0511@ms51.hinet.net
承 印 廠 商：晟齊實業有限公司
著　　　者：360 元
出 版 日 期：民國 92 年 7 月初版

（如有缺頁或破損，請寄回本公司更換，謝謝）
◉版權所有　翻印必究◉
ISBN 957－739－449－3